Parlez japonais en 40 Leçons

Parlez japonais en 40 Leçons

par

Hidenobu AÏBA

Diplômé de l'Université Aoyama (Japon)
Maître de conférence à l'Institut d'Etudes Politiques de Paris (IEP)
Professeur à l'Ecole Supérieure d'Electricité (ESE)
Chargé de cours à l'Ecole Supérieure de Commerce de Paris (ESCP)

avec la collaboration de

Colette Perrachon
(DEA de japonais)

Richard Dubreuil
Agrégé de l'Université
Professeur à l'IEP Paris

Jean-Pierre Berthon
Chercheur au CNRS

2de édition

POCKET

Sommaire

Avant propos 7
Conseils d'utilisation 10

L.1 あなた *Toi* (hiragana, rōmaji, la prononciation, le suffixe たち) 12
L.2 かれ *lui* (hiragana, les pronoms personnels, la particule か) 18
L.3 ほん *Livre(s)* (hiragana, les noms, les adjectifs possessifs, la particule の) 24
L.4 たなかさん の かさ *Le parapluie de M. Tanaka* (hiragana, le suffixe de politesse, la possession) 30
L.5 これ と それ *Ceci et cela* (hiragana, les pronoms démonstratifs, les particules と et や) 36
L.6 この おかし か その おかし *Ce gâteau-ci ou ce gâteau-là* (hiragana, les adjectifs démonstratifs) 42
L.7 あかい ふく *Vêtement(s) rouge(s)* (hiragana, les adjectifs, la particule て) 48
L.8 じゅうよう な しごと *Travail important* (hiragana, les quasi-adjectifs) 54
L.9 はやく て べんり な ひこうき *Avion(s) rapide(s) et pratique(s)* (hiragana, les adjectifs associés aux quasi-adjectifs) 60
L.10 ひらがな の まとめ *Récapitulation du hiragana* (tableaux des syllabes hiragana, l'ordre des hiragana, les syllabes juxtaposées) ... 66
L.11 わたし の カメラ です。 *C'est mon appareil photo.* (katakana, la construction d'une phrase avec です, la particule は) 72
L.12 その スカート は かのじょ の です。*Cette jupe-là est à elle.* (katakana, la particule の devant です, la forme négative de です) 78
L.13 きいろい スカーフ は あなた の です か。 *Le foulard jaune est-il à toi ?* (katakana, la construction d'une phrase interrogative, la particule か, la particule も) 84
L.14 あなた の すき な のみもの は なん です か。 *Quelle est ta boisson préférée ?* (katakana, le quasi-adjectif すき, les pronoms interrogatifs なん et どれ, l'adjectif suivi de la particule の) ... 90
L.15 わたし の ホテル は ここ です。 *Mon hôtel est ici.* (katakana, les pronoms démonstratifs de lieu, le pronom interrogatif de lieu どこ) 96

L.16 かれら は げんき です か。 *Vont-ils bien ?* (katakana, les quasi-adjectifs devant です, les adverbes) 102
L.17 ほんとう に ざんねん でした。 *C'était vraiment dommage.* (katakana, les formes affirmative et négative au passé de です) 108
L.18 ピエールさん の ステレオ は とても いい です。 *La stéréo de Pierre est très bonne.* (katakana, le changement de terminaison des adjectifs dans la phrase négative au présent) 114
L.19 きのう の ピクニック は とても たのしかった です。 *Le pique-nique d'hier était très amusant.* (katakana, le changement de terminaison des adjectifs dans la phrase affirmative ou négative au passé) 120
L.20 カタカナ の まとめ *Récapitulation du katakana* (tableau des syllabes katakana) 126
L.21 もしもし, 田中さん です か。 *Allô! Est-ce M. Tanaka ?* (kanji, langage téléphonique et expressions courantes, noms et prénoms japonais) 132
L.22 3時 です。 *Il est trois heures.* (kanji, prononcer les chiffres à la japonaise, dire l'heure) 138
L.23 あした は 何よう日 です か。 *Quel jour serons-nous demain ?* (kanji, les jours de la semaine) 144
L.24 本 を よむ *Lire un livre* (kanji, 9 terminaisons de verbes à l'infinitif, la particule を) 150
L.25 かのじょ は 毎日 オレンジジュース を のみます。 *Elle boit chaque jour du jus d'orange.* (kanji, le mot de politesse ます, le changement de terminaison devant ます) 156
L.26 わたし は 花 を おくります。 *J'offre des fleurs.* (kanji, le changement de terminaison devant ます, la particule に) 162
L.27 かれら は わたし の 家 に きます。 *Ils viennent chez moi.* (kanji, deux verbes irréguliers et leur changement devant ます) .. 168
L.28 あなた は 来年 アメリカ へ いきます か。 *Iras-tu aux Etats-Unis l'an prochain ?* (kanji, phrases affirmatives au futur, la forme négative au présent de ます, les particules へ et に) 174
L.29 かれ は おととい 林さん と しょくじしました。 *Avant-hier il a mangé avec Mme Hayashi.* (kanji, les formes affirmative et négative au passé de ます, la particule と) 180

L.30 わたし は 海 が たいへん すき です。
J'aime beaucoup la mer. (kanji, l'expression *aimer*, les particules が et の employées avec *aimer*) 186
L.31 かれ は 魚 が そんなに すき じゃありません。
Il n'aime pas tellement le poisson. (kanji, la forme courante de la négation de です, l'expression *détester*) 192
L.32 本田さん は いつも バス で 駅 へ 行きます。
Mme Honda va toujours à la gare en bus. (kanji, la particule で) 198
L.33 あなた は どこ で 買いもの を します か。
Où fais-tu les courses ? (kanji, les particules で et に indiquant le lieu) 204
L.34 かれ の ライター は テーブル の 上 に あります。
Son briquet est sur la table. (kanji, localiser un objet ou un être vivant, la différence entre les particules は et が) 210
L.35 6月 に 雨 が よく ふります。
Il pleut souvent en juin. (kanji, les 12 mois, la forme progressive) 216
L.36 上田さん は いま 何 を しています か。
Que fait M. Ueda en ce moment ? (kanji, la forme progressive et le changement de terminaison des verbes) 222
L.37 かれ は いつ まで 東京 に すんでいました か。
Jusqu'à quand a-t-il habité à Tokyo ? (kanji, les particules から et まで, la forme progressive indiquant une action habituelle, l'expression pour indiquer le métier) 228
L.38 ちょっと 待ってください。 *Attendez un instant, s'il vous plaît !* (kanji, formes affirmative et négative de l'impératif) 234
L.39 かの女 は 金よう日 に ハイキング に 行きました。
Elle est allée faire une randonnée vendredi. (kanji, la particule に indiquant le but) 240
L.40 わたし は いま 日本語 が すこし 話せます。
Maintenant, je sais parler un peu le japonais. (kanji, la construction des verbes comportant les notions de capacité et de possibilité) 246

Mémento 252
Récapitulation des kanji 267
Lexique japonais-français 273
Lexique français-japonais 281
Index grammatical 287

Avant-propos

APPRENDRE LE JAPONAIS

"Le japonais : la langue du diable", adage portugais du 16ème siècle.

"Les Japonais, délices de mon âme...", Francisco de Jassu, dit Saint François-Xavier (1506-1552).

I. L'écriture

日本の面積は約３７万Ｋｍ² で，これはフランスの５分の３に当たります。

■ Observez attentivement la phrase japonaise encadrée ci-dessus. Elle comprend les quatre sortes d'écritures que les Japonais utilisent simultanément.

1. **Les idéogrammes** (日, 本, 画, 面, 積, 約, 万, 分, 当) sont des signes relativement denses et compliqués que les Japonais ont empruntés aux Chinois du 4ème siècle de notre ère. Il faut en savoir 2000 environ pour lire un journal.

2. **Les syllabes hiragana** (の, は, で, こ, れ, は, の, の, に, た, り, ま, す) sont des signes purement japonais. Leur dessin est souple et curviligne. On compte 46 syllabes hiragana. Les enfants japonais les maîtrisent dès leur plus jeune âge.

3. **Les syllabes katakana** (フ, ラ, ン, ス) sont aussi des signes purement japonais. On les utilise dans la plupart des cas pour écrire les mots d'origine étrangère; les noms des pays et des villes étrangers *(Paris, France...)* sont écrits en katakana. Le dessin des katakana est plus rigide et rectiligne que celui des syllabes hiragana. Mais chaque syllabe katakana a pour équivalent une syllabe hiragana. Il y a donc 46 syllabes katakana, jumelles des 46 syllabes hiragana.

4. **Les lettres rōmaji** (**k**, **m**) sont celles de l'alphabet occidental. Les Japonais les utilisent parfois ; ici, par exemple, pour indiquer le mot *kilomètre*. En japonais, l'écriture occidentale est appelée "écriture romane" ou rōmaji (prononcer [ro:madji]).

Ainsi, à l'intérieur d'une simple phrase (celle qui est encadrée signifie : *la superficie du Japon est d'environ 370000 km², soit les 3/5 de la France)*, le japonais utilise simultanément 4 écritures différentes.

Dans ce livre, vous apprendrez :

a) d'abord, les 46 syllabes hiragana (leçons 1 à 10) et les 46 syllabes katakana (leçons 11 à 20).

b) ensuite, 63 idéogrammes les plus courants qui servent à écrire les mots. Par exemple, le mot 日本 (au début de la phrase encadrée) est formé de deux idéogrammes : 日 (prononcer [ni]) et 本 (prononcer [honn]). 日 signifie *soleil* et 本 signifie *origine ; commencement*. Le mot 日本, [nihonn], signifie donc *soleil-commencement* c'est-à-dire *lever du soleil* ou encore *Japon*.

Etymologiquement, Japon signifie *pays du soleil levant*. C'est pourquoi le drapeau japonais comporte un rond rouge (symbole du soleil) sur un fond blanc (symbole de l'aube).

II. La langue

■ La prononciation n'offre aucune difficulté pour les Français. Les sonorités harmonieuses du japonais comportent de nombreux sons vocaliques (**a**, **i**, **ou**, **é**, **o**). Le japonais n'a pas le son **u** mais seulement le son **ou**. Le mont Fuji, la plus haute montagne du Japon, se prononce [foudji]. Le son **r** est roulé et prononcé presque comme le **l** français.

■ La grammaire japonaise diffère considérablement de celle du français. Mieux vaut renoncer d'emblée à vos habituels repères grammaticaux. En effet, en japonais :

1. Les noms n'ont ni genre (masculin/féminin), ni nombre (singulier/pluriel), ni article (*le*, *la*, *les*, *un*, *une*, *des*) ; le mot **kutsu** (prononcer [koutsou]), signifie *la chaussure*, *une chaussure*, *des chaussures*... tout dépend du contexte !

2. Les adjectifs ignorent l'accord en genre et en nombre avec le nom qu'ils qualifient. Ils changent d'autre part de terminaison lorsqu'ils sont employés au passé, au négatif, etc.

3. Les verbes n'ont que deux temps (le passé et le non-passé). Ainsi, le japonais ne distingue pas explicitement le présent du futur. En outre, les verbes gardent la même forme à toutes les personnes du singulier et du pluriel : le verbe **ikimasu** (prononcer [ikimass]) veut dire à la fois, *je vais, tu vas, il va, elle va, nous allons, vous allez, ils vont, elles vont, j'irai, tu iras, il ira, elle ira, nous irons*, etc. Les verbes se placent toujours en fin de phrase.

4. Le sujet des phrases est souvent omis et les pronoms personnels (*je, tu, il, ...*) ou possessifs (*mon, ton, son, ...*) sont peu employés. De sorte que pour un Occidental, la phrase japonaise semble souvent vague, imprécise ou ambiguë.

5. La phrase japonaise se construit à l'inverse de la phrase française. La proposition relative précède la proposition principale. Ainsi, pour dire : "*je voudrais te montrer la robe que ma mère a achetée.*", un Japonais dira : "*ma mère, achetée, robe, te, montrer, voudrais*".

Communiquer avec des Japonais est une passionnante expérience linguistique souvent assortie d'un rude choc culturel.

C'est pourquoi nous terminons par trois suggestions pratiques :

a) familiarisez-vous sans préjugés avec tous les aspects de la vie japonaise (arts, sports, spectacles, cuisine, mode de vie, rituels, ...),

b) consacrez chaque jour un moment à lire et à écrire les signes japonais, notamment les idéogrammes.

c) si le découragement vous gagne parfois, répétez-vous le fameux mot d'ordre japonais がんばってください！ (prononcer [gambat'té koudassaï]) : il signifie *tenez bon !*

Présentation et conseils

La présentation et les conseils qui suivent vont vous permettre d'organiser votre travail de façon efficace. L'ouvrage comprend :

- 40 leçons de 6 pages • 1 mémento • 1 lexique japonais-français • 1 lexique français-japonais • 1 index

Vous retrouverez dans toutes les leçons une **organisation identique** destinée à faciliter l'auto-apprentissage : elles comportent 3 parties, **A**, **B** et **C**, de 2 pages chacune.
Ainsi vous pourrez travailler au rythme qui vous conviendra.

Plan des leçons

■ Les parties **A** et **B** ont un schéma identique, et se subdivisent en 4 sections : **A1** (et **B1**), **A2** (et **B2**), **A3** (et **B3**), **A4** (et **B4**).

A1 / B1 PRÉSENTATION

Cette première section vous apporte les matériaux de base nouveaux (grammaire, vocabulaire, prononciation) qu'il vous faudra connaître et savoir utiliser pour construire des phrases.

A2 / B2 APPLICATION

A partir des éléments présentés en A1 /B1 vous est proposée une série de phrases modèles (qu'il vous faudra par la suite vous entraîner à reconstruire par vous-même).

A3 / B3 REMARQUES

Diverses remarques portant sur les phrases A1 /B1 (A2 /B2) précisent tel ou tel point de grammaire, vocabulaire ou prononciation.

A4 / B4 TRANSCRIPTION ET TRADUCTION

Cette dernière section apporte la transcription en écriture occidentale et la traduction intégrale de A2 /B2.

■ La partie **C** comporte 4 sections :

- **C1** est consacrée à des exercices (version, thème, analyse) suivis de leurs corrigés, **C2**. A partir de la leçon 21, sont présentées en encadré des remarques sur les idéogrammes et des notions de civilisation et de géographie.
- **C3** et **C4** proposent des exercices sur les écritures hiragana, katakana ou kanji (idéogrammes d'origine chinoise).

■ **Le mémento** vous donne un résumé des problèmes grammaticaux les plus importants.

■ **Les lexiques japonais-français et français-japonais** permettent de rechercher tous les mots rencontrés dans cet ouvrage.

■ **L'index** vous aide à retrouver toutes les notions grammaticales abordées dans les quarante leçons.

Conseil généraux

■ **Travaillez régulièrement**

Il est plus utile de travailler avec régularité, même pendant une durée limitée (1/2 heure, par ex.), que de vouloir absorber plusieurs leçons à la fois de façon discontinue.

■ **Programmez l'effort**

Vous devez travailler chaque leçon selon ses subdivisions : ainsi, il ne faut pas passer en B sans avoir bien compris A. Il en va naturellement de même pour les leçons : n'abordez pas une leçon nouvelle sans avoir maîtrisé celle qui la précède.

■ **Revenez en arrière**

N'hésitez pas à reprendre les leçons déjà vues, à refaire plusieurs fois les exercices.

Méthode de travail

Pour les parties A et B

1. Après avoir pris connaissance de A1 (ou B1), lire plusieurs fois la série de phrases A2 (ou B2).
2. Reportez-vous aux remarques A3 (ou B3).
3. Revenez à A2 (ou B2) en essayant de traduire en français.
4. Vérifiez votre traduction en lisant A4 (ou B4).
5. Essayez de reconstituer les phrases de A2 (ou B2) en partant de A4 (ou B4) (sans regarder A2 ou B2).

Pour la partie C

• **C1** : faites les exercices en utilisant les informations données en **A1/A2** et **B1/B2**, ou les lexiques. Comparer avec **C2**.
• Exercez-vous maintes et maintes fois **C3/C4**.

Version sonore : elle vous permettra de vous entraîner à la compréhension, la répétition et la traduction.

1 あなた Anata

A 1 PRÉSENTATION

■ <u>Hiragana, graphie japonaise</u>

hiragana	prononc.	ordre des traits
あ	[a]	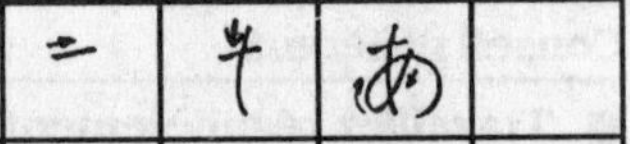
な	[na]	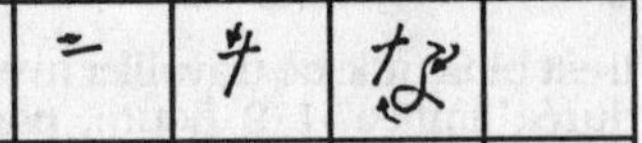
た	[ta]	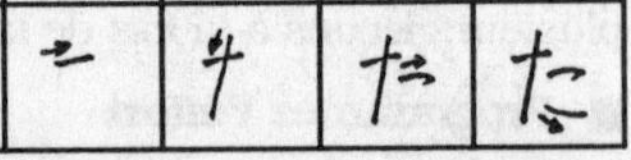

■ On dessine les **hiragana** en respectant <u>l'ordre des traits</u> qui est soumis à 3 principes : (1) de gauche à droite ; (2) de haut en bas ; (3) priorité à l'horizontale, quand les lignes se coupent.

■ <u>Vocabulaire</u>

mot en hiragana	prononciation	traduction
あなた	[anata]	*toi*

A 2 APPLICATION

1. あ

2. な

3. た

4. あなた

A 3 REMARQUES

Écriture

- Pour créer des mots, le français utilise des voyelles et des consonnes dont l'ensemble forme un alphabet.

Le japonais, lui, utilise des syllabes dont l'ensemble forme un syllabaire. Le syllabaire ne distingue pas voyelles et consonnes. Et il ne considère que des syllabes. Il en comporte 46.

Ces 46 syllabes peuvent s'écrire selon deux graphies différentes :
- la graphie **hiragana**
- la graphie **katakana**

→ Dans les leçons 1 à 10, nous étudierons la graphie **hiragana**.

La graphie **katakana**, réservée à la transcription en japonais des mots étrangers, sera étudiée dans les leçons 11 à 20.

- En combinant ces syllabes, on obtient des mots :

ex. : あ [a] + な [na] + た [ta] → あなた [anata]

Prononciation

- En japonais, il faut toujours expirer le **h**. Dans le mot **hiragana** on doit entendre le **h**.
- La prononciation du **r** dans **hiragana** se situe entre le **r** légèrement roulé et le **l**.
- Les [a], [na] et [ta] peuvent être prononcés respectivement comme *a* de *ami*, *na* de *nager* et *ta* de *tabac*.

A 4 TRANSCRIPTION ET TRADUCTION

1. [a]

2. [na]

3. [ta]

4. [anata] *toi*

1 わたし Watashi

B 1 PRÉSENTATION

■ <u>Hiragana, graphie japonaise</u>

hiragana	rōmaji	prononc.	ordre des traits			
わ	wa	[wa]	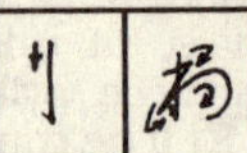			
し	shi	[shi]	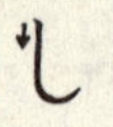			
ち	chi	[tchi]	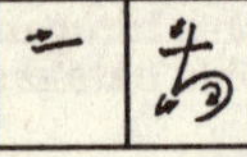			

■ Le **rōmaji** [ro:madji] est la transcription romane du japonais.

■ <u>Vocabulaire</u>

mot en hiragana	rōmaji	prononciation	traduction
わたし	watashi	[watashi]	*moi*
わたしたち	watashitachi	[watashitatchi]	*nous*
あなたたち	anatatachi	[anatatatchi]	*vous* (pl.)

B 2 APPLICATION

1. わ 2. し 3. ち

4. わたし

5. わたしたち

6. あなたたち

B 3 REMARQUES

■ Écriture

• La langue japonaise possède sa transcription européenne, appelée **rōmaji**, signifiant mot à mot *écriture romane*.

Le **rōmaji** permet aux étrangers de communiquer avec les Japonais, mais son usage reste exceptionnel dans la vie quotidienne au Japon.

• Pour vous familiariser avec son usage, nous vous donnerons entre crochet [] sa prononciation.

ex. : la syllabe ち, transcrite en **rōmaji** par **chi**, est prononcée [tchi].

■ Prononciation et transcription

• Le **o** dans **rōmaji** se prononce comme le *o* de *mot*, en plus long. La barre au-dessus du **ō** signifie que le son du **o** est allongé. Il est figuré dans notre transcription par [o:].

• Le **ji**, dans **rōmaji** se prononce comme le *dji* de *Djibouti*. Il est figuré par [dji].

• Le son **w** dans **watashi** est celui qu'on entend au début du mot *oui* en français : c'est comme un **ou** très bref et lié à la voyelle qui suit. Il est figuré par [w].

• Le son de **sh** dans し, **shi**, est celui de *sh* de *shampooing*. Il est figuré par [sh].

• Le son **i** dans **shi** [shi] se prononce comme le *i* de *idée*.

• Le son [tchi], prononcé comme dans *tchin-tchin*, est transcrit en **rōmaji** par **chi**.

■ Grammaire

• Le suffixe たち, **tachi** [tatchi], sert à former le pluriel des pronoms personnels :

わたし, **watashi**, *moi* → わたしたち, **watashitachi**, *nous*

B 4 TRANSCRIPTION ET TRADUCTION

1. wa [wa]	2. shi [shi]	3. chi [tchi]
4. watashi	[watashi]	*moi*
5. watashitachi	[watashitatchi]	*nous*
6. anatatachi	[anatatatchi]	*vous* (pl.)

1 C1 Exercices

A. Prononcez les hiragana suivants et écrivez-les ensuite en rōmaji.

1. な 2. あ

3. し 4. た

5. ち 6. わ

B. Prononcez et écrivez les mots suivants en rōmaji. Traduisez-les ensuite en français.

1. あなたたち

2. わたし

C. Traduisez et écrivez les mots suivants en hiragana.

1. *nous* 2. *toi*

3. *vous* (pl.) 4. *moi*

C 2 CORRIGÉ

A.	1.	[na]	na	2.	[a]	a
	3.	[shi]	shi	4.	[ta]	ta
	5.	[tchi]	chi	6.	[wa]	wa

B.	1.	[anatatatchi]	anatatachi	*vous* (pl.)
	2.	[watashi]	watashi	*moi*

C. 1. わたしたち 2. あなた

3. あなたたち 4. わたし

1 C 3 ÉCRITURE : HIRAGANA

	hiragana	ordre des traits	centrage	exercez-vous
a	あ	1 2 3	あ	
shi	し	1	し	
ta	た	1 2 3 4	た	
chi	ち	1 2	ち	
na	な	1 2 3	な	
wa	わ	1 2	わ	

C 4 EXERCEZ-VOUS

あ					し				
た					ち				
な					わ				

2 かれ Kare

A 1 PRÉSENTATION

■ <u>Hiragana, graphie japonaise</u>

hiragana	rōmaji	prononc.	ordre des traits
か	ka	[ka]	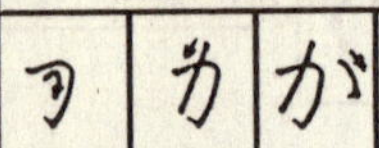
れ	re	[ré]	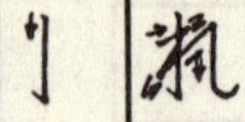
ら	ra	[ra]	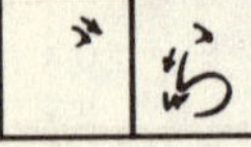

■ <u>Vocabulaire</u>

mot en hiragana	rōmaji	prononc.	traduction
かれ	kare	[karé]	*lui*
かれら	karera	[karéra]	*eux*
か	ka	[ka]	*ou*

A 2 APPLICATION

1. か 2. れ 3. ら

4. かれら

5. わたしたち　か　かれら

6. かれ　か　あなた　か　わたし

A 3 REMARQUES

■ Prononciation

• Le **ka** se prononce comme le *ca* de *cadeau*. Il est figuré par [ka].

• Le **e** du rōmaji **re** se situe entre le **é** et le **è**. Il est cependant figuré dans ce manuel par **[é]**, bien que le **è** semble être plus proche pour l'oreille des Français dans certains mots japonais.

• Rappel : le **r** japonais se situe entre le *r* légèrement roulé et le *l* français.

■ Grammaire

• Il existe en japonais des mots d'une seule syllabe, appelés particules, qui, placés à la suite d'un mot, indiquent son rôle dans la phrase.

• Le hiragana か, **ka**, est employé ici pour créer le mot かれ, **karé**, ou かれら, **karera**, et pour servir de particule de liaison qui signale le choix entre des objets (ou des êtres) opposés.

• Cette particule de choix se répète quand il y a plus de deux objets ou êtres à relier, et correspond au *ou* français.

lui, toi ou moi se dit かれ か あなた か わたし
kare ka anata ka watashi
lui ou toi ou moi (littéralement)

• Le suffixe ら, **ra**, est réservé à la formation du masculin pluriel de かれ, **kare**, *lui* → かれら, **karera**, *eux*.

A 4 TRANSCRIPTION ET TRADUCTION

1. ka [ka] 2. re [ré] 3. ra [ra]
4. karera [karéra] *eux*
5. watashitachi ka karera [watashitatchi ka karéra]
nous ou eux
6. kare ka anata ka watashi [karé ka anata ka watashi]
lui ou toi ou moi

2 かのじょ Kanojo

B 1 PRÉSENTATION

■ **Hiragana, graphie japonaise**

hiragana	rōmaji	prononc.	ordre des traits
の	no	[no]	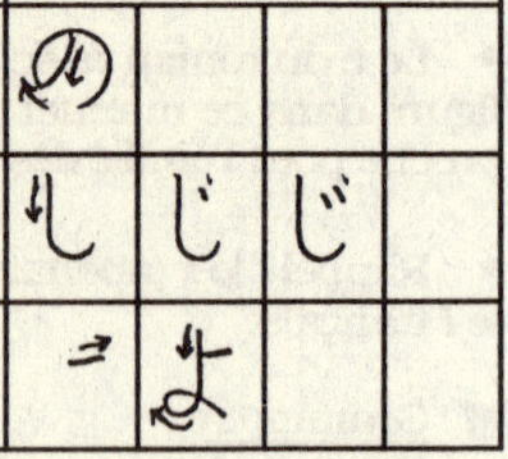
じ	ji	[dji]	
よ	yo	[yo]	

■ **Vocabulaire**

mot en hiragana	rōmaji	prononc.	traduction
かのじょ	kanojo	[kanodjo]	*elle*
かのじょたち	kanojotachi	[kanodjotatchi]	*elles*

B 2 APPLICATION

1. の 2. じ 3. よ

4. じょ

5. かのじょたち

6. かれ か かのじょ か あなた

7. あなたたち か かのじょたち

B 3 REMARQUES

Prononciation

• Le **o** dans **no**, **yo** ou **jo**, se prononce comme le *o* de *dossier*. Il est figuré par [o].
• Le **yo** se prononce comme dans *yo-yo*.
• Le **j** japonais est toujours prononcé comme le **dj**. Les **ji** et **jo** doivent donc se prononcer **[dji]** et **[djo]**.

Transcription

• On obtient le じ, **ji** [dji], en ajoutant deux petits points au し, **shi** [shi]. Ils se placent toujours en haut et à droite de ce dernier : じ, **ji** [dji].
• Pour sa transcription en hiragana, le **jo** est une composition du じ, **ji** [dji], de taille normale et du よ, **yo** [yo], de taille réduite : じょ, **jo** [djo].

Grammaire : Tableau récapitulatif

• Rappel : le suffixe **-tachi** [tatchi] (cf. 1 B3) sert à former le pluriel des pronoms personnels à l'exception de *lui* (cf. 2 A3).

singulier			pluriel		
わたし	[watashi]	*moi*	わたしたち	[watashitatchi]	*nous*
あなた	[anata]	*toi*	あなたたち	[anatatatchi]	*vous*
かのじょ	[kanodjo]	*elle*	かのじょたち	[kanodjotatchi]	*elles*
かれ	[karé]	*lui*	かれら	[karéra]	*eux*

B 4 TRANSCRIPTION ET TRADUCTION

1. no [no]
2. ji [dji]
3. yo [yo]
4. jo [djo]
5. kanojotachi [kanodjotatchi] *elles*
6. kare ka kanojo ka anata
[karé ka kanodjo ka anata] *lui, elle ou toi*
7. anatatachi ka kanojotachi
[anatatatchi ka kanodjotatchi] *vous* (pl.) *ou elles*

2 C1 Exercices

A. Prononcez les hiragana suivants et écrivez-les ensuite en rōmaji.

1. れ 2. か 3. ら 4. じょ
5. よ 6. じ 7. の

B. Prononcez et écrivez les mots ou les locutions suivants en rōmaji. Traduisez-les ensuite en français.

1. かれら か かのじょたち
2. わたし か かれ
3. かのじょ
4. あなた か かのじょ

C. Traduisez et écrivez les mots ou les locutions suivants en hiragana.

1.	*vous* (pl.) *ou elle*	2.	*lui*
3.	*eux ou nous*	4.	*elles*

C 2 CORRIGÉ

A. 1. [ré] re 2. [ka] ka 3. [ra] ra 4. [djo] jo
5. [yo] yo 6. [dji] ji 7. [no] no

B. 1.	[karéra ka kanodjotatchi]	karera ka kanojotachi *eux ou elles*	
2.	[watashi ka karé]	watashi ka kare	*moi ou lui*
3.	[kanodjo]	kanojo	*elle*
4.	[anata ka kanodjo]	anata ka kanojo	*toi ou elle*

C. 1. あなたたち か かのじょ

2. かれ

3. かれら か わたしたち

4. かのじょたち

2 C 3 ÉCRITURE : HIRAGANA

hiragana	ordre des traits	centrage	exercez-vous
ka か	1 2 3	か	
no の	1	の	
ra ら	1 2	ら	
re れ	1 2	れ	
yo よ	1 2	よ	
ji じ	1 2 3	じ	

C 4 EXERCEZ-VOUS

か					の				
ら					れ				
よ					じ				

3 ほん Hon

A 1 PRÉSENTATION

■ Hiragana, graphie japonaise

hiragana	rōmaji	prononc.	ordre des traits
え	e	[é]	
ほ	ho	[ho]	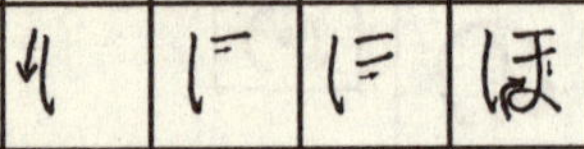
ん	n	[n]	

■ Vocabulaire

mot en hiragana	rōmaji	prononc.	traduction
ほん	hon	[honn]	*livre(s)*
じしょ	jisho	[djisho]	*dictionnaire(s)*
* え	e	[é]	*peinture(s)* *dessin(s)*

* え, e [é], signifie *peinture(s)* comme art ou tout ce qui est dessiné au pinceau, au crayon, etc.

A 2 APPLICATION

1. え　　2. ほ　　3. ん

4. え　か　ほん

5. じしょ

A 3 REMARQUES

Prononciation

• Rappel : le **e** japonais se situe entre le *é* et le *è*. Il est figuré par [é].

• Rappel : le **h** est toujours expiré en japonais.

• Le **n** (ん) n'est pas considéré comme une consonne mais comme une syllabe en japonais. Il est nettement prononcé au milieu ou à la fin d'un mot : ほん , **hon** [honn].

Transcription

• La syllabe **sho** est une composition du し , **shi** [shi], de taille normale et du よ , **yo** [yo], de taille réduite : しょ , **sho** [sho].

Grammaire

• En japonais, il n'y a ni article, ni genre.

• D'autre part, les noms japonais ignorent le singulier et le pluriel.
ex. : le mot ほん , **hon** [honn], signifie selon les contextes : ***un** livre, **des** livres, **le** livre, **les** livres.*

• Rappel : les pronoms personnels possèdent le singulier et le pluriel (cf. 2 B3 Grammaire).

A 4 TRANSCRIPTION ET TRADUCTION

1. e [é] *peinture(s)* (ou le hiragana "e")

2. ho [ho]

3. n [n]

4. e ka hon [é ka honn] *peinture(s) ou livre(s)*

5. jisho [djisho] *dictionnaire(s)*

3 あなた の いえ Anata no ie

B 1 PRÉSENTATION

■ **Hiragana, graphie japonaise**

hiragana	rōmaji	prononc.	ordre des traits			
い	i	[i]	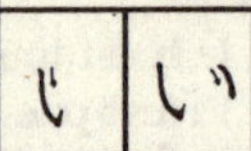			
く	ku	[kou]				
つ	tsu	[tsou]				

■ **Vocabulaire**

の	no	[no]	*de*
いえ	ie	[ié]	*maison(s)*
くつ	kutsu	[koutsou]	*chaussure(s)*
くつした	kutsushita	[koutsoushita]	*chaussette(s)*

N.B. Nous vous indiquons désormais de gauche à droite le nouveau vocabulaire, sa transcription en rōmaji, sa prononciation, et sa traduction française en italique.

■ あなた の いえ *ta maison (= maison de toi)*
anata no ie
toi / de / maison

B 2 APPLICATION

1. い 2. く 3. つ

4. わたしたち の いえ

5. かのじょ の くつした

6. かれら の ほん

7. あなたたち の くつ

B 3 REMARQUES

Prononciation

- Rappel : le **i** se prononce comme dans *idée*.
- Le **u** de **ku** ou de **tsu** est prononcé **ou**. Il est figuré par [ou].
- Le son de **ts** est celui qu'on entend au début du mot français *tsigane*.

Grammaire

- Il n'existe pas en japonais d'adjectifs possessifs (*mon, ma, ton...*). On crée leurs équivalents à partir des pronoms personnels et de la particule du complément de nom の, **no** : les pronoms personnels se placent toujours devant la particule の, **no** :

ex. :

pronom personnel	particule	traduction
あなた **anata** *toi*	の **no** *de*	*ton ; ta ; tes* (= *de toi* (littéralement))

- Les pronoms personnels suivis de の, no, (= **possesseur**) se trouvent devant le mot qui correspond à ce qui est **possédé**.

ex. :

possesseur	possédé	traduction
かれら の **karera no** *eux / de*	いえ **ie [ié]** *maison(s)*	*leur(s) maison(s)* *= maison(s) d'eux* (littéralement)

B 4 TRANSCRIPTION ET TRADUCTION

1. i [i] 2. ku [kou] 3. tsu [tsou]
4. watashitachi no ie [watashitatchi no ié] — *notre (nos) maison(s)*
5. kanojo no kutsushita [kanodjo no koutsoushita] — *ses chaussettes (chaussettes à elle)*
6. karera no hon [karéra no honn] — *leur(s) livre(s)*
7. anatatachi no kutsu [anatatatchi no koutsou] — *vos chaussures*

C1 Exercices

A. Prononcez les hiragana suivants et écrivez-les ensuite en rōmaji.

1. つ　2. え　3. ほ
4. く　5. ん　6. い

B. Prononcez et écrivez les locutions suivantes en rōmaji. Traduisez-les ensuite en français.

1. くつ　か　くつした
2. わたし　の　じしょ
3. あなた　の　ほん　か　かれ　の　ほん
4. かのじょたち　の　え

C. Traduisez et écrivez les mots ou les locutions suivants en hiragana.

1. *des chaussures*　2. *mes livres*
3. *ta maison ou sa maison* (maison à elle)
4. *une peinture*　5. *nos dictionnaires*

C 2　CORRIGÉ

A. 1. [tsou] tsu　2. [é] e　3. [ho] ho
4. [kou] ku　5. [n] n　6. [i] i

B. 1. [koutsou ka koutsoushita]　kutsu ka kutsushita
des chaussures ou des chaussettes
2. [watashi no djisho]　watashi no jisho
mon (mes) dictionnaire(s)
3. [anata no honn ka karé no honn]
anata no hon ka kare no hon
ton (tes) livre(s) ou son (ses) livre(s)
4. [kanodjotatchi no é]　kanojotachi no e
leur(s) tableau(x) (= tableau(x) à elles)

C. 1. くつ　2. わたし　の　ほん
3. あなた　の　いえ　か　かのじょ　の　い
4. え　5. わたしたち　の　じしょ

C 3 ÉCRITURE : HIRAGANA

hiragana	ordre des traits	centrage	exercez-vous
i い	1 2	い	
e え	1 2	え	
ku く	1	く	
tsu つ	1	つ	
ho ほ	1 2 3 4	ほ	
n ん	1	ん	

C 4 EXERCEZ-VOUS

い	え
く	つ
ほ	ん

4 たなかさん　の　かさ Tanaka-san no kasa

A 1 PRÉSENTATION

■ Hiragana, graphie japonaise

hiragana	rōmaji	prononc.	ordre des traits
う	u	[ou]	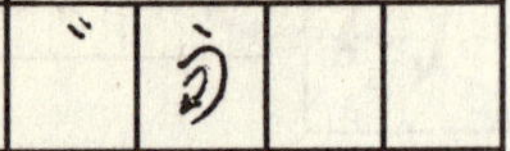
さ	sa	[sa]	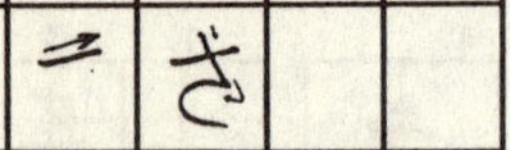
も	mo	[mo]	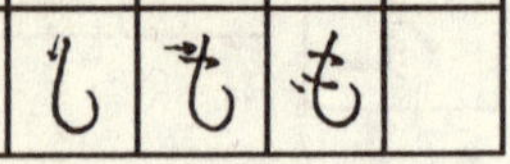

■ Vocabulaire

・・・さん	...san	[...sann]	*M., ou Mme, ou Mlle*
たなか	Tanaka	*Tanaka* (nom d'une personne)	
かさ	kasa	[kassa]	*parapluie(s)*
うち	uchi	[outchi]	*maison(s)*
つくえ	tsukue	[tsoukoué]	*bureau(x)*
もの	mono		*objet(s) ; chose(s)*

N.B. (1) Les noms propres commencent par une majuscule en rōmaji.

(2) うち , **uchi** [outchi], est le synonyme de いえ , **ie** [ié].

(3) つくえ , **tsukue** [tsoukoué], désigne seulement le bureau sur lequel on écrit.

■ たなかさん　の　かさ

たなかさん	の	かさ
Tanaka-san	no	kasa
Tanaka / M. (Mme / Mlle) /	*de* /	*parapluie*

parapluie(s) de M. (Mme / Mlle) Tanaka

A 2 APPLICATION

1. う　　2. さ　　3. も

4. たなかさん　の　もの

5. たなかさん　の　つくえ

6. たなかさん　の　うち　か　わたし　の　うち

4 Le parapluie de M. Tanaka (parapluie(s) de M. (Mme/Mlle) Tanaka)

A 3 REMARQUES

Prononciation

• Désormais on supprimera la prononciation entre crochets, quand elle correspond à la transcription en rōmaji.

• Rappel : le **u** japonais est prononcé [ou].

• Le **n** dans ...**san** [sann] se prononce comme dans *canne*.

• En japonais, le **s** qui se place entre les voyelles se prononce comme [ss] en français : かさ , **kasa** → [kassa], *paraplule*.

Grammaire

• さん , **san**, est un suffixe de politesse (de respect) qui correspond en français à *monsieur*, *madame* ou *mademoiselle*. Il se trouve toujours après un nom de famille, un prénom ou un nom complet. C'est le prénom ou la situation qui indique s'il s'agit d'un homme ou d'une femme.

D'autre part, puisqu'il est suffixe de politesse, il ne doit jamais s'employer pour se nommer soi-même.

• Rappel : pour marquer la possession ou l'appartenance, on utilise la particule de complément de nom の , **no**, qui suit le mot "possesseur" ; "ce qui est possédé" se place après の , **no**.

ex. :

possesseur + particule		+ possédé
たなかさん	の	かさ
Tanaka-san	no	kasa
Tanaka / M. (Mme ; Mlle) /	*de*	*parapluie(s)*

• Il faut remarquer qu'en français "ce qui est possédé" précède le "possesseur", quand la préposition ***de*** les relie :
ex. : *le parapluie de M. Tanaka*

A 4 TRANSCRIPTION ET TRADUCTION

1. u [ou] 2. sa 3. mo
4. Tanaka-san no mono
objet(s) de M. (Mme/Mlle) Tanaka
5. Tanaka-san no tsukue [tsoukoué]
bureau(x) de M. (Mme/Mlle) Tanaka
6. Tanaka-san no uchi ka watashi no uchi [outchi]
maison(s) de M. (Mme/Mlle) Tanaka ou ma (mes) maison(s)

B 1　PRÉSENTATION

■ **Hiragana, graphie japonaise**

hiragana	rōmaji	prononc.	ordre des traits
に	ni	[ni]	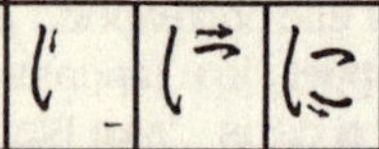
ま	ma	[ma]	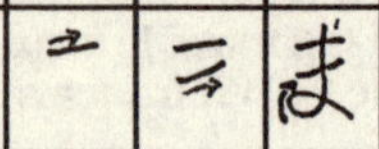
る	ru	[rou]	

■ **Vocabulaire**

にほん	**Nihon**	[nihonn]	*Japon*
くるま	**kuruma**	[kourouma]	*voiture(s)*
あした	**ashita**		*demain*
あさ	**asa**	[assa]	*matin*
よる	**yoru**	[yorou]	*soir*

■ にほん　の　くるま　*voiture(s) japonaise(s)*
Nihon　no　kuruma　*(voiture du Japon)*
Japon / de / voiture(s)

B 2　APPLICATION

1. に　2. ま　3. る

4. あした　の　あさ

5. にほん　の　いえ

6. かれ　の　うち　の　え

7. あした　の　よる

8. にほん　の　もの

B 3 REMARQUES

Prononciation

- Rappel : le **s** entre les voyelles est prononcé [ss] et non [z] : あさ , **asa**, se prononce [assa].

Grammaire

- La particule の , **no**, peut aussi s'employer pour marquer les relations d'origine, de temps, de nature (état) ou de lieu :
ex. : *maison du Japon* → **Nihon no ie** [ié] にほん の いえ

Lorsque la particule の , **no**, lie deux noms, le premier nom qui la précède a pour fonction d'expliquer l'origine (le temps, la nature-état ou le lieu) du second : le premier nom est appelé "déterminant" et le second "déterminé".

- En japonais, le déterminant se situe donc toujours devant le déterminé, tandis qu'en français le déterminant suit le déterminé, quand il est composé d'un nom et de la préposition *de* :

a) locutions japonaises → b) leur traduction française

déterminant	déterminé
にほん ① の ② Nihon no *Japon / de*	くるま ③ kuruma *voiture(s)*
あした ① の ② ashita no *demain / de*	よる ③ yoru *soir*

déterminé	déterminant
voiture(s) ③	*japonaise(s)②①* *(= du② Japon①)*
soir③	*de② demain①*
(= demain① soir③)	

N.B. Les chiffres donnent l'ordre des mots en japonais.

B 4 TRANSCRIPTION ET TRADUCTION

1. ni 2. ma 3. ru [rou]
4. ashita no asa [assa] *demain matin*
5. Nihon no ie [nihonn no ié] *maison(s) japonaise(s)*
6. kare no uchi no e [karé no outchi no é]
dessin(s) de sa (ses) maison(s)
7. ashita no yoru [ashita no yorou] *demain soir*
8. Nihon [nihonn] no mono *objet(s) japonais*

C1 Exercices

A. Prononcez les hiragana suivants et écrivez-les ensuite en rōmaji.

1. も 2. に 3. う

4. さ 5. る 6. ま

B. Prononcez et écrivez les locutions suivantes en rōmaji. Traduisez-les ensuite en français.

1. にほん　の　うち
2. たなかさん　の　もの
3. あした　の　あさ　か　あした　の　よる
4. わたしたち　の　くるま　の　え

C. Traduisez et écrivez les locutions suivantes en hiragana.

1. *la voiture de Mlle Tanaka*
2. *un matin ou un soir*
3. *tes parapluies*
4. *son bureau (bureau à lui)*
5. *les chaussures de M. Tanaka*

C 2 CORRIGÉ

A. 1. mo 2. ni 3. u
4. sa 5. ru 6. ma

B. 1. Nihon no uchi
une (des) maison(s) japonaise(s)
2. Tanaka-san no mono
un (des) objet(s) de M. (Mme / Mlle) Tanaka
3. ashita no asa ka ashita no yoru
demain matin ou demain soir
4. watashitachi no kuruma no e
un (des) dessin(s) de notre (nos) voiture(s)

C. 1. たなかさん　の　くるま
2. あさ　か　よる 3. あなた　の　かさ
4. かれ　の　つくえ
5. たなかさん　の　くつ

C 3 ÉCRITURE : HIRAGANA

hiragana	ordre des traits	centrage	exercez-vous
u う	1 2	う	
sa さ	1 2	さ	
ni に	1 2 3	に	
ma ま	1 2 3	ま	
mo も	1 2 3	も	
ru る	1	る	

C 4 EXERCEZ-VOUS

う					さ				
に					ま				
も					る				

5 これ と それ Kore to sore

A 1 PRÉSENTATION

■ Hiragana, graphie japonaise

hiragana	rômaji	prononc.	ordre des traits			
こ	ko	[ko]				
と	to	[to]				
そ	so	[so]				

■ Vocabulaire

これ	**kore**	[koré]	*ceci ; celui-ci ; celle-ci*
それ	**sore**	[soré]	*cela ; celui-là ; celle-là*
にく	**niku**	[nikou]	*viande(s)*
さかな	**sakana**		*poisson(s)*
と	**to**		*et* (pour l'énumération complète)

■ これ　と　それ　*ceci et cela*
kore　**to**　**sore**
ceci / *et* / *cela*

A 2 APPLICATION

1. こ　　2. と　　3. そ

4. にく　と　さかな

5. わたし　の　くつ　と　かれ　の　くつ

6. あさ　と　よる

7. あなた　と　わたし　と　かのじょ

A 3 REMARQUES

■ Grammaire

• これ, **kore** [koré], et それ, **sore** [soré], sont des pronoms démonstratifs d'objet :

- これ, **kore**, *ceci*, désigne l'objet qui est proche du locuteur (celui qui parle) ou qui lui appartient ;
- それ, **sore**, *cela*, indique l'objet qui se trouve près de l'interlocuteur (celui à qui l'on s'adresse) ou qui lui appartient.

• Utilisée seule, la syllabe と, **to**, est ici particule de liaison entre les noms (un équivalent du *et* français) : elle s'emploie pour énumérer tous les objets ou tous les êtres vivants concernés : c'est ce qu'on appelle une énumération complète.

ex. : à supposer que vous ayez 3 objets dans votre sac et que votre interlocuteur vous demande d'énumérer tout ce qu'il y a dedans : dans ce cas, vous devrez citer tous vos 3 objets en les reliant avec la particule と, **to** :

え と ほん と じしょ
e to hon to jisho *tableau, livre et dictionnaire*

• En français, on peut n'utiliser la conjonction *et* qu'une seule fois, même s'il y a plus de deux objets (ou êtres vivants) à énumérer. Par contre, la particule と, **to**, se répète jusqu'à ce que le dernier objet (ou être) soit cité.

ex. : *toi, moi et elle* =

あなた と わたし と かのじょ
anata to watashi to kanojo
toi /et / moi /et / elle

A 4 TRANSCRIPTION ET TRADUCTION

1. ko 2. to 3. so
4. niku [nikou] to sakana *viande(s) et poisson(s)*
5. watashi no kutsu to kare no kutsu [koutsou] *mes chaussures et ses chaussures*
6. asa to yoru [yorou] *matin et soir*
7. anata to watashi to kanojo [kanodjo] *toi, moi et elle*

B 1 PRÉSENTATION

■ **Hiragana, graphie japonaise**

hiragana	rōmaji	prononc.	ordre des traits
み	mi	[mi]	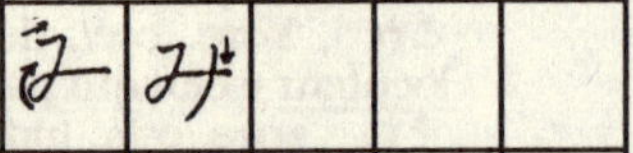
や	ya	[ya]	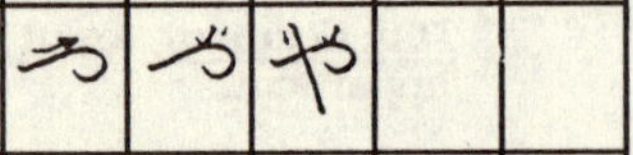
だ	da	[da]	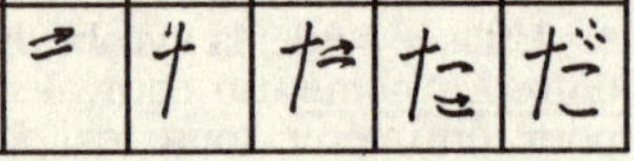

■ **Vocabulaire**

やさい	**yasai**	**[yassai]**	***légume(s)***
くだもの	**kudamono**	**[koudamono]**	***fruit(s)***
やま	**yama**		***montagne(s)***
うみ	**umi**	**[oumi]**	***mer(s)***
かわ	**kawa**		***rivière(s)***
や	**ya**		***et (entre autres)***
あれ	**are**	**[aré]**	***cela (celui ; celle) là-bas***

■ やさい　や　くだもの
yasai ya kudamono
légume(s) / et / fruit(s)
légume(s) et fruit(s) (entre autres)

B 2 APPLICATION

1. み　　2. や　　3. だ
4. やま　や　かわ　や　うみ
5. これ　や　あれ
6. たなかさん　の　かさ　や　あなた　の　か
7. ほん　や　じしょ

B 3 REMARQUES

Prononciation

- La syllabe や, **ya**, se prononce comme dans yaourt.
- Le son de **ai** en rōmaji correspond au son de *aï* dans *haïr*. Il est donc figuré par [aï] : やさい, **yasai** [yassaï], *légume(s)*.
- En ajoutant deux petits points en haut à droite de た, **ta**, on obtient だ, **da** : た, **ta** + ゛ = だ, **da**.

Grammaire

- Comme これ, **kore** [koré], et それ, **sore** [soré], あれ, **are** [aré], est également un pronom démonstratif d'objet ; il sert à désigner ce qui est éloigné à la fois du locuteur et de l'interlocuteur : *cela là-bas*.
- La syllabe や, **ya**, est aussi utilisée comme particule de liaison entre les noms : on l'utilise pour l'énumération d'une partie des objets ou des êtres vivants concernés (énumération incomplète), ce qui diffère de la particule と, **to**, qui sert à l'énumération complète (cf. 5 A3).
- Nous indiquons la différence entre la particule d'énumération complète と, **to**, et la particule d'énumération incomplète や, **ya**, en ajoutant (*entre autres*) à la traduction française de cette dernière.

énumération complète	énumération incomplète
かれ と かのじょ kare to kanojo *lui et elle*	かれ や かのじょ kare ya kanojo *lui et elle (entre autres)*

- Comme la particule と, **to**, la particule, や, **ya**, doit se répéter quand il y a plus de deux objets (ou êtres).

あなた や かのじょ や かれ *toi, elle et lui (entre autres)*
anata ya kanojo ya kare
toi / et / elle / et / lui

B 4 TRANSCRIPTION ET TRADUCTION

1. mi 2. ya 3. da
4. yama ya kawa ya umi [oumi]
   montagne(s), rivière(s) et mer(s) (entre autres)
5. kore ya are [koré ya aré] *ceci et cela là-bas (entre autres)*
6. Tanaka-san no kasa ya anata no kasa [kassa]
   parapluie(s) de M. (Mme, Mlle) Tanaka et ton (tes) parapluie(s) (entre autres)
7. hon ya jisho [honn ya djisho]
   livre(s) et dictionnaire(s) (entre autres)

C1 Exercices

A. Prononcez les hiragana suivants et écrivez-les ensuite en rōmaji.

1. や 2. み 3. そ 4. と 5. だ 6. こ

B. Prononcez et écrivez les locutions suivantes en rōmaji. Traduisez-les ensuite en français.

1. かれ の うち と わたし の うち
2. それ や あれ
3. やま の え や うみ の え
4. くつ と くつした

C. Traduisez et écrivez les locutions suivantes en hiragana.

1. *mes objets et les objets de Mme Tanaka (entre autres)*
2. *votre* (pl.) *voiture et leur voiture (voiture à eux)*
3. *celui-ci et celui-là là-bas (entre autres)*
4. *toi, elle et lui*

C2 CORRIGÉ

A. 1. ya 2. mi 3. so 4. to 5. da 6. ko

B. 1. kare no uchi to watashi no uchi
sa maison et ma maison
2. sore ya are *cela et cela là-bas (entre autres)*
3. yama no e ya umi no e
peinture(s) de la montagne et peinture(s) de la mer (entre autres)
4. kutsu to kutsushita *chaussure(s) et chaussette(s)*

C. 1. わたし の もの や たなかさん の もの
2. あなたたち の くるま と かれら の くるま
3. これ や あれ
4. あなた と かのじょ と かれ

5 C 3 ÉCRITURE : HIRAGANA

hiragana	ordre des traits	centrage	exercez-vous
ko こ	1 2	こ	
to と	1 2	と	
so そ	1	そ	
mi み	1 2	み	
ya や	1 2 3	や	
da だ	1 2 3 4 5	だ	

C 4 EXERCEZ-VOUS

こ					と				
そ					み				
や					だ				

6 この おかし か その おかし
Kono okashi ka sono okashi

A 1 PRÉSENTATION

■ **Hiragana, graphie japonaise**

hiragana	rômaji	prononc.	ordre des traits
お	o	[o]	
て	te	[té]	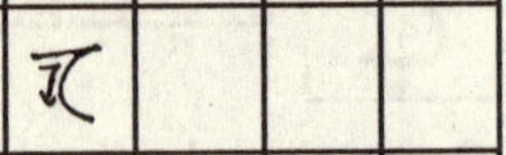
が	ga	[ga]	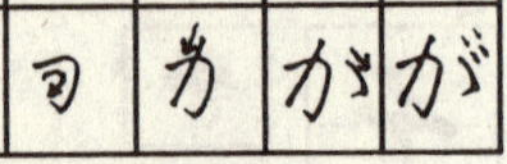

■ **Vocabulaire**

この	kono	*ce (cet ; cette)* + **(nom)** *-ci*	
その	sono	*ce (cet ; cette)* + **(nom)** *-là*	
おかし	okashi		*gâteau(x)*
おちゃ	ocha	[otcha]	*thé*
おもちゃ	omocha	[omotcha]	*jouet(s)*
てがみ	tegami	[tégami]	*lettre(s)* (= texte écrit qu'on adresse à quelqu'un)

■ この おかし か その おかし

kono	okashi	ka	sono	okashi
ce... -ci /	*gâteau* /	*ou* /	*ce...-là* /	*gâteau*

ce gâteau-ci ou ce gâteau-là

A 2 APPLICATION

1. お 2. て 3. が
4. その おもちゃ 5. この てがみ
6. この おちゃ と その おちゃ
7. この さかな や その さかな

A 3 REMARQUES

Prononciation et transcription

- Le **cha** en **rōmaji** doit être prononcé comme le *tcha* de *Tchad* ; おちゃ , **ocha**, *thé*, se prononce [otcha].

Notons que la syllabe **cha**, [tcha], s'écrit en **hiragana** avec la syllabe ち , **chi**, de taille normale accompagnée de la syllabe や , **ya**, de taille réduite : ちゃ , **cha** [tcha].

- On obtient la syllabe が, **ga**, en ajoutant deux petits points en haut et à droite de か , **ka** : か , **ka** + ゛ = が , **ga**.

Grammaire

- この , **kono**, *ce (cette)... ci*, et その , **sono**, *ce (cette)... là*, sont des adjectifs démonstratifs qui se trouvent toujours devant un nom pour le déterminer et pour s'y rapporter ; ils servent à indiquer aussi bien les objets que les êtres.

- Cependant leur usage est distinct :
  - この , **kono**, s'associe directement au nom d'un objet (ou être vivant) qui est proche du locuteur : この ほん , **kono hon** [honn], *ce livre-ci* ;
  - その , **sono**, s'associe directement au nom d'un objet (ou être vivant) qui est proche de l'interlocuteur : その ほん , **sono hon** [honn], *ce livre-là*.

- L'adjectif démonstratif この , **kono** (ou その , **sono**), ne s'emploie jamais seul, contrairement aux pronoms démonstratifs これ , **kore** [koré] (ou それ , **sore** [soré]).

ex.	これ	, **kore** [koré]	*ceci*
	この おちゃ	, **kono ocha** [otcha]	*ce thé-ci*

A 4 TRANSCRIPTION ET TRADUCTION

1. o　　2. te [té]　　3. ga
4. sono omocha [omotcha] — *ce jouet-là*
5. kono tegami [tégami] — *cette lettre-ci*
6. kono ocha to sono ocha [otcha] — *ce thé-ci et ce thé-là*
7. kono sakana ya sono sakana
   ce poisson-ci et ce poisson-là (entre autres)

6 あの　いぬ　と　ねこ　Ano inu to neko

B 1 PRÉSENTATION

■ Hiragana, graphie japonaise

hiragana	rômaji	prononc.	ordre des traits			
ぬ	nu	[nou]	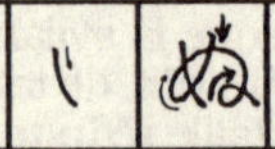			
ね	ne	[né]				
り	ri	[ri]	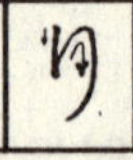			

■ Vocabulaire :

あの	ano	*ce (cet ; cette)* (+ **nom**) *là-bas*
いぬ	inu [inou]	*chien(s)*
ねこ	neko [néko]	*chat(s)*
とり	tori	*oiseau(x)*
うま	uma [ouma]	*cheval (chevaux)*
うし	ushi [oushi]	*bœuf(s) ; vache(s)*

■ あの　いぬ　と　ねこ
ano　inu　to　neko
ce... là-bas / chien / et / chat
ce chien là-bas et ce chat là-bas

B 2 APPLICATION

1. ぬ　2. ね　3. り

4. この　とり　や　あの　とり
5. この　うし　と　うま
6. あの　やま　や　かわ
7. その　くるま　か　あの　くるま

B 3 REMARQUES

Prononciation

• Rappel : ne pas prononcer le **r** japonais comme le *r* à la française : il ressemble plutôt au *l* français.
• Rappel : on n'indique la prononciation entre crochets que lorsque la transcription en rōmaji en diffère.

Grammaire

• あの , **ano**, est aussi un adjectif démonstratif et se place devant le nom ; il désigne un objet ou un être qui se trouve éloigné aussi bien du locuteur que de l'interlocuteur.
• あの , **ano**, adjectif démonstratif, ne s'emploie jamais seul contrairement au pronom démonstratif あれ , **are** [aré].

ex. :	あれ	**are** [aré]	*cela là-bas*
	あの ねこ	**ano neko** [néko]	*ce chat là-bas*

• Si tous les noms sont précédés du même adjectif démonstratif, il n'est pas nécessaire de le répéter devant chaque nom, lorsqu'ils sont reliés par la conjonction と **to**, ou や , **ya**.
On ne met donc この , **kono** (その , **sono**, ou あの , **ano**), facteur commun, qu'une seule fois, ce que l'on ne fait jamais en français où l'on répète toujours l'adjectif démonstratif.
ex. :

ce chat-ci et cet oiseau-ci →	この	ねこ	と	とり
	kono	neko	to	tori
	ce...-ci /	*chat* /	*et* /	*oiseau*

B 4 TRANSCRIPTION ET TRADUCTION

1. nu [nou] 2. ne [né] 3. ri

4. kono tori ya ano tori
cet oiseau-ci et cet oiseau là-bas (entre autres)

5. kono ushi to uma [kono oushi to ouma]
ce bœuf (cette vache)-ci et ce cheval-ci

6. ano yama ya kawa
cette montagne là-bas et cette rivière là-bas

7. sono kuruma ka ano kuruma [kourouma]
cette voiture-là ou cette voiture là-bas

C1 Exercices

A. Prononcez les hiragana suivants et écrivez-les ensuite en rōmaji.

1. お　　2. が　　3. ね

4. り　　5. て　　6. ぬ

B. Prononcez et écrivez les locutions suivantes en rōmaji. Traduisez-les ensuite en français.

1. その　ほん　や　じしょ
2. あの　つくえ　か　その　つくえ
3. この　かさ　と　くつ
4. あの　おもちゃ

C. Traduisez et écrivez les locutions suivantes en hiragana.

1. *cette maison-ci ou cette maison là-bas*
2. *cette lettre là-bas*
3. *ce fruit-ci et ce légume-ci (entre autres)*
4. *ce gâteau-là et ce thé-là*

C 2 CORRIGÉ

A. 1. o　2. ga　3. ne　4. ri　5. te　6. nu

B. 1. sono hon ya jisho
ce livre-là et ce dictionnaire-là (entre autres)
2. ano tsukue ka sono tsukue
ce bureau là-bas ou ce bureau-là
3. kono kasa to kutsu
ce parapluie-ci et ces chaussures-ci
4. ano omocha
ce jouet là-bas

C. 1. この　うち　か　あの　うち
ou この　いえ　か　あの　いえ
2. あの　てがみ
3. この　くだもの　や　やさい
4. その　おかし　と　おちゃ

hiragana	ordre des traits	centrage	exercez-vous
o お	1 2 3	お	
te て	1	て	
nu ぬ	1 2	ぬ	
ne ね	1 2	ね	
ri り	1	り	
ga が	1 2 3 4	が	

C 4 EXERCEZ-VOUS

お					て				
ぬ					ね				
り					が				

7 あかい　ふく Akai fuku

A 1 PRÉSENTATION

■ **Hiragana, graphie japonaise**

hiragana	rōmaji	prononc.	ordre des traits
ふ	fu	[fou]	
ろ	ro	[ro]	
ぼ	bo	[bo]	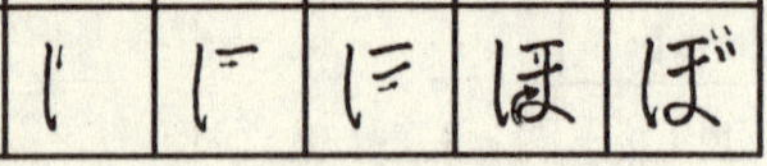

■ **Vocabulaire**

あかい	akai	[akaï]	*rouge*
あおい	aoi	[aoï]	*bleu*
しろい	shiroi	[shiroï]	*blanc*
くろい	kuroi	[kouroï]	*noir*
まるい	marui	[marouï]	*rond*
おもしろい	omoshiroi	[omoshiroï]	*intéressant*
ふく	fuku	[foukou]	*vêtement(s)*
ぼうし	bōshi	[bo:shi]	*chapeau(x)*

■ あかい　ふく　*vêtement(s) rouge(s)*
akai　fuku
rouge(s) / *vêtement(s)*

A 2 APPLICATION

1. ふ　2. ろ　3. ぼ

4. くろい　くるま　5. おもしろい　ほん

6. まるい　ぼうし

7. あおい　ふく　と　あかい　ふく

A 3 REMARQUES

Prononciation et transcription

• Attention : le **f** dans **fu** [fou] a un son intermédiaire entre le *h* expiré et le *f*. Cependant, il est transcrit et figuré par un **f** [f].

• Rappel : le **ai** en **rōmaji** se prononce [aï] : **akai** est prononcé [akaï].

• Le **oi** en **rōmaji** se prononce toujours [oï] : par exemple, **shiroi** est prononcé [shiroï].

• Le son **ui** en **rōmaji** est celui du mot français *ouïe*. Il est figuré par [ouï] : **marui**, se prononce [marouï].

• On obtient la syllabe ぼ, **bo**, en ajoutant deux petits points à la syllabe ほ, **ho** : ほ, **ho** + ゛ = ぼ, **bo.**

• La syllabe う, **u**, après la syllabe ぼ, **bo**, marque l'allongement du son de **bo**, et donne la syllabe allongée ぼう, **bō** [bo:].

Grammaire : **les adjectifs (1)**

• Les adjectifs japonais, quand ils sont **épithètes** (fonction des adjectifs qui déterminent le nom sans l'intermédiaire d'un verbe), se placent toujours devant le nom qu'ils déterminent.

adjectif + nom	traduction
あかい ①* ふく ② akai fuku *rouge(s) / vêtement(s)*	*vêtement(s)②* *rouge(s)①*

* Les chiffres donnent l'ordre des mots en japonais.

• Les adjectifs japonais ignorent l'accord en genre et en nombre avec le nom qu'ils qualifient, ce dernier ne connaissant lui-même ni genre ni nombre.

A 4 TRANSCRIPTION ET TRADUCTION

1. fu [fou] 2. ro 3. bo
4. kuroi kuruma [kouroï kourouma] *voiture(s) noire(s)*
5. omoshiroi hon [omoshiroï honn] *livre(s) intéressant(s)*
6. marui bōshi [marouï bo:shi] *chapeau(x) rond(s)*
7. aoi fuku to akai fuku [aoï foukou to akaï foukou] *vêtement(s) bleu(s) et vêtement(s) rouge(s)*

7 やすく　て　おいしい　りんご
Yasuku te oishii ringo

B 1 PRÉSENTATION

■ **Hiragana, graphie japonaise**

hiragana	rômaji	prononc.	ordre des traits			
す	su	[sou]	一	す		
ず	zu	[zou]	一	す	ず	
ご	go	[go]	一	こ	ご	

■ **Vocabulaire**

やすい	yasui	[yassouï]	*bon marché*
たかい	takai	[takaï]	*cher ; haut*
おいしい	oishii	[oïshii]	*bon* (pour le goût)
まずい	mazui	[mazouï]	*mauvais* (pour le goût)
ちいさい	chiisai	[tchiissaï]	*petit*
りんご	ringo	[rinngo]	*pomme(s)*
いちご	ichigo	[itchigo]	*fraise(s)*
て	te	[té]	*et* (pour les adjectifs)

■ やすく　て　おいしい　りんご
yasuku te oishii ringo
bon marché / et / bon / pomme(s)
pomme(s) bon marché et bonne(s)

B 2 APPLICATION

1. す　2. ず　3. ご
4. たかく　て　まずい　いちご
5. ちいさく　て　あかい　くるま
6. まるく　て　ちいさい　おかし
7. おいしく　て　やすい　くだもの
8. しろく　て　まるい　ぼうし

B 3 REMARQUES

Prononciation et transcription

• Lorsqu'on ajoute deux petits points en haut et à droite de la syllabe す, **su** [sou], ou de la syllabe こ, **ko** [ko], on obtient la syllabe ず, **zu** [zou], ou la syllabe ご, **go** [go].

• Le son [z] est toujours indiqué dans le rōmaji par **z** : まずい, **mazui** [mazouï], *mauvais*.

Grammaire : **les adjectifs (2)**

• Tous les adjectifs japonais se reconnaissent par leur terminaison commune, い, **i**.

Cela ne signifie cependant pas que les mots qui se terminent par la syllabe い, **i**, sont tous des adjectifs ; やさい, **yasai** [yassaï], *légume*, est un nom, bien qu'il se termine par い, **i**.

• Pour relier des adjectifs, il faut le mot de liaison て, **te** [té], et non pas と, **to** (ou や, **ya**), qui lie des noms (cf. 5 A et B).

• La terminaison de l'adjectif, い, **i**, qui se place juste devant la conjonction て, **te** [té], se transforme en く, **ku** [kou].

adjectif-1	et	adjectif-2	+ nom	traduction
やすく **yasuku** (← i) *bon marché*	て **te** *et*	おいしい oishii *bonne(s)*	りんご ringo *pomme(s)*	*pomme(s) bon marché et bonne(s)*
おいしく **oishiku** (← i) *bonne(s)*	て **te** *et*	やすい yasui *bon marché*	りんご ringo *pomme(s)*	*pomme(s) bonne(s) et bon marché*

B 4 TRANSCRIPTION ET TRADUCTION

1. su [sou] 2. zu [zou] 3. go
4. takaku te mazui ichigo [takakou té mazouï itchigo] *fraise(s) chère(s) et mauvaise(s)*
5. chiisaku te akai kuruma [tchiissakou té akaï kourouma] *petite(s) voiture(s) rouge(s)* ou *voiture(s) petite(s) et rouge(s)*
6. maruku te chiisai okashi [maroukou té tchiissaï okashi] *petit(s) gâteau(x) rond(s)* ou *gâteau(x) rond(s) et petit(s)*
7. oishiku te yasui kudamono [oïshikou té yassouï koudamono] *fruit(s) bon(s) et bon marché*
8. shiroku te marui bōshi [shirokou té marouï bo:shi] *chapeau(x) blanc(s) et rond(s)*

7 C1 Exercices

A. Prononcez les hiragana suivants et écrivez-les ensuite en rōmaji.

1. す　　2. ご　　3. ふ
4. ぼ　　5. ず　　6. ろ

B. Prononcez et écrivez les locutions suivantes en rōmaji. Traduisez-les ensuite en français.

1. まずい　おちゃ
2. おもしろい　もの
3. やすく　て　おいしい　にく
4. しろい　うま

C. Traduisez et écrivez les mots suivants en hiragana.

1. *une petite voiture noire*
2. *des vêtements chers*
3. *des fraises mauvaises et chères*
4. *un jouet intéressant*
5. *un chapeau bleu et rond*

C 2 CORRIGÉ

A. 1. su　　2. go　　3. fu
4. bo　　5. zu　　6. ro

B.

1. mazui ocha	*mauvais thé(s)*
2. omoshiroi mono	*chose(s) intéressante(s)*
3. yasuku te oishii niku	*viande(s) bon marché et bonne(s)*
4. shiroi uma	*cheval(aux) blanc(s)*

C. 1. ちいさく　て　くろい　くるま
2. たかい　ふく
3. まずく　て　たかい　いちご
4. おもしろい　おもちゃ
5. あおく　て　まるい　ぼうし

C3 ÉCRITURE : HIRAGANA

hiragana	ordre des traits	centrage	exercez-vous
su す	1 2	す	
zu ず	1 2 3	ず	
fu ふ	1 2 3	ふ	
ro ろ	1	ろ	
go ご	1 2 3	ご	
bo ぼ	1 2 3 / 1 2	ぼ	

C 4 EXERCEZ-VOUS

す	ず
ふ	ろ
ご	ぼ

8 じゅうよう な しごと Jūyō na shigoto

A 1 PRÉSENTATION

■ Hiragana, graphie japonaise

hiragana	rōmaji	prononc.	ordre des traits			
ひ	hi	[hi]				
め	me	[mé]		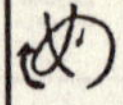		
ゆ	yu	[you]				

■ Vocabulaire

じゅうよう（な）	jūyō(na)	[djou:yo:(na)]	*important*
ゆうめい（な）	yūmei(na)	[you:méï(na)]	*célèbre*
かんたん（な）	kantan(na)	[kanntann(na)]	*simple*
ひと	hito*		*personne(s)*
しごと	shigoto**		*travail*
たてもの	tatemono	[tatémono]	*bâtiment(s)*

* (Rappel) Le **h** de **hito** doit se prononcer, le **h** japonais étant toujours expiré.

** しごと , **shigoto**, correspond au sens du mot *travail* au singulier.

■ じゅうよう な しごと — *travail important*

jūyō na shigoto

important / - / *travail*

A 2 APPLICATION

1. ひ　2. め　3. ゆ

4. かんたん な しごと

5. ゆうめい な たてもの

6. じゅうよう な ひと

A 3 REMARQUES

Prononciation et transcription

- La syllabe ゆ, **yu** [you], comme dans *Yougoslavie.*
- La syllabe じゅ, **ju** [djou], est une composition de la syllabe じ, **ji** [dji], de taille normale et de la syllabe ゆ, **yu** [you], de taille réduite : じゅ, **ju** [djou].
- Pour allonger le son d'une syllabe en **o** ou en **u** [ou], on la fait suivre de la syllabe う, **u** [ou] :

syllabe en **o** ou en **u** [ou]	+ う **u** [ou] →	**syllabe longue** en **o** ou en **u** [ou]
よ **yo** [yo] ゆ **yu** [you] じゅ **ju** [djou]	+ う **u** [ou] → + う **u** [ou] → + う **u** [ou] →	よう **yō** [yo:] ゆう **yū** [you:] じゅう **jū** [djou:]

Grammaire : **les quasi-adjectifs (1)**

- On appelle quasi-adjectifs les adjectifs qui, lorsqu'ils sont épithètes, sont obligatoirement suivis du mot de liaison な, **na**.

Les quasi-adjectifs épithètes, suivis de な, **na**, se placent toujours devant le nom ; な, **na**, ne se traduit pas.

quasi-adjectif	+ na	nom	traduction
じゅうよう **jūyō** [djou:yo:] *important*	な **na** -	しごと shigoto *travail*	*travail important*

- Comme les adjectifs, les quasi-adjectifs ignorent l'accord en genre et en nombre avec le nom (cf. 7 A3).
- Beaucoup de quasi-adjectifs se distinguent des adjectifs par l'absence de la terminaison い, **i**. Exception : le quasi-adjectif ゆうめい, **yūmei** [you:méï], *célèbre*, se termine par い, **i**.

C'est pourquoi nous vous signalons dans le vocabulaire, en A1, tous les quasi-adjectifs par le な, **na**, entre parenthèses pour les identifier.

A 4 TRANSCRIPTION ET TRADUCTION

1. hi 2. me [mé] 3. yu [you]
4. kantan [kanntann] na shigoto *travail simple*
5. yūmei na tatemono [you:méï na tatémono] *bâtiment(s) célèbre(s)*
6. jūyō na hito [djou:yo: na hito] *personne(s) importante(s)*

8 しずか　で　きれい　な　まち
Shizuka de kirei na machi

B 1 PRÉSENTATION

■ Hiragana, graphie japonaise

hiragana	rōmaji	prononc.	ordre des traits			
き	ki	[ki]	一	ニ	き	
で	de	[dé]	て	で		
へ	he	[hé]	へ			

■ Vocabulaire

しずか（な）	shizuka(na)	[shizouka(na)]	*calme*
きれい（な）	kirei(na)	[kiréï(na)]	*beau ; propre*
まじめ（な）	majime(na)	[madjimé(na)]	*sérieux*
ゆうかん（な）	yūkan(na)	[you:kann(na)]	*brave*
じゆう（な）	jiyū(na)	[djiyou:(na)]	*libre*
へいわ（な）	heiwa(na)	[héïwa(na)]	*paisible*
まち	machi	[matchi]	*ville(s)*
くに	kuni	[kouni]	*pays*
ところ	tokoro		*endroit(s) ; lieu(x)*
で	de	[dé]	*et* (pour les quasi-adjectifs)

■ しずか　で　きれい　な　まち
shizuka de kirei na machi
calme(s) / *et* / *belle(s)* / - / *ville(s)*
ville(s) calme(s) et belle(s)

B 2 APPLICATION

1. き　　2. で　　3. へ

4. じゆう　で　へいわ　な　くに

5. きれい　で　しずか　な　ところ

6. まじめ　で　ゆうかん　な　ひと

8 Belle(s) ville(s) calme(s) / Ville(s) calme(s) et belle(s)

B 3 REMARQUES

■ Prononciation et transcription

• On obtient la syllabe で, **de** [dé], quand on ajoute deux petits points au て, **te** [té] : て, **te** + ゛ = で, **de** [dé].

• Comme le ゆ, **yu** [you], de じゆう, **jiyū** [djiyou:], *libre*, s'écrit en taille normale, on le prononce clairement après le son じ, **ji** [dji].

Rappel : par contre, le じゅ, **ju** [djou], de じゅうよう, **jūyō** [djou:yo:], *important*, doit se prononcer [djou] et non pas [djiyou], le ゆ, **yu**, étant écrit en taille réduite.

■ Grammaire : **les quasi-adjectifs (2)**

• Pour relier des quasi-adjectifs, il faut le mot de liaison で, **de** [dé] (cf. 7 B).

• Les quasi-adjectifs ne voient aucune transformation de leur dernière lettre devant le で, **de** [dé].

• Les quasi-adjectifs, reliés par で, **de** [dé], se placent toujours devant le nom qu'ils déterminent : ne surtout pas oublier le mot de liaison な, **na**, entre le dernier quasi-adjectif et le nom.

quasi-adj.-1	et	quasi-adj.-2	+	nom	traduction
しずか shizuka *calme(s)*	で de *et*	きれい * kirei *belle(s)*	な na -	まち machi *ville(s)*	*ville(s) calme(s) et belle(s)*
きれい * kirei *belle(s)*	で de *et*	しずか shizuka *calme(s)*	な na -	まち machi *ville(s)*	*ville(s) belle(s) et calme(s)*

* きれい, **kirei** [kiréï], est un quasi-adjectif, bien qu'il se termine par い, **i** (cf. 8 A3).

B 4 TRANSCRIPTION ET TRADUCTION

1. ki　　2. de [dé]　　3. he [hé]

4. jiyū de heiwa na kuni
[djiyou: dé héïwa na kouni] *pays libre(s) et paisible(s)*

5. kirei de shizuka na tokoro
[kiréï dé shizouka na tokoro] *endroit(s) beau(x) et calme(s)*

6. majime de yūkan na hito
[madjimé dé you:kann na hito] *personne(s) sérieuse(s) et brave(s)*

8 C1 Exercices

A. Prononcez les hiragana suivants et écrivez-les ensuite en rōmaji.

1. ひ	2. で	3. め
4. ゆ	5. へ	6. き

B. Prononcez et écrivez les locutions suivantes en rōmaji. Traduisez-les ensuite en français.

1. ゆうめい　な　ところ
2. きれい　な　かわ
3. じゅうよう　な　たてもの
4. しずか　で　へいわ　な　まち

C. Traduisez et écrivez les locutions suivantes en hiragana.

1. *un travail sérieux*
2. *une personne brave*
3. *une mer propre* (ou *belle*) *et calme*
4. *des pays paisibles*
5. *un jouet simple*

C 2 CORRIGÉ

A.

1. hi	2. de	3. me
4. yu	5. he	6. ki

B.

1. yūmei na tokoro	*endroit(s) célèbre(s)*
2. kirei na kawa	*rivière(s) propre(s)* ou *belle(s) rivière(s)*
3. jūyō na tatemono	*bâtiment(s) important(s)*
4. shizuka de heiwa na machi	*ville(s) calme(s) et paisible(s)*

C.
1. まじめ　な　しごと
2. ゆうかん　な　ひと
3. きれい　で　しずか　な　うみ
4. へいわ　な　くに
5. かんたん　な　おもちゃ

C 3 ÉCRITURE : HIRAGANA

hiragana	ordre des traits	centrage	exercez-vous
ki き	1 2 3 き	き	
hi ひ	1 ひ	ひ	
he へ	1 へ	へ	
me め	1 2 め	め	
yu ゆ	1 2 ゆ	ゆ	
de で	1 2 で	で	

C 4 EXERCEZ-VOUS

き					ひ				
へ					め				
ゆ					で				

9 はやく　て　べんり　な　ひこうき
Hayaku te benri na hikōki

A 1　PRÉSENTATION

■ Hiragana, graphie japonaise :

hiragana	rōmaji	prononc.	ordre des traits
せ	se	[sé]	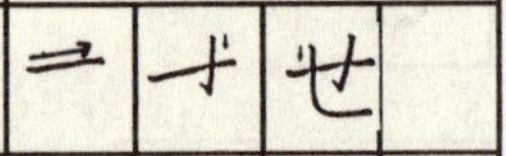
は	ha	[ha]	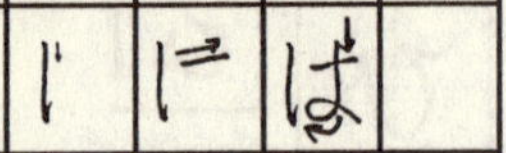
べ	be	[bé]	

■ Vocabulaire

はやい	hayai	[hayaï]	*rapide ; tôt*
おそい	osoi	[ossoï]	*lent ; tardif*
ひろい	hiroi	[hiroï]	*large*
せまい	semai	[sémaï]	*étroit*
べんり（な）	benri(na)	[bénnri(na)]	*pratique ; commode*
ふべん（な）	fuben(na)	[foubénn(na)]	*incommode*
のりもの	norimono		*moyen(s) de transport*
ひこうき	hikōki	[hiko:ki]	*avion(s)*
でんしゃ	densha	[dénnsha]	*train(s)*
みち	michi	[mitchi]	*chemin(s) ; rue(s)*

■ はやく　て　べんり　な　ひこうき
hayaku te benri na hikōki
rapide / et / pratique / - / avion(s)
avion(s) rapide(s) et pratique(s)

A 2　APPLICATION

1. せ　　2. は　　3. べ
4. せまく　て　ふべん　な　みち
5. おそく　て　ふべん　な　でんしゃ
6. やすく　て　べんり　な　のりもの
7. ひろく　て　べんり　な　うち

A 3 REMARQUES

Prononciation et transcription

• Rappel : en japonais, la syllabe **n** (ん) doit être prononcée : le **n** dans **benri** ou **fuben** se prononce donc comme dans le français *benne*.

• La syllabe **sha** est une composition de la syllabe し , **shi**, de taille normale et de la syllabe や , **ya**, de taille réduite : しゃ , **sha**.

• Rappel : la syllabe う , **u** [ou], placée après une syllabe en **o** ou en **u** [ou], allonge le son de cette dernière : ひこうき , **hikōki** se prononce [hiko:ki].

Grammaire : **les adjectifs suivis de quasi-adjectifs**

• Pour relier les adjectifs aux quasi-adjectifs, il faut le mot de liaison て , **te** [té], quand les adjectifs précèdent les quasi-adjectifs ; (rappel) la terminaison い , **i**, des adjectifs se transforme en く , **ku** [kou], devant le て , **te** [té].

Dans ce cas, comme le quasi-adjectif précède le nom, il ne faut surtout pas oublier le な , **na**, de liaison (cf. 8 A3 et B3).

adjectif	et	quasi-adj.	+	nom	traduction
はやく (←い) hayaku (← i) *rapide(s)*	て te *et*	べんり benri *pratique(s)*	な na -	ひこうき hikōki *avion(s)*	*avion(s) rapide(s) et pratique(s)*

A 4 TRANSCRIPTION ET TRADUCTION

1. se [sé] 2. ha 3. be [bé]
4. semaku te fuben na michi
[sémakou té foubénn na mitchi]
rue(s) étroite(s) et incommode(s) (= peu pratique(s))
5. osoku te fuben na densha
[ossokou té foubénn na dénnsha]
train(s) lent(s) et incommode(s) (= peu pratique(s))
6. yasuku te benri na norimono
[yassoukou té bénnri na norimono]
moyen(s) de transport bon marché et pratique(s)
7. hiroku te benri na uchi [hirokou té bénnri na outchi]
grande(s) maison(s) pratique(s) (= maison(s) large(s) et pratique(s)

9 ふくざつ　で　むずかしい　もんだい
Fukuzatsu de muzukashii mondai

B 1　PRÉSENTATION

■ Hiragana, graphie japonaise :

hiragana	rōmaji	prononc.	ordre des traits
け	ke	[ké]	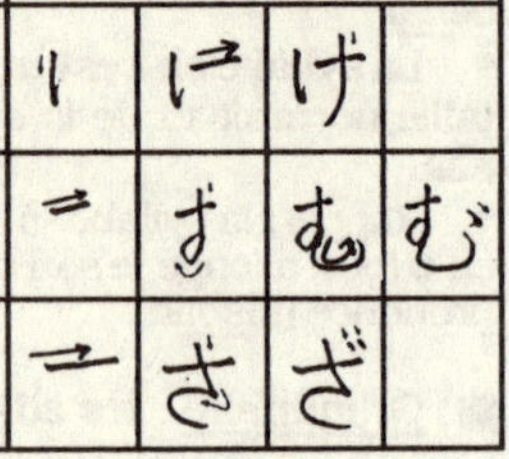
む	mu	[mou]	
ざ	za	[za]	

■ Vocabulaire :

むずかしい	**muzukashii**	**[mouzoukashii]**	*difficile*
やさしい	**yasashii**	**[yassashii]**	*facile*
つまらない	**tsumaranai**	**[tsoumaranaï]**	*sans intérêt*
ふくざつ（な）	**fukuzatsu(na)**	**[foukouzatsou(na)]**	*compliqué*
たいくつ（な）	**taikutsu(na)**	**[taïkoutsou(na)]**	*ennuyeux*
きけん（な）	**kiken(na)**	**[kikénn(na)]**	*dangereux*
へいぼん（な）	**heibon**	**[héïbonn(na)]**	*banal*
もんだい	**mondai**	**[monndaï]**	*problème(s)*
はなし	**hanashi***	**[hanashi]**	*histoire(s)*

* はなし , **hanashi**, signifie *histoire* dans le sens d'*anecdote*.

■ ふくざつ　で　むずかしい　もんだい
fukuzatsu　de　muzukashii　mondai
compliqué(s) / et / difficile(s) / problème(s)
problème(s) compliqué(s) et difficile(s)

B 2　APPLICATION

1. け　　2. む　　3. ざ

4. たいくつ　で　つまらない　はなし

5. きけん　で　むずかしい　しごと

6. へいぼん　で　やさしい　もんだい

B 3 REMARQUES

Prononciation

• On obtient la syllabe ざ, **za**, en ajoutant deux petits points en haut et à droite de la syllabe さ, **sa** : さ, **sa** + ゛ = ざ, **za**.
• Rappel : **ai, oi, ui** et **ei** se prononcent respectivement [aï], [oï], [ouï] et [éï].

Grammaires : **les quasi-adjectifs suivis d'adjectifs**

• Le mot de liaison で, **de** [dé], intervient pour lier les quasi-adjectifs aux adjectifs, quand les quasi-adjectifs précèdent les adjectifs.
• Rappel : les quasi-adjectifs ne voient aucune modification de leur terminaison devant le で, **de** [dé], même s'ils se terminent par い, **i** (cf. 8 B3).

quasi-adj.	et	adjectif	+ nom	traduction
ふくざつ fukuzatsu *compliqué(s)*	で **de** *et*	むずかしい muzukashii *difficile(s)*	もんだい mondai *problème(s)*	*problème(s) compliqué(s) et difficile(s)*

• Si l'on intervertit le quasi-adjectif et l'adjectif ci-dessus, on doit remplacer le で, **de** [dé], par le て, **te** [té], et transformer la terminaison い, **i**, de l'adjectif en く, **ku** [kou]. D'autre part, il faut ajouter le な, **na**, devant le nom (cf. 9 A3).

adjectif	et	quasi-adj.	+	nom	traduction
むずかしく muzukashiku *difficile(s)*	て **te** *et*	ふくざつ fukuzatsu *compliqué(s)*	な **na** -	もんだい mondai *problème(s)*	*problème(s) difficile(s) et compliqué(s)*

B 4 TRANSCRIPTION ET TRADUCTION

1. ke [ké] 2. mu [mou] 3. za
4. taikutsu de tsumaranai hanashi
[taïkoutsou dé tsoumaranaï hanashi]
histoire(s) ennuyeuse(s) et sans intérêt
5. kiken de muzukashii shigoto
[kikénn dé mouzoukashii shigoto]
travail dangereux et difficile
6. heibon de yasashii mondai
[héïbonn dé yassashii mondaï]
problème(s) banal(s) et facile(s)

C1 Exercices

A. Prononcez les hiragana suivants et écrivez-les ensuite en rōmaji.

1. せ 2. ざ 3. む 4. べ 5. は 6. け

B. Prononcez et écrivez les locutions suivantes en rōmaji. Traduisez-les ensuite en français.

1. あかく て きれい な ぼうし
2. ふくざつ で むずかしい はなし
3. はやく て べんり な ひこうき
4. たいくつ で つまらない しごと

C. Traduisez et écrivez les locutions suivantes en hiragana.

1. *une rue étroite et dangereuse*
2. *des moyens de transport chers et peu pratiques*
3. *une petite ville banale*
4. *un train lent et ennuyeux*

C 2 CORRIGÉ

A. 1. se 2. za 3. mu 4. be 5. ha 6. ke

B. 1. akaku te kirei na bōshi *beau(x) chapeau(x) rouge(s)*
2. fukuzatsu de muzukashii hanashi
histoire(s) compliqué(s) et difficile(s)
3. hayaku te benri na hikōki
avion(s) rapide(s) et pratique(s)
4. taikutsu de tsumaranai shigoto
travail ennuyeux et sans intérêt (= peu intéressant)

C. 1. せまく て きけん な みち
ou きけん で せまい みち
2. たかく て ふべん な のりもの
ou ふべん で たかい のりもの
3. ちいさく て へいぼん な まち
ou へいぼん で ちいさい まち
4. おそく て たいくつ な でんしゃ
ou たいくつ で おそい でんしゃ

9 C 3 ÉCRITURE : HIRAGANA

hiragana	ordre des traits	centrage	exercez-vous
ke け	1 2 3	け	
se せ	1 2 3	せ	
ha は	1 2 3	は	
mu む	1 2 3 4	む	
za ざ	1 2 3	ざ	
be べ	1 2	べ	

C 4 EXERCEZ-VOUS

け					せ				
は					む				
ざ					べ				

10 ひらがな の まとめ Hiragana no matome -1-

A 1/2 PRÉSENTATION

■ Tableau du syllabaire hiragana :

Voici la récapitulation (= まとめ , **matome** [matomé]) de tous les hiragana que nous avons présentés dans les 9 premières leçons :

	syllabe en a	syllabe en i	syllabe en u	syllabe en e	syllabe en o
série 1	あ a	い i	う u	え e	お o
série 2 en k	か ka	き ki	く ku	け ke	こ ko
série 3 en s	さ sa	し *shi	す su	せ se	そ so
série 4 en t	た ta	ち *chi	つ *tsu	て te	と to
série 5 en n	な na	に ni	ぬ nu	ね ne	の no
série 6 en h	は ha	ひ hi	ふ *fu	へ he	ほ ho
série 7 en m	ま ma	み mi	む mu	め me	も mo
série 8 en y	や ya		ゆ yu		よ yo
série 9 en r	ら ra	り ri	る ru	れ re	ろ ro
série 10 en w	わ wa				を *wo

*Voir A3/4

hors série	ん n

■ La syllabe en **o** de la série 10 を , **wo**, est le 46e et dernier hiragana qui n'a pas encore été présenté jusqu'ici :

hiragana	rōmaji	prononc.	ordre des traits
を	wo	[o]	

10 Récapitulation du hiragana - 1 -

A 3/4 REMARQUES

■ Tableau du syllabaire hiragana

- Le syllabaire hiragana contient 10 séries et une "hors série" pour classer ses 46 syllabes.
- Excepté la série 1 et la hors série, chaque série comporte une consonne commune entre ses syllabes transcrites en rōmaji.
- La série 1 est une série composée de syllabes qui ne comportent que les sons des 5 voyelles : **a**, **i**, **u** [ou], **e** [é] et **o**.
- Formant seule une série dite hors série, la syllabe ん , **n**, ne se raccorde en aucun cas aux syllabes de la série 1.

ex. : la syllabe **na** s'écrit " な ", non pas " ん , **n** + あ , **a** = んあ ".

- Il n'y a que 3 syllabes dans la série 8 et 2 dans la série 10.

■ Ordre du syllabaire hiragana

- Comme pour notre alphabet, il existe un ordre du syllabaire hiragana, avec lequel les mots japonais sont classés dans les dictionnaires.
  Cet ordre va de la série 1 à la hors série, en commençant par la syllabe en **a** et en finissant par la syllabe en **o** dans chaque série :

série 1 ↓	あ a→ い i→ う u→ え e→ お o
série 2 ↓	か ka→ き ki→ く ku→ け ke→ こ ko
etc.	Voir A1/A2

■ * し , **shi**, ち , **chi**, つ , **tsu** et ふ , **fu**

- Par convention, les syllabes し (série 3), ち , つ (série 4) et ふ (série 6) s'écrivent respectivement en rōmaji : **shi** (non **si**), **chi** [tchi] (non **ti**), **tsu** [tsou] (non **tu**) et **fu** [fou] (non **hu**).

■ * を , **wo** [o] (syllabe en **o** de la série 10)

- La syllabe を , **wo**, se prononce en fait **[o]** comme le お , **o**. Mais elle ne s'associe jamais avec d'autres hiragana pour former un mot ; elle est toujours employée seule comme particule (son utilisation sera développée ultérieurement).

B 1/2 PRÉSENTATION

■ Tableau des syllabes dérivées (1)

	syllabe en a	syllabe en i	syllabe en u	syllabe en e	syllabe en o
série 2' en g	が ga	ぎ gi	ぐ gu	げ ge	ご go
série 3' en z	ざ za	じ ji	ず zu	ぜ ze	ぞ zo
série 4' en d	だ da	ぢ ji	づ zu	で de	ど do
série 6' en b	ば ba	び bi	ぶ bu	べ be	ぼ bo

• Quand on met deux petits points en haut et à droite de chaque syllabe des séries 2, 3, 4 et 6, on peut obtenir les syllabes des séries 2', 3', 4' et 6'.
• Les syllabes ぎ, **gi**, et げ, **ge**, se prononcent respectivement comme dans *guide* et *guérison*.
• La syllabe じ et la syllabe ぢ sont prononcées [dji] et écrites en rōmaji **ji**.
• La syllabe づ et la syllabe ず se prononcent [zou] et s'écrivent en rōmaji **zu**.

■ Tableau des syllabes dérivées (2)

	syllabe en a	syllabe en i	syllabe en u	syllabe en e	syllabe en o
série 6" en p	ぱ pa	ぴ pi	ぷ pu	ぺ pe	ぽ po

• Pour créer les 5 syllabes de la série 6" (que l'on n'a jamais rencontrées jusqu'ici), il suffit d'ajouter un petit rond en haut et à droite des 5 syllabes de la série 6.

ex. は , **ha** + ° = ぱ , **pa**

ふ , **fu** [fou] + ° = ぷ , **pu** [pou]

B 3/4 REMARQUES

■ Syllabes accompagnées de deux petits points

• Au cours des 9 premières leçons, nous avons rencontré 9 syllabes qui comportent deux petits points : じ , **ji** [dji] (cf. 2 B1) ; だ , **da** (cf. 5 B1), が , **ga** (cf. 6 A1) ; ぼ , **bo** (cf. 7 A1) ; ず , **zu** [zou] (cf. 7 B1) ; ご , **go** (cf. 7B1) ; で , **de** [dé] (cf. 8 B1) ; べ , **be** [bé] (cf. 9 A1) et ざ , **za** (cf. 9 B1).

• Nous vous montrons ici toutes les syllabes qui contiennent deux petits points ; elles sont figurées dans le tableau ci-contre (de la série 2' à la série 6').

Ces syllabes accompagnées de deux points sont dérivées des syllabes en **k** (série 2), en **s** (série 3), en **t** (série 4) et en **h** (série 6).

Elles prennent aussi part à la formation des mots :

ex. :	じしょ	**jisho** [djisho]	*dictionnaire* (cf.3A1)
	くだもの	**kudamono** [koudamono]	*fruit* (cf.5B1)
	いちご	**ichigo** [itchigo]	*fraise* (cf.7B1)
	しずか	**shizuka** [shizouka]	*calme* (cf.8B1)
	ふべん	**fuben** [foubénn]	*incommode* (cf.9A1)

• **Attention** : l'emploi de la syllabe ぢ , **ji** [dji] (série 4' en **d**), et de la syllabe づ , **zu** [zou] (série 4' en **d**), est très rare de nos jours.

■ Syllabes accompagnées d'un petit rond

• Présentées comme la série 6", les 5 dernières syllabes sont dérivées de la série 6 (syllabes en **h**).

• Nous n'avons rencontré jusqu'ici aucun mot contenant des syllabes accompagnées d'un petit rond. Voici donc quelques exemples de ce type :

かんぱい	**kanpai** [kampaï]*	*Tchin-tchin ! A votre santé !*
てんぷら	**tenpura** [témpoura]*	*beignet de légume ou de poisson* (plat japonais)
でんぽう	**denpō** [dé mpo:]*	*télégramme*

* La syllabe ん , **n**, se prononce [m] devant la syllabe en **p**.

> **Important** : nous ne vous demandons pas de retenir tous les signes présentés ici : il suffit pour le moment de les reconnaître et de savoir les prononcer.

C 1/2 PRÉSENTATION

■ Tableau des syllabes juxtaposées

		3 syllabes de la série 8 de petite taille		
		ゃ ya	ゅ yu	ょ yo
série 2 ki	き	きゃ kya	きゅ kyu	きょ kyo
série 2' gui [gui]	ぎ	ぎゃ gya	ぎゅ gyu	ぎょ gyo
série 3 shi	し	しゃ sha	しゅ shu	しょ sho
série 3' ji [dji]	じ	じゃ ja	じゅ ju	じょ jo
série 4 chi [tchi]	ち	ちゃ cha	ちゅ chu	ちょ cho
série 5 ni	に	にゃ nya	にゅ nyu	にょ nyo
série 6 hi	ひ	ひゃ hya	ひゅ hyu	ひょ hyo
série 6' bi	び	びゃ bya	びゅ byu	びょ byo
série 6" pi	ぴ	ぴゃ pya	ぴゅ pyu	ぴょ pyo
série 7 mi	み	みゃ mya	みゅ myu	みょ myo
série 9 ri	り	りゃ rya	りゅ ryu	りょ ryo

- On obtient les syllabes présentées dans le tableau en juxtaposant les 3 syllabes de la série 8 aux syllabes en **i** des séries 2, 2', 3, 3', 4, 5, 6, 6', 6", 7 et 9.
- Noter que les 3 syllabes de la série 8 (ゃ, ya, ゅ, you, ょ, yo) doivent toujours s'écrire en petite taille.

ex. : き, **ki** + ゃ, ya → きゃ, **kya**
び, **bi** + ゅ, yu → びゅ, **byu**
み, **mi** + ょ, yo → みょ, **myo**

C 3/4 REMARQUES

■ Syllabes juxtaposées

• Rappel : dans les leçons précédentes, nous avons vu quelques syllabes nées de la juxtaposition de deux syllabes :

- じ , **ji** [dji] + * ょ , **yo** → じょ , **jo** [djo] (cf. 2B3)
- し , **shi** + * ょ , **yo** → しょ , **sho** (cf. 3A3)
- ち , **chi** + * ゃ , **ya** → ちゃ , **cha** [tcha] (cf. 6A3)
- じ , **ji** [dji] + * ゅ , **yu** → じゅ , **ju** [djou] (cf. 8A3)
- し , **shi** + * ゃ , **ya** → しゃ , **sha** (cf. 9A3)

* Les syllabes よ , **yo**, ゆ , **yu**, et や , **ya** s'écrivent en petite taille.

• Nous vous montrons à présent toutes les syllabes résultant de la juxtaposition de deux syllabes (cf. ci-contre).

> **Important** : il n'est pas nécessaire d'apprendre par cœur toutes ces syllabes, dont certaines s'emploient peu ; par contre, il est vivement recommandé de savoir les prononcer.

■ Prononciation

• Les syllabes provenant d'une telle juxtaposition doivent se prononcer comme une seule syllabe :
ex. : la syllabe きゃ , **kya**, considérée comme une seule syllabe, se prononce de façon à ce que la syllabe ゃ , **ya**, s'entende presque en même temps que la syllabe き , **ki**.
→ En revanche, si l'on écrit la syllabe や , **ya**, en taille normale à côté de la syllabe き , **ki**, on doit prononcer la syllabe き , **ki**, et la syllabe や , **ya**, distinctement, puisque ces deux dernières forment deux syllabes.

■ Transcription en rōmaji des syllabes juxtaposées

• On ne trouve pas le **y** dans la transcription en rōmaji des syllabes suivantes :

- série 3 + série 8 : しゃ , **sha** ; しゅ , **shu** [shou] ; しょ , **sho**
- série 3' + série 8 : じゃ , **ja** ; じゅ , **ju** [djou] ; じょ , **jo** [djo]
- série 4 + série 8 : ちゃ , **cha** [tcha] ; ちゅ , **chu** [tchou] ; ちょ , **cho** [tcho]

11 わたし の カメラ です。
Watashi no kamera desu.

A 1 PRÉSENTATION

■ <u>Katakana, graphie japonaise</u> :

katakana	hiragana	rōmaji *	ordre des traits		
カ	か	ka	フ	カ	
メ	め	me	ノ	メ	
ラ	ら	ra	ー	ラ	

* Le rōmaji indique ici la transcription romane du katakana ainsi que du hiragana.

■ <u>Vocabulaire</u>

カメラ	kamera	[kaméra]	*appareil(s) photo(s)*
かばん	kaban	[kabann]	*cartable(s)*
めがね	megane	[mégané]	*lunettes*
うでどけい	udedokei	[oudédokéï]	*montre(s)*
です	desu	[déss]**	*être : c'est ; ce sont ; je suis ; tu es ; il (elle) est ; nous sommes ; vous êtes ; ils (elles) sont*

** Prononcé lentement, です se dit [dé sou] ; dans la pratique courante, on n'entend cependant pas le son [ou] dans [dé sou]. Il est donc figuré par [déss].

■ わたし の カメラ です。
Watashi no kamera desu.
moi / de / appareil photo / c'est
C'est mon appareil photo ou ce sont mes appareils photos.

A 2 APPLICATION

1. カ 2. メ 3. ラ 4. カメラ

5. べんり な かばん です。

6. かのじょ の うでどけい です。

7. まるい めがね です。

A 3 REMARQUES

■ <u>Écriture : le katakana</u>

• Les 46 syllabes japonaises peuvent s'écrire avec une deuxième graphie dite **katakana** : cette dernière est destinée à transcrire en japonais les mots étrangers.

ex : le mot **kamera** [kaméra], *appareil photo*, doit s'écrire en <u>katakana</u>, カメラ, puisqu'il vient du mot anglais *camera*.

• Pour tracer les katakana, il existe aussi un ordre des traits qui est soumis aux mêmes principes que les hiragana (cf. 1 A1).

■ <u>Grammaire</u> : です, **desu** [déss] (Voir A1).

• です, **desu** [déss], ressemble beaucoup au verbe *être* français qui marque l'identité, l'état ou la qualité du sujet : <u>il ne varie cependant pas selon les personnes et les nombres</u>.

• です, **desu** [déss], s'emploie souvent sans le sujet grammatical de la phrase quand le sujet est sous-entendu par un geste ou par le contexte ; il se traduit en l'occurrence par : *c'est, ce sont, je suis, nous sommes, tu es, vous êtes, il (elle) est* ou *ils (elles) sont*.

• です, **desu** [déss], se place toujours en fin de phrase pour obtenir la construction suivante :

information sur le sujet + です, **desu**。

ex : (avec un geste) en indiquant du doigt un livre, on dit :

ほん <u>です</u>。 **Hon** <u>**desu**</u>. *C'est un livre.*
livre / *c'est*

<u>Remarques</u> :

1. Le mot qui précède です, **desu** [déss], est une information sur le sujet de la phrase et n'est pas le sujet lui-même.
2. Etant absent de la phrase, le sujet doit se faire sentir par le contexte, par un geste, etc.
3. Le signe 。en bas et à droite de す, **su**, correspond au point final.

A 4 TRANSCRIPTION ET TRADUCTION

1. ka 2. me 3. ra
4. kamera *appareil(s) photo(s)*
5. Benri na kaban desu.
   C'est (ce sont) un (des) cartable(s) pratique(s).
6. Kanojo no udedokei desu. *C'est sa montre.*
7. Marui megane desu. *Ce sont des lunettes rondes.*

11 これ は やまださん の コート です。
Kore wa Yamada-san no kōto desu.

B 1 PRÉSENTATION

■ Katakana, graphie japonaise :

katakana	hiragana	rōmaji	ordre des traits		
コ	こ	ko	フ	コ	
ト	と	to	|	ト	
ノ	の	no	ノ		

■ Vocabulaire :

コート	kōto	[ko:to]	*manteau(x) ; veste(s)*
ノート	nōto	[no:to]	*cahier(s)*
ちず	chizu	[tchizou]	*plan(s) ; carte(s) ; atlas**
やまださん	Yamada-san		*M. (Mlle ; Mme) Yamada*
は	wa	[wa]	(particule de thème)

* ちず , **chizu**, ne signifie que *carte géographique, carte à grande échelle* (ex. : *plan d'une ville*) ou *atlas.*

■ これ は やまださん の コート です。
Kore wa Yamada-san** no kōto desu.
ceci / - / Yamada / M. / de / manteau / c'est
Ceci est le manteau de M. Yamada.
(= ceci, c'est le manteau de M. Yamada.)

** On peut traduire さん , **san**, par *Madame* ou *Mademoiselle*.

B 2 APPLICATION

1. コ 2. ト 3. ノ

4. コート 5. ノート

6. それ は にほん の ちず です。

7. あれ は かれら の ノート です。

B 3 REMARQUES

Transcription et prononciation

• コート, **kōto**, *manteau, veste*, et ノート, **nōto**, *cahier*, viennent de l'anglais coat et notebook.
• Pour le **katakana**, le son allongé d'une syllabe est indiqué par une barre placée à sa droite : コート, **kōto** [ko:to] ; ノート, **nōto** [no:to].
• La syllabe は se prononce [wa] quand elle est employée comme particule (voir ci-dessous), bien que sa prononciation d'origine soit [ha] (cf. 9 A1).
• En rōmaji, la particule は s'écrit **wa**.

Grammaire : Particule de thème は, **wa** [wa]

• Employée seule, la syllabe は sert ici de particule de thème de la phrase.

La particule de thème は, **wa**, désigne le thème dominant de la phrase et indique que la suite de la phrase fournira une information sur ce thème. Elle se place immédiatement après le mot sur lequel on veut focaliser l'attention de l'interlocuteur ou du locuteur.
• En associant la particule は, **wa**, à です, **desu** [déss], on obtient ici une structure typique du japonais :

thème + は, **wa** + information sur le thème (sujet) + です, **desu** .

ex. これ は コート です。 Kore wa kōto desu.
Ceci est un manteau.
ceci / - / manteau / c'est *(Ceci, c'est un manteau.)*

Remarques :
1. は, **wa**, pourrait se traduire par *quant à, s'agissant de, en ce qui concerne*, mais en général elle n'est pas traduite.
2. Le mot accompagné de は, **wa** se trouve souvent être à la fois le thème et le sujet grammatical de la phrase.

B 4 TRANSCRIPTION ET TRADUCTION

1. ko 2. to 3. no

4. kōto *manteau(x) ; veste(s)* 5. nōto *cahier(s)*

6. Sore wa Nihon no chizu desu. *Cela (c')est la carte du Japon.*

7. Are wa karera no nōto desu. *Cela là-bas (c')est leur cahier.*

11 C1 Exercices

A. Écrivez les rōmaji suivants en hiragana et en katakana.

1. no 2. me 3. ko 4. to 5. ra 6. ka

B. Prononcez et écrivez en rōmaji. Traduisez ensuite en français.

1. あれ は たなかさん の ぼうし です。
2. やすく て べんり な ノート です。
3. これ は ゆうめい な え です。
4. ふくざつ で むずかしい もんだい です。
5. にほん は へいわ な くに です。

C. Traduisez et écrivez en hiragana ou en hiragana et katakana.

1. *Cela (c')est un appareil photo coûteux.*
2. *C'est une rue étroite et dangereuse.*
3. *Ceci (c')est une montre japonaise.*
4. *Ce sont des manteaux noirs.*
5. *Cela là-bas (c')est son cartable (à elle).*
6. *Ceci (c')est le plan de notre ville.*

C 2 CORRIGÉ

A. 1. の／ノ 2. め／メ 3. こ／コ

4. と／ト 5. ら／ラ 6. か／カ

B. 1. Are wa Tanaka-san no bōshi desu.
Cela là-bas est le chapeau de M. (Mme ; Mlle) Tanaka.
2. Yasuku te benri na nōto desu.
C'est (ce sont) un (des) cahier(s) bon marché et pratique(s).
3. Kore wa yūmei na e desu.
Ceci est (ceci c'est) un tableau célèbre.
4. Fukuzatsu de muzukashii mondai desu.
C'est (ce sont) un (des) problème(s) compliqué(s) et difficile(s).
5. Nihon wa heiwa na kuni desu.
Le Japon est (le Japon c'est) un pays paisible.

C. 1. それ は たかい カメラ です。
2. せまく て きけん な みち です。
3. これ は にほん の うでどけい です。
4. くろい コート です。
5. あれ は かのじょ の かばん です。
6. これ は わたしたち の まち の ちず です。

11 C 3 ÉCRITURE : KATAKANA

katakana	ordre des traits		centrage	exercez-vous
	1	2		
ka カ	カ	カ	カ	
ko コ	コ	コ	コ	
to ト	ト	ト	ト	
no ノ	ノ		ノ	
me メ	メ	メ	メ	
ra ラ	ラ	ラ	ラ	

C 4 EXERCEZ-VOUS

カ					コ				
ト					ノ				
メ					ラ				

12 その　スカート　は　かのじょ　の　です。
Sono sukāto wa kanojo no desu.

A 1　PRÉSENTATION

■ **Katakana, graphie japonaise :**

katakana	hiragana	rōmaji	ordre des traits		
ス	す	su	フ	ス	
セ	せ	se	一	セ	
タ	た	ta	ノ	ク	タ

■ **Vocabulaire :**

スカート	**sukāto**	[souka:to]	*jupe(s)*
セーター	**sētā**	[sé:ta:]	*pull-over(s)*
しんぶん	**shinbun***	[shimbounn]	*journal(-naux)*
ざっし	**zasshi**	[zas'shi]	*revue(s)*
じてんしゃ	**jitensha**	[djiténnsha]	*bicyclette(s)*
の	**no (+ です , desu)**	[no]	*à* (appartenance)

* しんぶん　, **shinbun**, ne signifie que *journal*, publication consacrée à l'actualité.

■ その　スカート　は　かのじょ　の　です。
Sono　sukāto　wa　kanojo　no　desu.
cette...-là / jupe　/ -　/ elle　/ à　/ elle est
Cette jupe-là est à elle. (= Cette jupe-là, elle est à elle.)

A 2　APPLICATION

1. ス　　2. セ　　3. タ

4. セーター　と　スカート

5. この　じてんしゃ　は　あなた　の　です。

6. あの　セーター　は　やまださん　の　です。

7. その　しんぶん　や　ざっし　は　わたしたち　の　です。

A 3 REMARQUES

Transcription et prononciation

• Rappel : Pour le katakana, le son long d'une syllabe est indiqué par une barre, quelle que soit la voyelle de base qu'on allonge : ex. ター, **tā** [ta:] ; セー, **sē** [se:] ; コー, **kō** [ko:].

• Comme les mots **sukāto** [souka:to] et **sētā** [se:ta:] sont d'origine anglaise, *skirt*, *sweater*, ils sont écrits en katakana : スカート ; セーター.

• Le **n** se prononce comme [m] quand il se place juste devant le **b** ; しんぶん, **shinbun**, *journal*, est donc prononcé [shimbounn].

• Ecrit en taille réduite, っ, **tsu**, dans ざっし, **zasshi**, ne se prononce pas ; il marque une coupure brève du son entre ざ, **za**, et し, **shi**, provoquée par la fermeture brusque de la glotte.
En rōmaji, la première consonne d'une consonne double indique le っ, **tsu**, de taille réduite : ざっし, za**s**shi.

• Rappel : le しゃ, **sha**, se prononce de façon que le し, **shi**, et le や, **ya**, s'entendent en même temps. (cf. 10C3/4).

Grammaire

• Employée devant です, **desu**, [déss], la particule の, **no**, correspond ici à la préposition française **à** qui indique l'appartenance.

この ほん は わたし の です。*Ce livre-ci est **à** moi.*
Kono hon wa watashi **no** desu.
ce... ci / livre / - /moi / à / c'est

• Rappel : le mot suivi de la particule は, **wa**, peut être à la fois le thème et le sujet grammatical de la phrase. (cf. 11B3).

A 4 TRANSCRIPTION ET TRADUCTION

1. su 2. se 3. ta
4. sētā to sukāto *pull-over(s) et jupe(s)*
5. Kono jitensha wa anata no desu.
Cette bicyclette-ci est à toi.
6. Ano sētā wa Yamada-san no desu.
Ce pull-over là-bas est à M. (Mme ; Mlle) Yamada.
7. Sono shinbun ya zasshi wa watashitachi no desu.
Ce journal-là et cette revue-là (entre autres) sont à nous.

12 この　ネクタイ　は　かれ　の　ではありません。
Kono nekutai wa kare no dewa arimasen.

B 1 PRÉSENTATION

■ <u>Katakana, graphie japonaise</u> :

katakana	hiragana	rōmaji	ordre des traits			
イ	い	i	ノ	イ		
ク	く	ku	ノ	ク		
ネ	ね	ne	丶	ラ	ネ	ネ

■ <u>Vocabulaire</u> :

ネクタイ　nekutai [nékoutaï] *cravate*
てぶくろ　tebukuro [téboukouro] gants
しゃしん　shashin [shashinn] *photo(s)*
こうすい　kōsui [ko:ssouï] parfum (pour hommes et femmes)
ではありません　*dewa arimasen [déwa arimassénn] **(forme négative de** です **, desu)** *ne pas être ; ce n'est (ne sont) pas ; je ne suis pas ; tu n'est pas ; il (elle) n'est pas, etc.*
* Pour faciliter la lecture en rōmaji, nous avons séparé **dewa** et **arimasen**.

■ この　ネクタイ　は　かれ　の　ではありません。
Kono nekutai wa kare no dewa arimasen.
cette...-ci / cravate / - / lui / à / elle n'est pas
Cette cravate-ci n'est pas à lui.
(= Cette cravate-ci, elle n'est pas à lui.)

B 2 APPLICATION

1. イ　2. ク　3. ネ　4. ネクタイ　や　てぶくろ
5. あの　かさ　は　わたし　の　ではありません。
6. この　こうすい　は　たなかさん　の　ではありません。
7. その　え　と　しゃしん　は　あなたたち　の　ではありません。

B 3 REMARQUES

■ Transcription et prononciation

• Le mot **nekutai** [nekoutaï], *cravate*, s'écrit en katakana, ネクタイ, puisqu'il vient de l'anglais *neck-tie*.
• Rappel : le う, u [ou], dans こうすい, kōsui [ko:ssouï], *parfum*, indique le son allongé du こ, **ko** : こう **kō** [ko:].

■ Grammaire

• ではありません, **dewa arimasen**, [déwa arimassénn] est la forme négative de です, **desu** [déss].

Comme です, **desu** [déss], il ne varie pas selon les personnes et les nombres : il se traduit donc suivant le contexte par : *ce n'est (ne sont) pas, je (nous) ne suis (sommes) pas*, etc.
• Prononcée [wa], la syllabe は dans ではありません, **dewa arimasen**, est en fait la particule は, **wa**, employée ici pour faire ressortir ce qui est nié et non pas pour désigner le thème.

ex. かれ の ではありません。 *Ce n'est pas à lui.*
kare no dewa arimasen
lui / à / ce n'est pas

• **Remarque** : il arrive souvent de rencontrer dans une seule phrase deux particules は, **wa**, l'une pour signaler le thème et l'autre pour donner du relief à ce qui est nié.

これ は かれ の ではありません。 *Ceci n'est pas à lui.*
kore **wa** kare no de**wa** arimasen
ceci / - / lui / à / ce n'est pas

B 4 TRANSCRIPTION ET TRADUCTION

1. i 2. ku 3. ne

4. nekutai ya tebukuro
cravate(s) et gant(s) (entre autres)

5. Ano kasa wa watashi no dewa arimasen.
Ce parapluie là-bas n'est pas à moi.

6. Kono kōsui wa Tanaka-san no dewa arimasen.
Ce parfum-ci n'est pas à M. (Mme/Mlle) Tanaka.

7. Sono e to shashin wa anatatachi no dewa arimasen.
Cette peinture-là et cette photo-là ne sont pas à vous.

12 C1 Exercices

A. Écrivez les rōmaji suivants en hiragana et en katakana.

1. se 2. ta 3. ne 4. su 5. i 6. ku

B. Prononcez et écrivez en rōmaji. Traduisez ensuite en français.

1. あの じてんしゃ は わたし の です。
2. わたし の ざっし ではありません。
3. これ は あなたたち の です。
4. それ は かのじょ の スカート ではありません。
5. かれ の ネクタイ は あれ です。

C. Traduisez et écrivez en hiragana ou en hiragana et katakana.

1. *Ce bureau-là n'est pas à Mlle Yamada.*
2. *Ces gants-ci et ce pull-over là-bas sont à lui.*
3. *Cela n'est pas ton journal.*
4. *Ce chien là-bas est à M. Tanaka.*
5. *Son parfum (à elle) n'est pas celui-ci (= ceci).*
6. *Ceci n'est pas un travail simple.*

C2 CORRIGÉ

A. 1. せ／セ 2. た／タ 3. ね／ネ
4. す／ス 5. い／イ 6. く／ク

B. 1. Ano jitensha wa watashi no desu.
Cette bicyclette là-bas est à moi.
2. Watashi no zasshi dewa arimasen.
Ce n'est pas ma revue.
3. Kore wa anatatachi no desu. *Ceci est à vous.*
4. Sore wa kanojo no sukāto dewa arimasen.
Cela n'est pas sa jupe.
5. Kare no nekutai wa are desu.
Sa cravate est celle-là là-bas.

C. 1. その つくえ は やまださん の ではありません。
2. この てぶくろ と あの セーター は かれ の です。3. それ は あなた の しんぶん ではありません。4. あの いぬ は たなかさん の です。
5. かのじょ の こうすい は これ ではありません。
6. これ は かんたん な しごと ではありません。

C 3 ÉCRITURE : KATAKANA

katakana	ordre des traits				centrage	exercez-vous
	1	2	3	4		
i イ	ノ	イ			イ	
ku ク	ノ	ク			ク	
su ス	フ	ス			ス	
se セ	一	セ			セ	
ta タ	ノ	ク	タ		タ	
ne ネ	丶	ラ	ネ	ネ	ネ	

C 4 EXERCEZ-VOUS

イ					ク				
ス					セ				
タ					ネ				

13 きいろい　スカーフ　は　あなた　の　です　か。
kiiroi sukāfu wa anata no desu ka.

A 1 PRÉSENTATION

■ <u>Katakana, graphie japonaise</u> :

katakana	hiragana	rōmaji	ordre des traits
オ	お	o	
フ	ふ	fu	
ル	る	ru	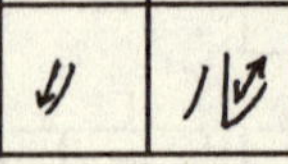

■ <u>Vocabulaire</u> :

スカーフ	sukāfu	[souka:fou]	*foulard(s)*
タオル	taoru	[taorou]	*serviette(s) de toilette*
きいろい	kiiroi	[kiiroï]	*jaune* (adj.)
か	ka		? (particule interrogative)
はい	hai	[haï]	*oui*
いいえ	iie [iié]		*non*

■ きいろい　スカーフ　は　あなた　の　です　か。
Kiiroi sukāfu wa anata no desu ka.
jaune / foulard / - / toi / à / il est / ?
Le foulard jaune est-il à toi ?

■ はい，わたし　の　です。 *Oui, il est à moi.*
Hai, watashi no desu.
oui / moi / à / il est

A 2 APPLICATION

1. オ　　2. フ　　3. ル
4. きいろい　タオル　は　かれ　の　です　か。
5. はい，かれ　の　です。
6. あの　ネクタイ　は　あなた　の　です　か。
7. いいえ，わたし　の　ではありません。

A 3 REMARQUES

Transcription et prononciation

• スカーフ , **sukāfu** [souka:fou], et タオル , **taoru** [taorou], correspondent respectivement aux mots anglais *scarf (foulard)*, et *towel (serviette de toilette)*.

• Rappel : pour les katakana, la barre à droite d'une syllabe signifie que le son de cette dernière est allongé : カー , **kā** [ka:].

• Ne pas confondre フ , **fu** [fou] et ラ , **ra** (cf. 11A1).

Grammaire

• Forme interrogative : dans la partie A3 de la leçon 2, on a vu la particule de liaison か , **ka**, qui correspondait au *ou* français. Ici cette même particule s'emploie comme particule interrogative.
Pour mettre une phrase affirmative à la forme interrogative, on y ajoute donc か , **ka**, sans changer l'ordre des mots dans la phrase : la particule interrogative か , **ka**, est toujours en fin de phrase.

ほん です。 **Hon desu.** →	ほん です か。 **Hon desu ka.**
livre / c'est	*livre / c'est / ?**
C'est un livre.	*Est-ce un livre ?**

* Le point d'interrogation n'existe pas en japonais.

• La deuxième phrase en A1, " はい, わたし の です。 , **hai, watashi no desu**", ne comporte pas de thème (sujet), puisque le contexte (la phrase précédente) l'indique clairement.
です , **desu** [déss], se traduit en l'occurrence par *il est* (cf. 11A3).

A 4 TRANSCRIPTION ET TRADUCTION

1. o 2. fu 3. ru
4. Kiiroi taoru wa kare no desu ka.
La serviette jaune est-elle à lui ?
5. Hai, kare no desu. *Oui, elle est à lui.*
6. Ano nekutai wa anata no desu ka.
Cette cravate là-bas est-elle à toi ?
7. Iie, watashi no dewa arimasen.
Non, elle n'est pas à moi.

13 これ は だれ の です か。
Kore wa dare no desu ka.

B 1 PRÉSENTATION

■ Katakana, graphie japonaise :

katakana	hiragana	rōmaji	ordre des traits		
ナ	な	na	一	ナ	
ン	ん	n	゛	ン	
プ	ぷ	pu	フ	プ	

■ Vocabulaire :

タイプライター	taipuraitā	[taïpouraïta:]	*machine(s) à écrire*
スプーン	supūn	[soupou:nn]	*cuillère(s)*
ナイフ	naifu	[naïfou]	*couteau(x)*
だれ	dare	[daré]	*qui ?* (pronom interrogatif)
も	mo		*aussi*

■ これ は だれ の です か。 **A qui est ceci ?**
Kore wa dare no desu ka. *(=Ceci, c'est à qui ?)*
ceci / - / qui / à / c'est / ?

■ それ も わたし の です。 *Cela est aussi à moi.*
Sore mo watashi no desu. *(=Cela aussi, c'est à moi.)*
cela / aussi / moi /à /c'est

B 2 APPLICATION

1. ナ 2. ン 3. プ
4. スプーン や ナイフ
5. あの タイプライター は だれ の です か。
6. かれ の です。
7. これ も かれ の です か。
8. いいえ、これ は かれ の ではありません。

B 3 REMARQUES

■ Transcription

• Voici l'origine anglaise des mots suivants :

- タイプライター	taipuraitā	[taïpouraïta:] :	*typewriter*
- スプーン	supūn	[soupou:nn] :	*spoon*
- ナイフ	naifu	[naïfou] :	*knife*

• Comme pour le hiragana ぷ, **pu** [pou], le **pu** [pou] en katakana s'obtient à partir du **fu** [fou] accompagné d'un petit rond :

フ, **fu** + ° → プ, **pu** [pou]

• Ne pas confondre : タ, **ta**, et ク, **ku** [kou] ; ナ, **na**, et メ, **me** [mé].

■ Grammaire

• だれ, **dare** [daré], *qui ?*, est un pronom interrogatif pour les personnes au singulier et au pluriel. Avec だれ, **dare** [daré], on questionne sur l'identité.

だれ です か。 **dare desu ka.** *Qui est-ce ?*
qui / c'est / ?

• Ne pas oublier か, **ka**, particule interrogative, en fin de phrase, même si la phrase possède だれ, **dare** (cf. ci-contre).

• Le hiragana も, **mo**, sert ici de particule qui signifie *aussi*. Si la particule も, **mo**, *aussi*, se rapporte au thème (sujet), elle remplace は, **wa**, particule de thème.

これ は かれ の です。	→	それ も かれ の です。
Kore wa kare no desu.		Sore **mo** kare no desu
ceci / - / lui / à / c'est		*cela / **aussi** / lui / à / c'est*
Ceci est à lui.		*Cela est aussi à lui.*

B 4 TRANSCRIPTION ET TRADUCTION

1. na 2. n 3. pu
4. supūn ya naifu *cuillère(s) et couteau(x)* (entre autres)
5. Ano taipuraitā wa dare no desu ka.
A qui est cette machine à écrire là-bas ?
6. Kare no desu. *Elle est à lui.*
7. Kore mo kare no desu ka. *Ceci aussi est-il à lui ?*
8. Iie, kore wa kare no dewa arimasen. *Non, ceci n'est pas à lui.*

13 C1 Exercices

A. Écrivez les rōmaji suivants en hiragana et en katakana.

1. ru 2. o 3. pu 4. n 5. fu 6. na

B. Prononcez et écrivez en rōmaji. Traduisez ensuite en français.

1. これ は あなた の タイプライター です か。
2. いいえ，わたし の ではありません。
3. その スプーン は だれ の です か。
4. かのじょ の です。
5. あの ナイフ も かのじょ の です か。

C. Traduisez et écrivez en hiragana ou en hiragana et katakana.

1. *La serviette (de toilette) blanche est-elle à moi ?*
2. *Non, elle est à Mme Yamada.*
3. *A qui sont cet appareil photo là-bas et cette montre là-bas ?*
4. *Ils sont à eux.*
5. *La veste noire et le foulard rouge sont-ils aussi à vous* (pl.) *?*

C 2 CORRIGÉ

A. 1. る／ル 2. お／オ 3. ぷ／プ
4. ん／ン 5. ふ／フ 6. な／ナ

B. 1. Kore wa anata no taipuraitā desu ka.
Ceci est-ce ta machine à écrire ?
2. Iie, watashi no dewa arimasen. *Non, ce n'est pas à moi.*
3. Sono supūn wa dare no desu ka.
A qui est cette cuillère-là ?
4. Kanojo no desu. *Elle est à elle.*
5. Ano naifu mo kanojo no desu ka.
Ce couteau là-bas aussi est-il à elle ?

C. 1. しろい タオル は わたし の です か。
2. いいえ，やまださん の です。
3. あの カメラ と うでどけい は だれ の です か。
4. かれら の です。
5. くろい コート と あかい スカーフ も あなたたち の です か。

C 3 ÉCRITURE : KATAKANA

hiragana	ordre des traits	centrage	exercez-vous
o オ	1 2 3	オ	
na ナ	1 2	ナ	
fu フ	1	フ	
pu プ	1 2	プ	
ru ル	1 2	ル	
n ン	1 2	ン	

C 4 EXERCEZ-VOUS

オ					ナ				
フ					プ				
ル					ン				

14 あなた の すき な のみもの は なん です か。
Anata no suki na nomimono wa nan desu ka.

A 1 PRÉSENTATION

■ **Katakana, graphie japonaise :**

katakana	hiragana	rōmaji	ordre des traits		
ヒ	ひ	hi	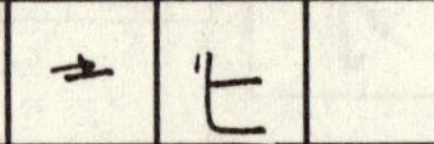		
ビ	び	bi	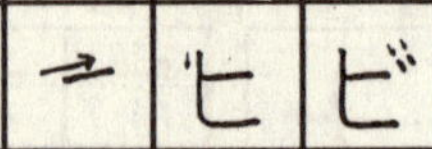		
ワ	わ	wa	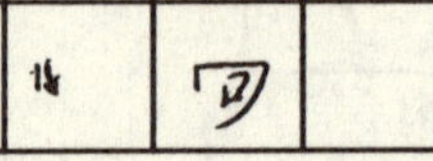		

■ **Vocabulaire :**

コーヒー	kōhī [ko:hi:]	*café (boisson)*
ビール	bīru [bi:rou]	*bière*
ワイン	wain [waïnn]	*vin*
のみもの	nomimono	*boisson*
すき（な）	suki(na) [souki(na)]	*préféré*
なん	nan [nann] *quoi ? ; que ?* (pronom interrogatif) *quel(s) ? ; quelle(s) ?* (adjectif interrogatif)	

■ あなた の すき な のみもの は なん です か。
Anata no suki na nomimono wa nan desu ka.
toi / de / préférée / - / boisson /- / quoi / c'est / ?
Quelle est ta boisson préférée ?
(Ta boisson préférée, c'est quoi ?)

A 2 APPLICATION

1. ヒ　　2. ビ　　3. ワ

4. コーヒー と ビール と ワイン

5. あれ は なん です か。　　6. さかな です。

7. あなた の すき な くだもの は なん です か。

8. わたし の すき な くだもの は いちご と りんご です。

A 3 REMARQUES

Transcription et prononciation

• コーヒー, **kōhī**, ビール, **bīru** [bi:rou], et ワイン, **wain** [waïnn], sont des mots d'origine anglaise : *coffee ; beer ; wine.*

• Le ん, **n**, dans なん se prononce comme dans le français *canne.*

• Ne pas confondre ワ, **wa**, フ, **fu** [fou] (cf. 13A1) et ラ, **ra** (cf. 11A1).

Grammaire

• Ordre des mots : on a ici la construction suivante :

possesseur + quasi-adjectif* + な, na + ce qui est possédé

* Les quasi-adjectifs (cf. 8A3) se placent toujours entre le possesseur et ce qui est possédé ; ne pas oublier な, **na**, qui lie un quasi-adjectif à ce qui est possédé.

ex. : あなた の すき な のみもの *ta boisson préférée*
anata no suki na nomimono
toi / de / préférée / - / boisson

• なん, **nan** [nann] :
- pronom interrogatif : *que, quoi ?*
- adjectif interrogatif : *quel(s), quelle(s) ?*

• La particule interrogative か, **ka**, est toujours nécessaire pour une phrase interrogative contenant なん, **nan** [nann], *que ?, quoi ?.*

それ は なん です か。 *Qu'est-ce que cela ?*
Sore wa nan desu ka.
cela / - / quoi / c'est / ?

A 4 TRANSCRIPTION ET TRADUCTION

1. hi 2. bi 3. wa
4. kōhī to bīru to wain *café, bière et vin*
5. Are wa nan desu ka. *Qu'est-ce que cela là-bas ?*
6. Sakana desu. *C'est un poisson.*
7. Anata no suki na kudamono wa nan desu ka.
Quel est ton fruit préféré ?
8. Watashi no suki na kudamono wa ichigo to ringo desu.
Mes fruits préférés sont la fraise et la pomme.

14 すずきさん の オートバイ は どれ です か。
Suzuki-san no ōtobai wa dore desu ka.

B 1 PRÉSENTATION

■ <u>Katakana, graphie japonaise</u> :

katakana	hiragana	rōmaji	ordre des traits		
ハ	は	ha	ノ	ハ	
バ	ば	ba	ノ	ハ	バ
マ	ま	ma	フ	マ	

■ <u>Vocabulaire</u> :

オートバイ	ōtobai	[o:tobaï]	*moto*
マフラー	mafurā	[mafoura:]	*cache-col ; cache-nez*
どれ	dore	[doré]	*lequel ; laquelle ; lesquels ; lesquelles*
すずきさん	Suzuki-san	[souzouki-sann]	*M. (Mme ; Melle) Suzuki*
(adjectif +) の	no		*ce (celui, celle) qui est ; ceux (celles) qui sont*

■ あかい の です。 *C'est le rouge.*
Akai no desu. *(C'est celui qui est rouge.)*
rouge / celui qui est / c'est

B 2 APPLICATION

1. ハ 2. バ 3. マ
4. すずきさん の オートバイ は どれ です か。
5. あれ です。
6. かれ の てぶくろ は どれ です か。
7. ちいさく て くろい の です。
8. あなた の マフラー は あおい の です。

B 3 REMARQUES

Transcription

• オートバイ , **ōtobai** [o:tobaï], *moto*, est composé de deux mots anglais : *auto*(mobile) (*voiture*), et *bike* (*bicyclette*).
• マフラー , **mafurā** [mafoura:], *cache-nez*, correspond à l'anglais *muffler*.

Grammaire

• Précédée des adjectifs, la particule の , **no**, devient ici pronom démonstratif : *ce (celui, celle, ceux, celles)* ; elle n'indique que des objets.
En pratique, elle se traduit souvent par *ce (celui, celle) qui est* ou *ceux (celles) qui sont*.

あかい	の			*le (la) rouge* ou *ce* qui est rouge*
akai	no			
rouge /	*ce qui est*			
ちいさく	て	まるい	の	*ce* qui est rond et petit*
chiisaku	te	marui	no	
petit /	*et* /	*rond* /	*ce qui est*	

* Selon le contexte, *ce* est remplacé par *celui, celle, ceux* ou *elles*.

• どれ , **dore** [doré], *lequel, laquelle, lesquels, lesquelles*, est un pronom interrogatif indiquant un choix parmi des objets dont le nombre est toujours supérieur à deux ; il n'est jamais utilisé pour un choix de personnes.

かれ の オートバイ は どれ です か。
Kare no ōtobai wa dore desu ka.
lui / de / moto / - / laquelle / c'est / ?
Quelle (Laquelle) est sa moto ?

B 4 TRANSCRIPTION ET TRADUCTION

1. ha 2. ba 3. ma
4. Suzuki-san no ōtobai wa dore desu ka.
Quelle est la moto de M. Suzuki ?
5. Are desu. *C'est celle-là là-bas.*
6. Kare no tebukuro wa dore desu ka. *Quels sont ses gants ?*
(lui / de / gants / - / lesquels / ce / sont / ?)
7. Chiisaku te kuroi no desu. *Ce sont ceux qui sont petits et noirs.*
8. Anata no mafurā wa aoi no desu. *Ton cache-col est le bleu.*

14 C1 Exercices

A. Écrivez les rōmaji suivants en hiragana et en katakana.

1. ha 2. ma 3. bi 4. ba 5. wa 6. hi

B. Prononcez et écrivez les mots suivants en rōmaji. Traduisez-les ensuite en français.

1. あなた の すき な スカート は どれ です か。

2. きいろい の です。

3. かのじょ の すき な こうすい は どれ です か。

4. これ です。

5. かれら の すき な のみもの は なん です か。

C. Traduisez et écrivez les mots suivants en hiragana ou en hiragana et katakana.

1. *Quel est ton parapluie ?*
2. *C'est le noir.*
3. *Quel est ton moyen de transport préféré ?*
4. *Ce sont la moto et l'avion.*
5. *Qu'est-ce que cela ?*
6. *C'est du café.*

C 2 CORRIGÉ

A. 1. は／ハ 2. ま／マ 3. び／ビ
4. ば／バ 5. わ／ワ 6. ひ／ヒ

B. 1. Anata no suki na sukāto wa dore desu ka.
Quelle est ta jupe préférée ?
2. Kiiroi no desu. *C'est la jaune.*
3. Kanojo no suki na kōsui wa dore desu ka.
Quel est son parfum (à elle) préféré ?
4. Kore desu. *C'est celui-ci.*
5. Karera no suki na nomimono wa nan desu ka.
Quelles sont leurs boissons préférées ?

C. 1. あなた の かさ は どれ です か。
2. くろい の です。
3. あなた の すき な のりもの は なん です か。
4. オートバイ と ひこうき です。
5. それ は なん です か。
6. コーヒー です。

14 C 3 ÉCRITURE : KATAKANA

katakana	ordre des traits	centrage	exercez-vous
ha ハ	1 2	ハ	
ba バ	1 2 3	バ	
hi ヒ	1 2	ヒ	
bi ビ	1 2 3	ビ	
ma マ	1 2	マ	
wa ワ	1 2	ワ	

C 4 EXERCEZ-VOUS

ハ					バ				
ヒ					ビ				
マ					ワ				

15 わたし　の　ホテル　は　ここ　です。
Watashi no hoteru wa koko desu.

A 1　PRÉSENTATION

■ <u>Katakana, graphie japonaise</u> :

katakana	hiragana	rōmaji	ordre des traits			
シ	し	shi	ヽ	ミ	シ	
テ	て	te	一	二	テ	
ホ	ほ	ho	一	十	才	ホ

■ <u>Vocabulaire</u> :

ホテル	hoteru	[hotérou]	*hôtel(s)*
タクシー	takushī	[takoushi:]	*taxi(s)*
バス	basu	[bassou]	*autobus*
のりば	noriba	*arrêt ou station (d'autobus, de taxi, de métro)*	
ここ	koko		*cet endroit-ci*
そこ	soko		*cet endroit-là*

■ わたし　の　ホテル　は　ここ　です。
Watashi no hoteru wa koko desu.
moi / de / hôtel / - / cet endroit-ci / c'est
Mon hôtel est ici. (= Mon hôtel, c'est cet endroit-ci.)

A 2　APPLICATION

1. シ　　2. ホ　　3. テ
4. タクシー　と　バス
5. タクシー　の　のりば　は　そこ　です。
6. ここ　は　バス　の　のりば　です。
7. あなた　の　ホテル　は　ここ　です　か。
8. いいえ，ここ　ではありません。

15 Mon hôtel est ici.

A 3 REMARQUES

■ Transcription

- ホテル , **hoteru** [hotérou], タクシー, **takushī** [takoushi:] et バス , **basu** [bassou], correspondent respectivement aux mots anglais *hôtel*, *taxi* et *bus*.
- Ne pas confondre シ , **shi**, et ン , **n** (cf. 13B1).

■ Prononciation : Rappel

- Dans le mot **hoteru** [hotérou], on doit entendre le **h** qui est expiré en japonais.
- Le **s** entre les voyelles est prononcé [ss] : バス , **basu** [bassou].

■ Grammaire

- ここ , **koko**, et そこ , **soko**, sont des pronoms démonstratifs de lieu :

  - ここ , **koko**, indique l'endroit où le locuteur demeure, ou l'endroit qui est proche du locuteur : *cet endroit-ci*.

  - そこ , **soko**, désigne l'endroit où se trouve l'interlocuteur, ou l'endroit qui est près de l'interlocuteur : *cet endroit-là*.
- Dans la pratique, ここ , **koko**, est traduit en français par l'adverbe *ici*, et そこ , **soko**, par l'adverbe *là*, bien qu'ils soient des pronoms démonstratifs.

わたし の うち は ここ（そこ） です。

Watashi no uchi wa koko (soko) desu.
moi / de / maison / - / cet endroit-ci(-là) / elle est.
Ma maison est ici (là).

A 4 TRANSCRIPTION ET TRADUCTION

1. shi 2. ho 3. te
4. takushī to basu *taxi(s) et bus*
5. Takushī no noriba wa soko desu.
La station de taxis est (cet endroit-) là.
6. Koko wa basu no noriba desu.
Ici (Cet endroit-ci), c'est un arrêt de bus.
7. Anata no hoteru wa koko desu ka.
Ton hôtel est-il ici (cet endroit-ci) ?
8. Iie, koko dewa arimasen.
Non, il n'est pas ici (cet endroit-ci).

15 かれ の アパート は どこ です か。
Kare no apāto wa doko desu ka.

B 1 PRÉSENTATION

■ Katakana, graphie japonaise :

katakana	hiragana	rōmaji	ordre des traits		
ア	あ	a	フ	ア	
レ	れ	re	レ		
パ	ぱ	pa	ノ	ハ	パ

■ Vocabulaire :

アパート	apāto	[apa:to]	*appartement(s)*
レストラン	resutoran	[réssoutorann]	*restaurant(s)*
トイレ	toire	[toïré]	*toilettes*
えき	eki	[éki]	*gare(s)*
ぎんこう	ginkō	[guinnko:]	*banque(s)*
ゆうびんきょく	yūbinkyoku	[you:binnkyokou]	*bureau(x) de poste*
あそこ	asoko	[assoko]	*l'endroit là-bas*
どこ	doko	[doko]	*quel endroit ?*

■ かれ の アパート は どこ です か。
Kare no apāto wa doko desu ka.
lui / de / appartement / - / quel endroit / c'est / ?
Où (Quel endroit) est son appartement ?

B 2 APPLICATION

1. ア 2. レ 3. パ
4. えき は どこ です か。
5. ぎんこう は あそこ です か。
6. にほん の レストラン は どこ です か。
7. ゆうびんきょく は どこ です か。
8. トイレ は どこ です か。

B 3 REMARQUES

Transcription

• Comme le hiragana ぱ, **pa**, le katakana パ, **pa**, est composé du ハ, **ha**, et d'un petit rond : ハ, **ha** + ° = パ, **pa**.
• La syllabe **kyo**, en hiragana, est formée de la juxtaposition de la syllabe, き, **ki**, de taille normale et de la syllabe よ, **yo**, de taille réduite.
• アパート, **apāto**, レストラン, **resutoran** [réssoutorann] et トイレ, **toire** [toïré], sont empruntés aux mots anglais *apartment*, *restaurant* et *toilet*.

Prononciation

• La syllabe **gi** dans le mot **ginkō**, *banque*, se prononce [gui].

Grammaire

• Comme ここ, **koko**, et そこ, **soko**, あそこ, **asoko** [assoko], est aussi pronom démonstratif de lieu.
Il désigne l'endroit éloigné à la fois du locuteur et de l'interlocuteur : *l'endroit là-bas*.
En pratique, あそこ, **asoko** [assoko], se traduit par l'adverbe français *là-bas*.

えき は あそこ です。 *La gare est là-bas.*
Eki wa asoko desu.
gare / - / l'endroit là-bas / elle est

• どこ, **doko**, peut être traduit en français par *où*, adverbe interrogatif, mais il est en fait pronom interrogatif : *quel endroit ?*

ぎんこう は どこ です か。 *Où est la banque ?*
Ginkō wa doko desu ka.
banque / - / quel endroit / elle est / ?

B 4 TRANSCRIPTION ET TRADUCTION

1. a 2. re 3. pa
4. Eki wa doko desu ka. *Où est la gare ?*
5. Ginkō wa asoko desu ka. *La banque est-elle là-bas ?*
6. Nihon no resutoran wa doko desu ka.
Où est le restaurant japonais.
7. Yūbinkyoku wa doko desu ka. *Où est la poste ?*
8. Toire wa doko desu ka. *Où sont les toilettes ?*

15 C1 Exercices

A. Écrivez les rōmaji suivants en hiragana et en katakana.

1. ho 2. a 3. shi 4. re 5. pa 6. te

B. Prononcez et écrivez en rōmaji. Traduisez-les ensuite en français.

1. タクシー の のりば は ここ です か。
2. いいえ，ここ ではありません。
3. ゆうびんきょく は どこ です か。
4. かれ の レストラン は そこ です。
5. ぎんこう は どこ です か。
6. そこ です。

C. Traduisez et écrivez en hiragana ou en hiragana et katakana.

1. *Notre maison est là.* 2. *Où sont les toilettes ?*
3. *Elles sont là-bas.* 4. *Ici, est-ce un hôtel ?*
5. *Oui, c'est un hôtel.* 6. *Son appartement (à elle) n'est pas ici.*

C2 CORRIGÉ

A. 1. ほ／ホ 2. あ／ア 3. し／シ
4. れ／レ 5. ぱ／パ 6. て／テ

B. 1. Takushī no noriba wa koko desu ka.
La station de taxis est-elle ici ?
2. Iie, koko dewa arimasen. *Non, elle n'est pas ici.*
3. Yūbinkyoku wa doko desu ka. *Où est la poste ?*
4. Kare no resutoran wa soko desu.
Son restaurant est là.
5. Ginkō wa doko desu ka. *Où est la banque ?*
6. Soko desu. *Elle est là.*

C. 1. わたしたち の いえ（うち） は そこ です。
2. トイレ は どこ です か。
3. あそこ です。
4. ここ は ホテル です か。
5. はい，ホテル です。
6. かのじょ の アパート は ここ ではありません。

15 C 3 ÉCRITURE : KATAKANA

katakana	ordre des traits				centrage	exercez-vous
a ア	1	2 ア			ア	
shi シ	1	2	3 シ		シ	
te テ	1	2	3 テ		テ	
ho ホ	1	2	3	4 ホ	ホ	
re レ	1 レ				レ	
pa パ	1	2	3 パ		パ	

C 4 EXERCEZ-VOUS

ア					シ				
テ					ホ				
レ					パ				

16 かれら は げんき です か。
Karera wa genki desu ka.

A 1 PRÉSENTATION

■ Katakana, graphie japonaise :

katakana	hiragana	rōmaji	ordre des traits
リ	り	ri	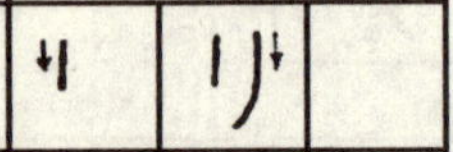
ロ	ろ	ro	
ド	ど	do	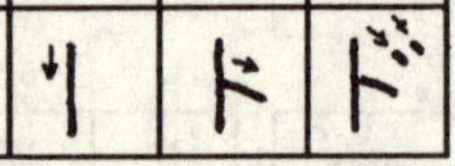

■ Vocabulaire :

とても	totemo	[totémo]	*très (adverbe)*
げんき (な) *	genki (na)	[guénnki (na)]	*(se sentir) en forme*
すてき (な) *	suteki (na)	[soutéki (na)]	*ravissant*
にぎやか (な) *	nigiyaka (na)	[niguiyaka (na)]	*animé*
パリ	Pari		*Paris*
ローマ	Rōma	[ro:ma]	*Rome*
ロンドン	Rondon	[ronndonn]	*Londres*

* Le mot de liaison な, **na**, entre parenthèses, (な), identifie les quasi-adjectifs (cf. 8A3).

■ かれら は げんき です か。 *Vont-ils bien ?*
Karera wa genki desu ka. *(= Sont-ils en forme ?)*
eux / - / en forme / ils sont / ?

A 2 APPLICATION

1. リ 2. ロ 3. ド

4. パリ や ローマ は とても すてき です。

5. ロンドン の たなかさん は げんき です か。

6. はい, とても げんき です。

7. この まち は にぎやか で とても すてき です。

A 3 REMARQUES

■ Transcription

• Le nom des villes étrangères s'écrit en principe en katakana : パリ, **Pari**, *Paris* ; ローマ **Rōma**, *Rome* ; ロンドン, **Rondon**, *Londres.*

■ Grammaire

• Les quasi-adjectifs peuvent s'associer avec です, **desu** [déss], pour déterminer le thème (sujet) indiqué par la particule は, **wa**.

かれ は すてき です。 *Il est ravissant.*
Kare wa suteki desu. *(= Lui, il est ravissant.)*
lui / - / ravissant / il est

Remarques :

1. かれ **kare**, *lui*, suivi de la particule は, **wa** (= thème), se traduit ici par *il*, puisqu'il coïncide avec le sujet de la phrase.
2. かれ, **kare**, *lui*, かれら, **karera**, *eux*, かのじょ, **kanojo**, *elle*, かのじょたち, **kanojotachi**, *elles*, n'indiquent que des personnes.
3. Le mot de liaison な, **na**, n'est pas nécessaire après le quasi-adjectif, puisque です, **desu**, n'est pas un nom (cf. 8A3).
4. (Rappel) Les quasi-adjectifs ne s'accordent ni en genre ni en nombre (cf. 8A3).

• **Les adverbes** sont en japonais des mots invariables qui modifient le sens d'un quasi-adjectif. (On étudiera plus tard les adverbes qui modifient le sens d'un adjectif ou d'un verbe.) Ils se placent avant le quasi-adjectif qu'ils modifient :

かれ は とても げんき です。 *Il va très bien.*
Kare wa totemo genki desu. *(Lui, il est très en forme.)*
lui / - / très / en forme / il est

A 4 TRANSZCRIPTION ET TRADUCTION

1. ri 2. ro 3. do
4. Pari ya Rōma wa totemo suteki desu.
Paris et Rome (entre autres) sont très ravissantes.
5. Rondon no Tanaka-san wa genki desu ka.
M. (Mme ; Mlle) Tanaka de Londres va-t-il(elle) bien.
6. Hai, totemo genki desu. *Oui, il (elle) va très bien.*
7. Kono machi wa nigiyaka de totemo suteki desu.
Cette ville-ci est animée et très ravissante.

16 かのじょ　は　きょう　ひま　ではありません。
Kanojo wa kyō hima dewa arimasen.

B 1　PRÉSENTATION

■ <u>Katakana, graphie japonaise</u> :

katakana	hiragana	rōmaji	ordre des traits
ニ	に	ni	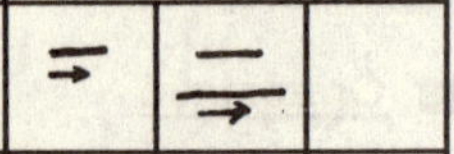
ユ	ゆ	yu	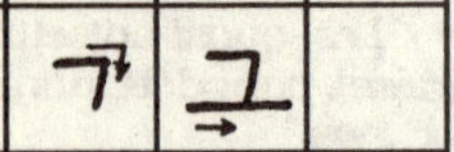
ヨ	よ	yo	

■ <u>Vocabulaire</u> :

きょう	kyō	[kyo:]	*aujourd'hui* (adverbe)
せいかつ	seikatsu	[séïkatsou]	*vie* (quotidienne)
りょこう	ryokō	[ryoko:]	*voyage*
ニューヨーク	Nyūyōku	[nyou:yo:kou]	*New-York*
ひま（な）	hima (na)		*libre (= inoccupé)*
かいてき（な）	kaiteki (na)	[kaïtéki (na)]	*confortable ; agréable*
たいへん（な）	taihen (na)	[taïhénn (na)]	*dur ; pénible ; grave*
ばか（な）	baka(na)		*imbécile ; idiot ; bête*

■ かのじょ　は　きょう　ひま　ではありません。
Kanojo wa kyō hima dewa arimasen.
elle / - / aujourd'hui / libre / elle n'est pas
Elle n'est pas libre aujourd'hui.

B 2　APPLICATION

1. ニ　　2. ヨ　　3. ユ

4. ロンドン か ニューヨーク

5. ニューヨーク　の　せいかつ　は　たいへん　ではありません。

6. バス　の　りょこう　は　かいてき　ではありません。

7. かれ　は　ばか　ではありません。

16 Elle n'est pas libre aujourd'hui.

B 3 REMARQUES

■ Transcription

- La ville *New-York* s'écrit en katakana : ニューヨーク, **Nyūyōku**, [nyou:yo:kou].
- Syllabes formées de 2 syllabes juxtaposées :
  - き, ki + よ, yo * → きょ, kyo
  - り, ri + よ, yo * → りょ, ryo
  - ニ, ni + ユ, yu * → ニュ, nyu

  * よ, **yo**, et ユ, **yu**, s'écrivent en taille réduite.

■ Grammaire

- ではありません, **dewa arimasen** [déwa arimassénn], s'emploie ici comme forme négative de です, **desu** [déss], qui est précédé des quasi-adjectifs (cf. 12B3) :

かのじょ は ひま ではありません。*Elle n'est pas libre.*
Kanojo wa hima dewa arimasen. *(Elle, elle n'est pas libre.)*
elle / - / libre / elle n'est pas

- L'adverbe de temps きょう, **kyō** [kyo:], est déplaçable, mais il ne se place ni devant la particule は, **wa**, ni entre le quasi-adjectif et ではありません, **dewa arimasen**, ni en fin de phrase.

Par contre, on le place en tête de phrase, si l'on veut attirer l'attention sur lui :

きょう かのじょ は ひま ではありません。

Kyō kanojo wa hima dewa arimasen.
aujourd'hui / elle / - / libre / elle n'est pas
Aujourd'hui, elle n'est pas libre.

B 4 TRANSCRIPTION ET TRADUCTION

1. ni 2. yo 3. yu
4. Rondon ka Nyūyōku *Londres ou New York*
5. Nyūyōku no seikatsu wa taihen dewa arimasen.
   La vie de New York n'est pas dure.
6. Basu no ryokō wa kaiteki dewa arimasen.
   Le voyage en bus n'est pas confortable (agréable).
7. Kare wa baka dewa arimasen. *Il n'est pas bête.*

16 C1 Exercices

A. Écrivez les rōmaji suivants en hiragana et en katakana.

1. do 2. ri 3. yu 4. ni 5. ro 6. yo

B. Prononcez et écrivez les mots suivants en rōmaji. Traduisez ensuite en français.

1. ニューヨーク や ロンドン は とても にぎやか です。
2. かれ の ネクタイ は きれい ではありません。
3. パリ の せいかつ は たいへん です か。
4. いいえ，とても かいてき です。
5. この もんだい は かんたん ではありません。

C. Traduisez et écrivez en hiragana ou en hiragana et katakana.

1. *Mme Yamada de Rome va-t-elle bien ?*
2. *Oui, elle va très bien.* 3. *Es-tu libre aujourd'hui ?*
4. *Non, je ne suis pas libre.* 5. *M. Tanaka n'est pas bête.*
6. *Le voyage en (de) train est très ennuyeux.*

C 2 CORRIGÉ

A. 1. ど／ド 2. り／リ 3. ゆ／ユ
4. に／ニ 5. ろ／ロ 6. よ／ヨ

B. 1. Nyūyōku ya Rondon wa totemo nigiyaka desu.
New York et Londre (entre autres) sont très animées.
2. Kare no nekutai wa kirei dewa arimasen.
Sa cravate (à lui) n'est pas belle.
3. Pari no seikatsu wa taihen desu ka.
La vie à (de) Paris est-elle très dure ?
4. Iie, totemo kaiteki desu.
Non, elle est très agréable.
5. Kono mondai wa kantan dewa arimasen.
Ce problème-ci n'est pas simple.

C. 1. ローマ の やまださん は げんき です か。
2. はい，とても げんき です。
3. あなた は きょう ひま です か。
4. いいえ，ひま ではありません。
5. たなかさん は ばか ではありません。
6. でんしゃ の りょこう は とても たいくつ です。

C 3 ÉCRITURE : KATAKANA

	hiragana	ordre des traits	centrage	exercez-vous
ni	ニ	1 2	ニ	
yu	ユ	1 2	ユ	
yo	ヨ	1 2 3	ヨ	
ri	リ	1 2	リ	
ro	ロ	1 2 3	ロ	
do	ド	1 2 3	ド	

C 4 EXERCEZ-VOUS

ニ					ユ				
ヨ					リ				
ロ					ド				

17 ほんとうに　ざんねん　でした。
Hontōni zannen deshita.

A 1　PRÉSENTATION

■ <u>Katakana, graphie japonaise</u> :

katakana	hiragana	rōmaji	ordre des traits
エ	え	e	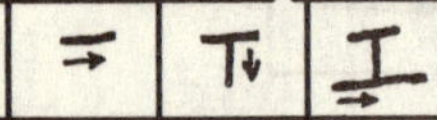
ヌ	ぬ	nu	
ヘ	へ	he	

■ <u>Vocabulaire</u>

エレーヌ　**Erēnu**　**[éré:nou]** ***Hélène*** **(prénom français)**

ヘリコプター　**herikoputā [hérikopouta:]**　***hélicoptère(s)***

ほんとうに　**hontōni [honnto:ni]**　***vraiment (adverbe)***

ざんねん（な）　**zannen (na) [zann'nénn (na)]**　***dommage***

あんぜん（な）　**anzen (na) [annzénn (na)]**　***sûr***

しんせつ（な）　**shinsetsu (na) [shinnsétsou (na)]** ***gentil***

けち（な）　**kechi (na) [kétchi (na)]**　***avare ; mesquin***

でした　**deshita*** **[désh'ta]**　**(forme passée de です, desu)** ***avoir été ; c'était ; j'(tu) étais ; il (elle) était ; nous étions ;*** **etc.**

* し, **shi**, dans でした **deshita** n'est pas clairement prononcé et s'entend plutôt [sh] ; でした, **deshita**, [dé<u>sh</u>'ta].

■ ほんとうに　ざんねん　でした。　***C'était vraiment dommage.***
Hontōni　zannen　deshita.
vraiment / dommage / c'était

A 2　APPLICATION

1. エ　　2. ヌ　　3. ヘ

4. エレーヌさん　は　ほんとうに　しんせつ　でした。

5. あの　ひと　は　ほんとうに　けち　でした。

6. この　ヘリコプター　は　とても　あんぜん　でした。

7. エレーヌさん　は　きょう　とても　げんき　でした。

17 C'était vraiment dommage.

A 3 REMARQUES

■ Transcription

• Voici un prénom français qui s'écrit en katakana : エレーヌ, **Erēnu** [ére:nou].
• ヘリコプター, **herikoputā** [hérikopouta:], vient de l'anglais : ***helicopter***, *hélicoptère*.

■ Grammaire

• Le japonais n'a qu'une seule forme passée de です, **desu** [déss] ; でした, **deshita** [désh'ta].
Pour traduire でした, **deshita** [désh'ta], en français, seul le contexte peut nous dire le choix parmi le passé composé, l'imparfait, le plus-que-parfait, etc.

D'autre part, il ne varie ni suivant les personnes, ni suivant les nombres.
ざんねん でした。 Zannen deshita. *C'était dommage.*
dommage / c'était

• Rappel : さん, **san** [sann], est un suffixe de politesse qui peut s'employer après le prénom : エレーヌさん, **Erēnu-san** [éré:nou-sann], *Hélène* (cf. 4A3).
• **Attention** : l'adverbe de temps きょう, **kyō**, *aujourd'hui*, précède toujours l'adverbe d'intensité とても, **totemo**, *très*, quand ils se trouvent tous les deux dans une phrase :

かれ は きょう とても げんき でした。
Kare wa kyō totemo genki deshita.
lui / - / aujourd'hui / très / en forme / il était
Il allait très bien aujourd'hui.

A 4 TRANSCRIPTION ET TRADUCTION

1. e 2. nu 3. he
4. Erēnu-san wa hontōni shinsetsu deshita.
Hélène était vraiment gentille.
5. Ano hito wa hontōni kechi deshita.
Cette personne là-bas était vraiment avare.
6. Kono herikoputā wa totemo anzen deshita.
Cet hélicoptère-ci était très sûr.
7. Erēnu-san wa kyō totemo genki deshita.
Hélène allait très bien aujourd'hui.

17 わたし の どりょく は むだ ではありませんでした。

Watashi no doryoku wa muda dewa arimasendeshita.

B 1 REMARQUES

■ Katakana, graphie japonaise :

katakana	hiragana	rōmaji	ordre des traits		
ツ	つ	tsu	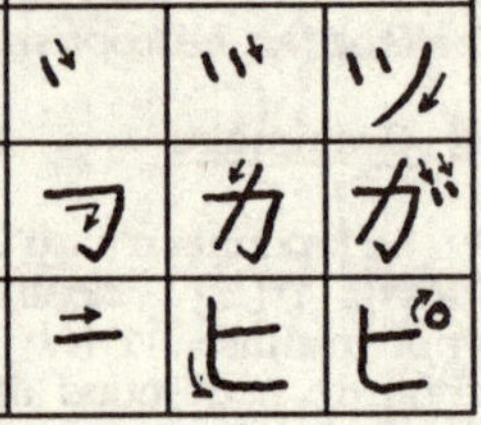		
ガ	が	ga			
ピ	ぴ	pi			

■ Vocabulaire :

ピエール	Piēru	[pié:rou]	*Pierre*
エレガント（な）	ereganto (na)	[éréganntو (na)]	*élégant*
シック（な）	shikku (na)	[shik'kou (na)]	*chic*
むだ（な）	muda (na)	[mouda (na)]	*inutile*
けいざいてき（な）	keizaiteki (na)	[kéïzaïteki (na)]	*économique*
どりょく	doryoku	[doryokou]	effort(s)

では ありませんでした dewa arimasendeshita. [déwa arimas-sénndésh'ta] *ne pas avoir été; ce n'était pas; je (tu) n'étais pas ; il (elle) n'était pas ; etc.*

■ わたし の どりょく は むだ ではありませんでした。
Watashi no doryoku wa muda dewa arimasendeshita.
moi / de / effort / - / inutile / il n'a pas été
Mon effort n'a pas été inutile.

B 2 APPLICATION

1. ツ 2. ガ 3. ピ

4. ピエールさん の ネクタイ は シック ではありませんでした。

5. エレーヌさん の ぼうし は エレガント ではありませんでした。

6. この くるま は けいざいてき ではありませんでした。

17 Mon effort n'a pas été inutile.

B 3 REMARQUES

■ Transcription

- ピ , **pi**, est une syllabe composée : ヒ , **hi** + ° = ピ , **pi**
- *Pierre*, prénom français, s'écrit en katakana : ピエール , **Piēru**.
- Les quasi-adjectifs エレガント , **ereganto**, [éréganrnto], et シック , **shikku** [shik'kou], viennent du français : *élégant* et *chic*.
- Écrite en petite taille, la syllabe ッ , **tsu**, dans シック , **shikku**, ne se prononce pas ; comme pour le hiragana っ , **tsu**, de petite taille (voir 12A3), elle marque une coupure très brève entre シ , **shi**, et ク , **ku**, provoquée par la fermeture de la glotte.

En **rōmaji**, la première consonne d'une consonne double désigne le katakana, ッ , **tsu**, de petite taille : シック , **shikku** [shik'kou].

■ Grammaire

- La forme négative au passé de です , **desu**, est une composition de ではありません , **dewa arimasen**, (forme négative au présent) et de でした , **deshita**, (forme affirmative au passé) ではありませんでした , **dewa arimasen-deshita** [déwa arimassénndésh'ta].

わたし の どりょく は むだ ではありませんでした。

Watashi no doryoku wa muda dewa arimasendeshita.
moi / de / effort / - / inutile / il n'a pas été
Mon effort n'a pas été inutile.

- Comme です , **desu** (ou ではありません , **dewa arimasen**, ou でした , **deshita**), ではありませんでした , **dewa arimasen-deshita**, ne s'accorde ni en personne ni en nombre.

B 4 TRANSCRIPTION ET TRADUCTION

1. tsu 2. ga 3. pi
4. Piēru-san no nekutai wa shikku dewa arimasendeshita.
   La cravate de Pierre n'était pas chic.
5. Erēnu-san no bōshi wa ereganto dewa arimasendeshita.
   Le chapeau d'Hélène n'était pas élégant.
6. Kono kuruma wa keizaiteki dewa arimasendeshita.
   Cette voiture-ci n'était pas économique.

17 C1 Exercices

A. Écrivez les rōmaji suivants en hiragana et en katakana.

1. nu 2. ga 3. tsu 4. e 5. he 6. pi

B. Prononcez et écrivez en rōmaji. Traduisez-les ensuite en français.

1. ピエールさん と エレーヌさん は とても シック でした。
2. かのじょ は けち ではありませんでした。
3. ちいさい くるま は ほんとうに けいざいてき でした。
4. この みち は ほんとうに きけん でした。
5. あそこ は あんぜん ではありませんでした。

C. Traduisez et écrivez en hiragana ou en hiragana et katakana.

1. *Ses efforts (à elle) ont été inutiles.* 2. *C'était vraiment dommage.*
3. *Cette personne là-bas n'était pas aimable (gentille).*
4. *La jupe d'Hélène était très élégante.*

C2 CORRIGÉ

A. 1. ぬ／ヌ 2. が／ガ 3. つ／ツ
4. え／エ 5. へ／ヘ 6. ぴ／ピ

B. 1. Piēru-san to Erēnu-san wa kyō totemo shikku deshita.
Pierre et Hélène étaient très chic.
2. Kanojo wa kechi dewa arimasendeshita.
Elle n'était pas avare.
3. Chiisai kuruma wa hontōni keizaiteki deshita.
La (les) petite(s) voiture(s) était(ent) vraiment économique(s).
4. Kono michi wa hontōni kiken deshita.
Cette rue était vraiment dangereuse.
5. Asoko wa anzen dewa arimasendeshita.
L'endroit là-bas n'était pas sûr.

C. 1. かのじょ の どりょく は むだ でした。
2. ほんとうに ざんねん でした。
3. あの ひと は しんせつ ではありませんでした。
4. エレーヌさん の スカート は とても エレガント でした。

17 C 3 ÉCRITURE : KATAKANA

hiragana	ordre des traits	centrage	exercez-vous
e エ	1 2 3	エ	
tsu ツ	1 2 3	ツ	
nu ヌ	1 2	ヌ	
he ヘ	1	ヘ	
ga ガ	1 2 3	ガ	
pi ピ	1 2 3	ピ	

C 4 EXERCEZ-VOUS

エ	ツ
ヌ	ヘ
ガ	ピ

18 ピエールさん の ステレオ は とても いい です。
Piēru-san no sutereo wa totemo ii desu.

A 1 PRÉSENTATION

■ <u>Katakana, graphie japonaise</u> :

katakana	hiragana	rōmaji	ordre des traits
ソ	そ	so	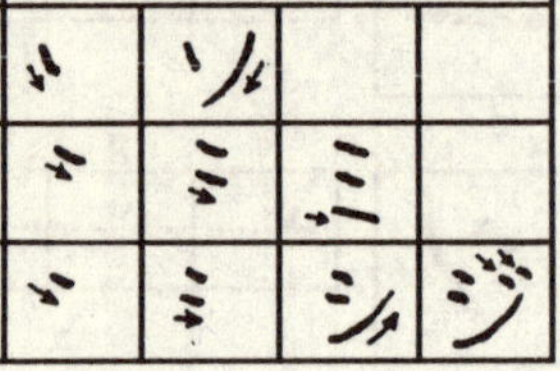
ミ	み	mi	
ジ	じ	ji	

■ <u>Vocabulaire</u>

ステレオ	sutereo	[soutéréo]	*stéréo*
テレビ	terebi	[térébi]	*télévision*
ラジオ	rajio	[radjio]	*radio*
ミシン	mishin	[mishinn]	*machine à coudre*
ソファー	sofā	[sofa:]	*canapé ; divan*
いい	ii	[ii]	*bon* (cf. 7B1) *; bien*
かるい	karui	[karouï]	*léger*
おもい	omoi	[omoï]	*lourd*
あたらしい	atarashii		*neuf ; nouveau*
ふるい	furui	[fourouï]	*vieux ; ancien ; démodé*

■ ピエールさん の ステレオ は とても いい です。
Piēru-san no sutereo wa totemo ii desu.
Pierre / M. / de / stéréo / - / très / bon / il est
La stéréo de Pierre est très bonne.

A 2 APPLICATION

1. ソ 2. ミ 3. ジ

4. わたし の ラジオ は ほんとうに かるい です。

5. この ソファー は とても おもい です。

6. かれ の テレビ は あたらしい です か。

7. かのじょ の ミシン は とても いい です。

18 La stéréo de Pierre est très bonne.

A 3 REMARQUES

■ Transcription

• Voici les mots venant de l'anglais :
- テレビ , **terebi** [térébi] : *television*
- ラジオ , **rajio** [radjio] : *radio*
- ステレオ , **sutereo** [soutéréo] : *stéréo*
- ミシン , **mishin** [mishinn] *machine à coudre : sewing machine*
- ソファー , **sofā** [sofa:] *canapé ; divan : sofa*

• La syllabe フ, **fu** [fou], juxtaposée à la syllabe ア, **a**, de petite taille, ファ, est une invention pour transcrire en japonais le son [fa] qui ne se trouve que dans les mots étrangers ; ファ, **fa**, ne trouve pas son équivalent dans les système hiragana.
ex. : ソファー , **sofā** [sofa:], *canapé ; divan*

■ Grammaire :

• Les adjectifs s'associent ici à です, **desu** [déss], pour déterminer le thème (sujet) introduit par la particule は, **wa** ; en l'occurrence, ils sont attributs du sujet :

かれ の テレビ は あたらしい です。 *Sa télévision est neuve.*
Kare no terebi wa atarashii desu.
lui / de / télé / - / neuve /elle est

• Les adverbes se placent toujours devant les adjectifs pour modifier le sens de ces derniers :

これ は ほんとうに おもい です。 *Ceci est vraiment lourd.*
Kore wa hontōni omoi desu.
ceci / - / vraiment / lourd / c'est

A 4 TRANSCRIPTION ET TRADUCTION

1. so 2. mi 3. ji
4. Watashi no rajio wa hontōni karui desu.
   Ma radio est vraiment légère.
5. Kono sofā wa totemo omoi desu.
   Ce canapé (divan) est très lourd.
6. Kare no terebi wa atarashii desu ka.
   Sa télévision (à lui) est-elle neuve ?
7. Kanojo no mishin wa totemo ii desu.
   Sa machine à coudre (à elle) est très bonne.

18 その　ケーキ　は　あまり　あまく　ありません。
Sono kēki wa amari amaku arimasen.

B 1　PRÉSENTATION

■ <u>Katakana, graphie japonaise</u> :

katakana	hiragana	rōmaji	ordre des traits
ウ	う	u	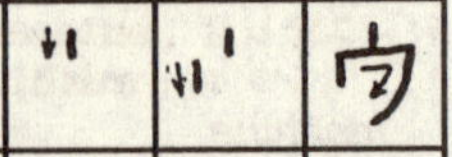
キ	き	ki	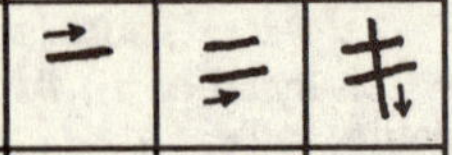
ケ	け	ke	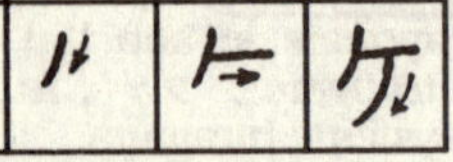

■ <u>Vocabulaire</u> :

ケーキ	kēki	[ké:ki]	*pâtisserie(s)*
パン	pan	[pann]	*pain*
スープ	sūpu	[sou:pou]	*soupe*
ウイスキー	uisukī	[ouïsouki:]	*whisky (whiskies)*
あまい	amai	[amaï]	*sucré*
からい	karai	[karaï]	*épicé ; piquant ; salé*
つよい	tsuyoi	[tsouyoï]	*fort*
あまり	amari		*très ; tellement* (adverbe)
ありません	arimasen		(négation pour l'adjectif)

■ その　ケーキ　は　あまり　あまく　ありません。
Sono kēki wa amari amaku arimasen.
cette... là / pâtisserie / - / très / sucrée / elle n'est pas
Cette pâtisserie-là n'est pas très sucrée.

B 2　APPLICATION

1. ウ　　2. キ　　3. ケ
4. この　ウイスキー　は　あまり　つよく　ありません。
5. あなた　の　パン　は　おいしく　ありません。
6. この　スープ　は　あまり　からく　ありません。
7. かれ　の　テレビ　は　あまり　たかく　ありません。

B 3 REMARQUES

Transcription

• ケーキ , **kēki** [ké:ki], *pâtisserie*, スープ , **sūpu** [sou:pou], *soupe*, et ウイスキー , **uisukī** [ouïsouki:], *whisky*, viennent de l'anglais : *cake*, *soupe* et *whisky*.
• パン , **pan** [pann], *pain*, est d'origine portugaise : *pão*.

Grammaire

• **Important** : pour marquer la négation et à la différence des quasi-adjectifs, les adjectifs à fonction d'attribut ne s'associent jamais avec ではありません , **dewa arimasen**, forme négative de です , **desu** (cf 16B3).
Il font appel à ありません , **arimasen**, et voient en outre leur terminaison い, **i**, se transformer en く , **ku** (cf 7B3) :

それ は あまく ありません。 *Cela n'est pas sucré.*
Sore wa amaku arimasen.
cela / - / sucré / ce n'est pas

• **Remarque** : ありません , **arimasen**, se traduit ici comme la négation de です , **desu** : *ce n'est pas*, *je ne suis pas*, etc... ; il ne varie ni selon les personnes, ni selon les nombres.

• Pour la négation, l'adverbe あまり , **amari**, *très*, remplace l'adverbe とても , **totemo**, *très*, qui n'est utilisé que dans une phrase affirmative :

とても たかい です	→	あまり たかく ありません。
Totemo takai desu.		Amari takaku arimasen.
très / cher / c'est		*très / cher / ce n'est pas*
C'est très cher.		*Ce n'est pas très cher.*

B 4 TRANSCRIPTION ET TRADUCTION

1. u 2. ki 3. ke
4. Kono uisukī wa amari tsuyoku arimasen.
Ce whisky n'est pas très (tellement) fort.
5. Anata no pan wa oishiku arimasen. *Ton pain n'est pas bon.*
6. Kono sūpu wa amari karaku arimasen.
Cette soupe-ci n'est pas très épicée (salée).
7. Kare no terebi wa amari takaku arimasen.
Sa télévision (à lui) n'est pas très (tellement) chère.

18 C1 Exercices

A. Écrivez les rōmaji suivants en hiragana et en katakana.

1. ki 2. mi 3. u 4. ke 5. so 6. ji

B. Prononcez et écrivez en rōmaji. Traduisez ensuite en français.

1. その ステレオ は あまり おもく ありません。

2. あの テレビ と ラジオ は とても あたらしく て いい です。

3. この パン と ケーキ は あまり おいしく ありません。

4. あなた の おかし は ほんとう に あまい です。

C. Traduisez et écrivez en hiragana ou en hiragana et en katakana.

1. *Cette bière-ci et ce whisky-là ne sont pas tellement forts.*
2. *Ce vin là-bas est très vieux.* 3. *Mon canapé n'est pas léger.*
4. *Ta machine à écrire est-elle vieille ?* 5. *Non, elle est neuve.*

C2 CORRIGÉ

A. 1. き／キ 2. み／ミ 3. う／ウ
4. け／ケ 5. そ／ソ 6. じ／ジ

B. 1. Sono sutereo wa amari omoku arimasen.
Cette stéréo-là n'est pas très lourde.
2. Ano terebi to rajio wa totemo atarashiku te ii desu.
Cette télévision là-bas et cette radio là-bas sont très neuves et bonnes.
3. Kono pan to kēki wa amari oishiku arimasen.
Ce pain-ci et cette pâtisserie-ci ne sont pas très bons.
4. Anata no okashi wa hontōni amai desu.
Ton gâteau est vraiment sucré.

C. 1. この ビール と その ウイスキー は あまり つよく ありません。

2. あの ワイン は とても ふるい です。

3. わたし の ソファー は かるく ありません。

4. あなた の タイプライター は ふるい です か。

5. いいえ，あたらしい です。

18 C 3 ÉCRITURE : KATAKANA

hiragana	ordre des traits	centrage	exercez-vous
u ウ	1 2 3	ウ	
ki キ	1 2 3	キ	
ke ケ	1 2 3	ケ	
so ソ	1 2	ソ	
mi ミ	1 2 3	ミ	
ji ジ	1 2 3 4	ジ	

C 4 EXERCEZ-VOUS

ウ					キ				
ケ					ソ				
ミ					ジ				

19 きのう の ピクニック は とても たのしかった です。
Kinō no pikunikku wa totemo tanoshikatta desu.

A 1 PRÉSENTATION

■ **Katakana, graphie japonaise :**

katakana	hiragana	rōmaji	ordre des traits
サ	さ	sa	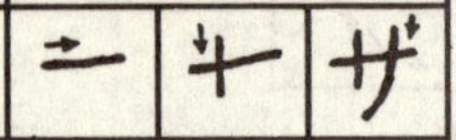
ム	む	mu	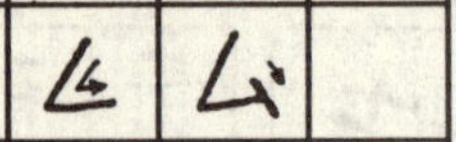
ヤ	や	ya	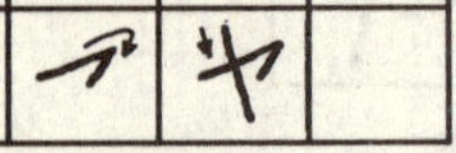

■ **Vocabulaire :**

ピクニック	pikunikku	[pikounik'kou]	*pique-nique(s)*
サービス	sābisu	[sa:biss]	*service(s)*
バター	batā	[bata:]	*beurre*
ジャム	jamu	[djamou]	*confiture(s)*
はちみつ	hachimitsu	[hatchimitsou]	*miel(s)*
えいが	eiga	[éïga]	*film(s)*
たのしい	tanoshii		*amusant ; joyeux*
すばらしい	subarashii	[soubarashii]	*excellent ; superbe*
きのう	kinō	[kino:]	*hier* (adverbe)

■ きのう の ピクニック は とても たのしかった です*。
Kinō no pikunikku wa totemo tanoshikatta desu.
hier / de / pique-nique / - / très / amusant / *il était.
Le pique-nique d'hier était très amusant. (* voir A3)

A2 APPLICATION

1. サ　　2. ム　　3. ヤ

4. この ジャム と はちみつ は たかかった です。

5. きのう の えいが は ほんとうに すばらしかった です。

6. この バター は とても やすかった です。

A 3 REMARQUES

Transcription et prononciation

- Les mots suivants viennent de l'anglais.
  - ピクニック , **pikunikku** [pikounik'kou], *pique-nique : picnic*
  - サービス , **sābisu** [sa:biss] : *service*
  - バター, **batā** [bata:], *beurre : butter*
  - ジャム, **jamu** [djamou], *confiture : jam*

- Écrit en petite taille, le ッ, **tsu**, dans ピクニック , **pikunikku**, ne se prononce pas et marque une coupure très brève entre ニ , **ni**, et ク , **ku** (cf 17B3).
- ジャ , **ja** [dja], est une syllabe provenant de la juxtaposition de la syllabe ジ, **ji**, à la syllabe ヤ , **ya**, de petite taille.
- La syllabe ス , **su** [sou], en fin de mot est souvent prononcée [ss] : サービス , **sābisu** [sa:biss].

Grammaire

- Les adjectifs japonais possèdent leur propre forme passée : elle s'obtient par la transformation de la terminaison い , **i**, en かった , **katta** [kat'ta] :

たのしい です。	→	たのしかった です* 。
Tanoshii desu.		**Tanoshikatta desu.**
amusant / c'est		*amusant / *c'était*

Remarques :
1. L'adjectif indiquant lui-même le temps passé, です* , **desu**, reste employé ici sans être transformé en でした , **deshita** (cf 17A3).
2. Cependant, ce です , **desu**, se traduit en français au passé comme s'il était remplacé par でした , **deshita**.

A 4 TRANSCRIPTION ET TRADUCTION

1. sa 2. mu 3. ya
4. Kono jamu to hachimitsu wa takakatta desu.
   Cette confiture-ci et ce miel-ci était chers.
5. Kinō no eiga wa hontōni subarashikatta desu.
   Le film d'hier était vraiment superbe.
6. Kono batā wa totemo yasukatta desu.
   Ce beurre était très bon marché.

19 この ミルク は あまり つめたく ありませんでした。
Kono miruku wa amari tsumetaku arimasendeshita.

B 1 PRÉSENTATION

■ <u>Katakana, graphie japonaise</u> :

katakana	hiragana	rōmaji	ordre des traits
チ	ち	chi	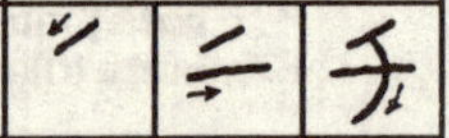
モ	も	mo	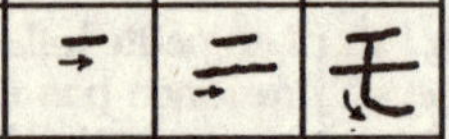
ズ	ず	zu	

■ <u>Vocabulaire</u> :

オレンジ	orenji	[orénndji]	*orange(s)*	*(orange)
ジュース	jūsu	[djou:ss]	*jus*	*(juice)
オレンジジュース	orenjijūsu	[orénndjidjou:ss]	*jus d'orange*	*(orange juice)
レモン	remon	[rémonn]	*citron(s)*	(lemon)
ミルク	miruku	[miroukou]	*lait*	*(milk)
チーズ	chīzu	[tchi:zou]	*fromage*	*(cheese)
つめたい	tsumetai	[tsoumétaï]	*froid*	
あつい	atsui	[atsouï]	*chaud*	
すっぱい	suppai	[soup'paï]	*acide*	

* Les mots entre parenthèses indiquent l'origine anglaise des mots en katakana.

■ この ミルク は あまり つめたく ありませんでした。
Kono miruku wa amari tsumetaku arimasendeshita.
ce... ci / lait /- / très / froid / il n'était pas
Ce lait-ci n'était pas très froid.

B 2 APPLICATION

1. チ 2. モ 3. ズ

4. わたし の ミルク は あまり あつく ありませんでした。

5. この レモン は すっぱく ありませんでした。

6. オレンジジュース は あまり おいしく ありませんでした。

B 3 REMARQUES

■ Transcription

• Le ジュ , **ju**, dans ジュース , **jūsu**, *jus*, est une syllabe juxtaposée : ジ , **ji** + ュ , **yu** (de petite taille) = ジュ , **ju**.

■ Grammaire

• Quand il s'agit de la phrase négative au passé, les adjectifs s'associent à ありませんでした , **arimasendeshita** et non pas ではありませんでした , **dewa arimasendeshita**, comme pour les quasi-adjectifs (cf.17B3) ; en outre, la terminaison い , **i**, des adjectifs est transformée en く , **ku**, (cf.18B3) :

あつく ありませんでした。 *Ce n'était pas chaud.*
atsuku arimasendeshita. *(chaud / ce n'était pas)*

• ありませんでした , **arimasendeshita** [arimassénndésh'ta], ne varie ni selon les personne ni selon les nombres.

• **Récapitulation**

Affirmation au présent	つめたい です。 Tsumetai desu.	*C'est froid.* *(froid / c'est)*
Négation au présent	つめたく ありません。 Tsumetaku arimasen.	*Ce n'est pas froid.* *(froid / ce n'est pas)*
Affirmation au passé	つめたかった です。 Tsumetakatta desu.	*C'était froid.* *(froid / c'était)*
Négation au passé	つめたく ありませんでした。 Tsumetaku arimasendeshita.	*Ce n'était pas froid.* *(froid / ce n'était pas)*

• Pour la phrase négative, il faut employer あまり, **amari**, et non pas とても , **totemo**, dans le sens de *très* (cf 18B3).

B 4 TRANSCRIPTION ET TRADUCTION

1. chi 2. mo 3. zu
4. Watashi no miruku wa amari atsuku arimasendeshita.
   Mon lait n'était pas très (tellement) chaud.
5. Kono remon wa suppaku arimasendeshita.
   Ce citron-ci n'était pas acide.
6. Orenjijūsu wa amari oishiku arimasendeshita.
   Le jus d'orange n'était pas très (tellement) bon.

19 C1 Exercices

A. Écrivez les rōmaji suivants en hiragana et en katakana.

1. mu 2. ya 3. chi 4. zu 5. mo 6. sa

B. Prononcez et écrivez en rōmaji. Traduisez ensuite en français.

1. きょう の えいが は おもしろかった です。
2. この レモンジュース や オレンジジュース は あまり つめたく ありませんでした。
3. この レストラン の サービス は すばらしかった です。
4. ミルク や バター は ほんとうに おいしかった です。

C. Traduisez et écrivez les mots suivants en hiragana ou en hiragana et katakana.

1. *Le pique-nique d'hier n'était pas très amusant.*
2. *Ma soupe était très chaude.* 3. Ce fromage était vraiment cher.
4. *Ce miel-ci et cette confiture-ci étaient très sucrés.*
5. *Ton foulard était-il bleu ?* 6. *Non, il était jaune.*

C 2 CORRIGÉ

A. 1. む／ム 2. や／ヤ 3. ち／チ
4. ず／ズ 5. も／モ 6. さ／サ

B. 1. Kyō no eiga wa omoshirokatta desu.
Le film d'aujourd'hui était intéressant.
2. Kono remonjūsu ya orenjijūsu wa amari tsumetaku arimasendeshita.
Ce jus de citron-ci et ce jus d'orange-ci (entre autres) n'étaient pas tellement froids.
3. Kono resutoran no sābisu wa subarashikatta desu.
Le service de ce restaurant était excellent.
4. Miruku ya batā wa hontōni oishikatta desu.
Le lait et le beurre (entre autres) étaient vraiment bons ?

C. 1. きのう の ピクニック は あまり たのしく ありませんでした。
2. わたし の スープ は とても あつかった です。
3. この チーズ は ほんとうに たかかった です。
4. この はちみつ と ジャム は とても あまかった です。
5. あなた の スカーフ は あおかった です か。
6. いいえ，きいろかった です。

C 3 ÉCRITURE : KATAKANA

	hiragana	ordre des traits	centrage	exercez-vous
sa	サ	1 2 3	サ	
chi	チ	1 2 3	チ	
mu	ム	1 2	ム	
mo	モ	1 2 3	モ	
ya	ヤ	1 2	ヤ	
zu	ズ	1 2 3	ズ	

C 4 EXERCEZ-VOUS

サ					チ				
ム					モ				
ヤ					ズ				

20 カタカナ の まとめ
Katakana no matome - 1 -

A 1/2 PRÉSENTATION

■ **Tableau du syllabaire katakana** :

Comme pour les hiragana (cf. 10A1/2), nous récapitulons ici les 46 syllabes katakana :

	syllabe en a	syllabe en i	syllabe en u	syllabe en e	syllabe en o
série 1	ア あ	イ い	ウ う	エ え	オ お
série 2 en k	カ か	キ き	ク く	ケ け	コ こ
série 3 en s	サ さ	シ し	ス す	セ せ	ソ そ
série 4 en t	タ た	チ ち	ツ つ	テ て	ト と
série 5 en n	ナ な	ニ に	ヌ ぬ	ネ ね	ノ の
série 6 en h	ハ は	ヒ ひ	フ ふ	ヘ へ	ホ ほ
série 7 en m	マ ま	ミ み	ム む	メ め	モ も
série 8 en y	ヤ や		ユ ゆ		ヨ よ
série 9 en r	ラ ら	リ り	ル る	レ れ	ロ ろ
série 10 en w	ワ わ				ヲ を

* Voir A3/4

hors série	ン ん

■ La syllabe en **o** de la série 10 ヲ, **wo**, est le 46e et dernier katakana qui ne s'emploie pratiquement plus de nos jours :

katakana	hiragana	rōmaji	ordre des traits
ヲ	を	wo	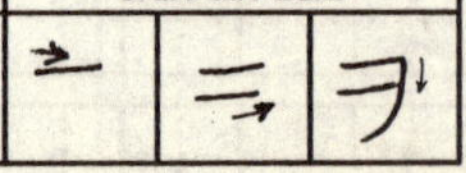

20 Récapitulation du katakana - 1 -

A 3/4 REMARQUES

■ Écriture : Rappel

• Les Japonais utilisent de plus en plus de mots venant des langues étrangères (notamment de l'anglais), en les transcrivant par la deuxième graphie dite **katakana**.

• Chaque katakana trouve son correspondant dans le système hiragana.

■ Confusions à éviter entre les katakana : Rappel

• Certains katakana se ressemblent beaucoup et ils ne diffèrent que par un trait de plus ou de moins, par le degré d'inclinaison d'un trait, etc.

1.	ウ	u	**série 1 en u** (cf. 18C3)	et	ワ	wa	**série 10 en a** (cf. 14C3)
2.	ク	ku	**série 2 en u** (cf. 12C3)	et	ワ	wa	**série 10 en a** (cf. 14C3)
3.	ク	ku	**série 2 en u** (cf. 12C3)	et	タ	ta	**série 4 en a** (cf. 12C3)
4.	ソ	so	**série 3 en o** (cf. 18C3)	et	リ	ri	**série 9 en i** (cf. 16C3)
5.	ノ	no	**série 5 en o** (cf. 11C3)	et	ン	n	**hors série** (cf. 13C3)
6.	フ	fu	**série 6 en u** (cf. 13C3)	et	ラ	ra	**série 9 en a** (cf. 11C3)
7.	フ	fu	**série 6 en u** (cf. 13C3)	et	ワ	wa	**série 10 en a** (cf. 14C3)

• La distinction entre les katakana est plus délicate quand le sens montant ou descendant d'un trait les distingue :

8. シ **shi**
série 3 en i
(cf. 15C3)

et

ツ **tsu**
série 4 en u
(cf. 17C3)

9. ン **n**
hors série
(cf. 13C3)

et

ソ **so**
série 3 en o
(cf. 18C3)

20 カタカナ の まとめ
Katakana no matome - 2 -

B 1/2 PRÉSENTATION

■ Tableau des syllabes dérivées (1)

• Comme pour les hiragana (cf. 10B1/2), on peut obtenir les syllabes des **séries 2', 3', 4' et 6'**, si l'on met deux points en haut et à droite de chaque syllabe des séries **2, 3, 4** et **6** :

ex. キ , **ki** + ゛ = ギ , **gi** [gui]

	syllabe en a	syllabe en i	syllabe en u	syllabe en e	syllabe en o
série 2' en g	ガ が	ギ ぎ*	グ ぐ	ゲ げ*	ゴ ご
série 3' en z	ザ ざ	ジ じ	ズ ず	ゼ ぜ	ゾ ぞ
série 4' en d	ダ だ	ヂ ぢ**	ヅ づ**	デ で	ド ど
série 6' en b	バ ば	ビ び	ブ ぶ	ベ べ	ボ ぼ

* Les syllabes ぎ , **gi**, et げ , **ge**, se prononcent respectivement comme dans *guide* et *guérison*.
** Les syllabes ヂ , **ji** [dji] et ヅ , **zu** [zou] ne sont pratiquement pas utilisées.

■ Tableau des syllabes dérivées (2)

• Pour créer les 5 syllabes de la **série 6" en p**, il suffit d'ajouter un petit rond en haut et à droite des 5 syllabes de la **série 6 en h** (voir 10B1/2) :

ex. ホ , **ho** + ° = ポ , **po**

	syllabe en a	syllabe en i	syllabe en u	syllabe en e	syllabe en o
série 6" en p	パ ぱ	ピ ぴ	プ ぷ	ペ ぺ	ポ ぽ

B 3/4 REMARQUES

Syllabes dérivées : **séries 2', 3', 4', 6' et 6"**

- Dérivées des séries 2, 3, 4 et 6, les syllabes accompagnées de deux petits points ou d'un petit rond sont importantes pour la formation des mots : (Rappel)

- タイプライター	, **taipuraitā**,	*machine à écrire* (cf. 13B1)
- ビール	, **bīru**,	*bière* (cf. 14A1)
- オートバイ	, **ōtobai**,	*moto* (cf. 14B1)
- アパート	, **apāto**,	*appartement* (cf. 15B1)
- ロンドン	, **Rondon**,	*Londres* (cf. 16A1)
- ピエール	, **Piēru**,	*Pierre* (cf. 17B1)
- エレガント	, **ereganto**,	*élégant* (cf. 17B1)

Vocabulaire

- Voici quelques mots nouveaux qui nécessitent des syllabes dérivées :

- ギター	, **gitā**	[guita:],	*guitare*
- グループ	, **gurūpu**	[gourou:pou],	*groupe*
- ゲーム	, **gēmu**	[gué:mou],	*jeu*
- シーズン	, **shīzun**	[shi:zounn],	*saison*
- ゼロ	, **zero**	[zéro],	*zéro*
- デザート	, **dezāto**	[déza:to],	*dessert*
- テーブル	, **tēburu**	[té:bourou],	*table*
- ダンス	, **dansu**	[dannsou],	*danse*
- ベッド	, **beddo**	[béd'do],	*lit*
- ボールペン	, **bōrupen**	[bo:roupénn],	*stylo à bille*
- ポスト	, **posuto**	[possouto],	*boîte aux lettres*

Important : (Rappel) nous ne vous demandons pas de retenir tous les signes présentés ici : il suffit pour le moment de les reconnaître et de savoir les prononcer.

20 カタカナ の まとめ
Katakana no matome - 3 -

C 1/2 PRÉSENTATION

■ **Tableau des syllabes juxtaposées**

• **Les syllabes présentées dans le tableau s'obtiennent à partir de la juxtaposition des 3 syllabes de la série 8 aux syllabes en i des séries 2, 2', 3, 3', 4, 5, 6, 6', 6", 7 et 9.**

ex. : ミ, **mi** + ョ, **yo** → ミョ, **myo**

	3 syllabes de la série 8 de petite taille		
	ヤ (や) ya	ユ (ゆ) yu	ヨ (よ) yo
série 2 ki キ (き)	キャ きゃ	キュ きゅ	キョ きょ
série 2' gi [gui] ギ (ぎ)	ギャ ぎゃ	ギュ ぎゅ	ギョ ぎょ
série 3 shi シ (し)	シャ しゃ	シュ しゅ	ショ しょ
série 3' ji [dji] ジ (じ)	ジャ じゃ	ジュ じゅ	ジョ じょ
série 4 chi [tchi] チ (ち)	チャ ちゃ	チュ ちゅ	チョ ちょ
série 5 ni ニ (に)	ニャ にゃ	ニュ にゅ	ニョ にょ
série 6 hi ヒ (ひ)	ヒャ ひゃ	ヒュ ひゅ	ヒョ ひょ
série 6' bi ビ (び)	ビャ びゃ	ビュ びゅ	ビョ びょ
série 6" pi ピ (ぴ)	ピャ ぴゃ	ピュ ぴゅ	ピョ ぴょ
série 7 mi ミ (み)	ミャ みゃ	ミュ みゅ	ミョ みょ
série 9 ri リ (り)	リャ りゃ	リュ りゅ	リョ りょ

C 3/4 REMARQUES

■ Le système katakana possède aussi des syllabes provenant de la juxtaposition : (Rappel)

- ニュ , **nyu** : ニューヨーク , **Nyūyōku**, *New York* (cf. 16B1)
- ジャ , **ja** : ジャム , **jamu**, *confiture* (cf. 19A1)

> **Important** : il n'est pas nécessaire d'apprendre par cœur toutes les syllabes ci-contre, dont certaines s'emploient peu.

■ Nouvelles syllabes juxtaposées

• Les mots étrangers prennent une part de plus en plus importante en japonais.
Bien qu'on soit capable de les prononcer, on s'aperçoit très vite qu'il est impossible de transcrire des sons qui n'existent pas à l'origine, d'où l'invention de nouvelles syllabes juxtaposées :

1. le son [fa] : ファ , **fa** (フ , fu + *ァ , a)
   ソファー , **sofā** [sofa:], *canapé ; divan* (voir 18A3)

2. le son [fi] : フィ , **fi** (フ , fu + *ィ , i)
   フィアンセ , **fianse** [fiannsé], *fiancé(e)*

3. le son [fé] : フェ , **fe** (フ , fu + *ェ , e)
   フェリーボート , **feribōto** [féri:bo:to:], *ferry-boat*

4. le son [fo] : フォ , **fo** (フ , fu + *ォ , o)
   フォーク , **fōku** [fo:kou], *fourchette*

5. le son [ti] : ティ , **ti** (テ , te + *ィ , i)
   ミルクティー , **mirukutī** [miroukouti:], *thé au lait*

6. le son [di] : ディ , **di** (デ , de + *ィ , i)
   ディスコ , **disuko** [dissouko], *discothèque*

* ア , **a**, イ , **i**, エ , **e**, et オ , **o**, sont écrits en petite taille.

> → **Attention** : ces syllabes nouvellement créées n'ont pas leur équivalent dans le système hiragana.

21 もしもし，田中さん　です　か。
Moshi moshi, Tanaka-san desu ka.

A 1 PRÉSENTATION

■ Kanji, idéogramme d'origine chinoise :

kanji [kanndji]	lecture en hiragana	prononciation	signification
田	た	[ta]	*rizière(s)*
中	なか	[naka]	*milieu ; intérieur*

• Pour les kanji, l'ordre des traits sera indiqué en C3 de chaque leçon.

■ Vocabulaire :

田中さん　Tanaka-san　*M (Mme ; Mlle) Tanaka* (cf.4A1)
もしもし　moshi moshi　*allô !*
そう　sō [so:]　*ça ; ainsi ; exact*

■ もしもし，田中さん　です　か。
Moshi moshi, Tanaka-san desu ka.
Allô, / Tanaka / M. / c'est / ?
Allô ! Est-ce Monsieur Tanaka ?

■ はい，そう　です。
Hai, sō desu.
Oui / ça / c'est
Oui, c'est lui. (← oui, c'est ça.)

A 2 APPLICATION

1. 田中さん
2. もしもし，エレーヌさん　です　か。
3. はい，そう　です。
4. もしもし，ピエールさん　です　か。
5. いいえ，そう　ではありません。

A 3 REMARQUES

Écriture

• La troisème et dernière écriture japonaise est appelée **kanji**, [kanndji], qui désigne les idéogrammes d'origine chinoise (signes graphiques ayant chacun un sens).

• Avant l'an 400, le japonais était une langue parlée mais non écrite. Ainsi, les Japonais ont-ils importé de Chine les idéogrammes pour transcrire leur langue.
Bien qu'elles soient phonétiques, les deux graphies **hiragana** et **katakana** sont en fait issues d'une simplification au cours du 9ème siècle d'une partie des **kanji** introduits jusqu'alors.

• Aujourd'hui, ces trois écritures se mélangent très souvent pour constituer une phrase écrite :

田中さん の コート は とても シック です。
Tanaka-san no kōto wa totemo shikku desu.
Tanaka / Mlle / de / manteau / - / très / chic / il est
Le manteau de Mademoiselle Tanaka est très chic.

Noms et prénoms japonais

• Les japonais possèdent tous leurs noms en **kanji** ; l'emploi des **kanji** pour les transcrire est le plus fréquent :

たなか , **Tanaka** (cf. 4A1) → 田中 *Tanaka (rizière-intérieur)*

• Quant aux prénoms, il arrive que les parents donnent à leur enfant un prénom en hiragana ; les **kanji** sont pourtant d'un usage plus courant pour former les prénoms.

A 4 TRANSCRIPTION ET TRADUCTION

1. Tanaka-san *Monsieur (Madame ; Mademoiselle) Tanaka*
2. Moshi moshi, Erēnu-san desu ka.
   Allô ! Est-ce Hélène ?
3. Hai, sō desu. *Oui, c'est elle.*
4. Moshi moshi, Piēru-san desu ka.
   Allô ! Est-ce Pierre ?
5. Iie, sō dewa arimasen. *Non, ce n'est pas lui.*

21 こちら　は　山田さん　です。
Kochira wa Yamada-san desu.

B 1 PRÉSENTATION

■ Kanji, idéogramme d'origine chinoise :

kanji	lecture en hiragana	prononciation	signification
山	やま	[yama]	*montagne(s)*
田	た／だ	[ta] / [da]	*rizière(s)*

■ Vocabulaire :

山田	Yamada	*Yamada* (cf. 11B1)
こちら	kochira	*cette (ces) personne(s)-ci*
はじめまして	hajimemashite [hadjiméмash'te]	*Enchanté(e) de faire votre connaissance !*
おはよう	ohayō	*Bonjour !* (dans la matinée)
こんにちは	konnichiwa [konn'nitchiwa]	*Bonjour !* (de la fin de la matinée au soir)
こんばんは	konbanwa [kombannwa]	*Bonsoir !*
さようなら	sayōnara	*Au revoir !*

■ こちら　は　山田さん　です。
Kochira wa Yamada-san desu.
Cette personne-ci /- / Yamada / Mme / c'est
C'est Madame Yamada.

■ はじめまして，わたし　は　田中**　です。
Hajimemashite, watashi wa Tanaka desu.
Enchanté, / moi / - / Tanaka / je suis
Enchanté , je suis Monsieur Tanaka.

** Ne mettez surtout pas さん , **san**, suffixe de politesse, pour se nommer soi-même (cf 4A3).

B 2 APPLICATION

1. おはよう　2. こんにちは　3. こんばんは　4. さようなら
5. ピエールさん，こちら　は　エレーヌさん　です。
6. はじめまして，エレーヌ　です。
7. はじめまして，ピエール　です。

B 3 REMARQUES

■ Prononciation

• Prononcé [ta] en tête d'un mot (cf 21A1), le kanji 田, **ta**, *rizière*, se prononce très souvent [da] quand un autre kanji le précède :

山, **yama** + 田, **ta** → 山田, **Yamada** (cf. 11B1)
montagne *rizière* *Yamada (montagne rizière)*

• Particule d'origine, le は dans こんにちは, **konnichiwa** [konn'nichiwa], et こんばんは, **konbanwa**, [kombannwa] se prononce [wa].

• Le ん, **n**, est prononcé [m] devant la syllabe en b : こんばんは, **konbanwa** [kombannwa] (cf. 10B3/4).

■ Grammaire

• こちら, **kochira**, traduit littéralement *cette direction-ci ; de ce côté-ci*, est un pronom qui indique la direction dans laquelle se trouve le locuteur.
Il peut cependant s'employer, comme dans cette leçon, pour désigner la ou les personnes qui sont près du locuteur : *cette personne-ci ; ces personnes-ci.*

■ Expressions courantes

• はじめまして, **hajimemashite**, est employé lors de la première présentation ; il est échangé mutuellement entre le locuteur et l'interlocuteur (voir 6 et 7 de B4 ci-dessous).
• おはよう, **ohayō**, *bonjour*, ne s'emploie que dans la matinée et on passe ensuite à こんにちは, **konnichiwa**, *bonjour*.
• On ne peut pas utiliser こんばんは, **konbanwa**, *bonsoir*, dans le sens de *au revoir*.

B 4 TRANSCRIPTION ET TRADUCTION

1. Ohayō *Bonjour !* 2. Konnichiwa *Bonjour !*
3. Konbanwa *Bonsoir !* 4. Sayōnara *Au revoir !*
5. Piēru-san, kochira wa Erēnu-san desu.
Pierre, (cette personne-ci,) c'est Hélène.
6. Hajimemashite, Erēnu desu. *Enchantée, je suis Hélène.*
7. Hajimemashite, Piēru desu. *Enchanté, je suis Pierre.*
(Réponse à la phrase n° 6)

21 C1 Exercices

A. Traduisez en français.

1. もしもし，山田さん　です　か。 2. はい，そう　です。

3. エレーヌさん，こんにちは。 4. 田中さん，さようなら。

5. こちら　は　山田さん　です。

6. はじめまして，ピエール　です。

B. Traduisez en japonais.

1. *Cette personne-ci, est-ce Mademoiselle Tanaka ?*
2. *Non, ce n'est pas elle.*
3. *Bonjour ! Hélène !* (tôt dans la matinée)
4. *Bonsoir ! Pierre !* 5. *Allô ! Est-ce Madame Yamada ?*
6. *Oui, c'est elle.* 7. *Enchanté, je suis Monsieur Tanaka.*

C 2 CORRIGÉ

A. 1. *Allô ! Est-ce M. (Mme ; Mlle) Yamada ?*
2. *Oui, c'est lui (elle).* 3. *Bonjour ! Hélène !*
4. *Au revoir ! M. (Mme ; Mlle) Tanaka !*
5. *Cette personne-ci, c'est M. (Mme ; Mlle) Yamada.*
6. *Enchanté, je suis Pierre.*

B. 1. こちら　は　田中さん　です　か。
2. いいえ，そう　ではありません。
3. エレーヌ（さん），おはよう。
4. ピエール（さん），こんばんは。
5. もしもし，山田さん　です　か。
6. はい，そうです。
7. はじめまして，（わたし　は）田中です。

■ Miscellanées : **l'apprentissage laborieux des kanji**

Les enfants japonais apprennent à lire et à écrire 996 kanji pendant leur enseignement primaire (de 7 à 12 ans). Et ce n'est pas fini. L'apprentissage des kanji continue pour arriver au moins à un nombre de 1945. Ce qui permet de lire les journaux quotidiens en langue japonaise. Les Japonais remplacent les mots écrits jusqu'alors en hiragana par les idéogrammes correspondants dès qu'ils les ont appris.

21 C 3 ÉCRITURE : KANJI

kanji ▼ — ordre des traits ▼

た [ta]
だ [da]

田

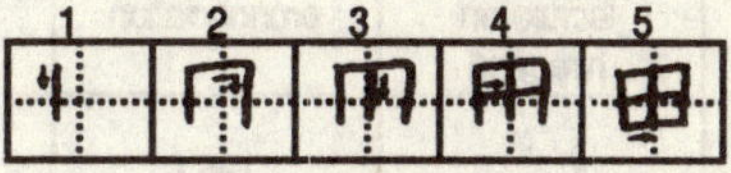

なか [naka]

中

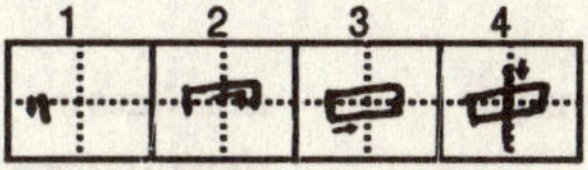

やま [yama]

山

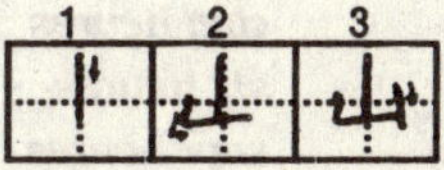

C 4 EXERCEZ-VOUS

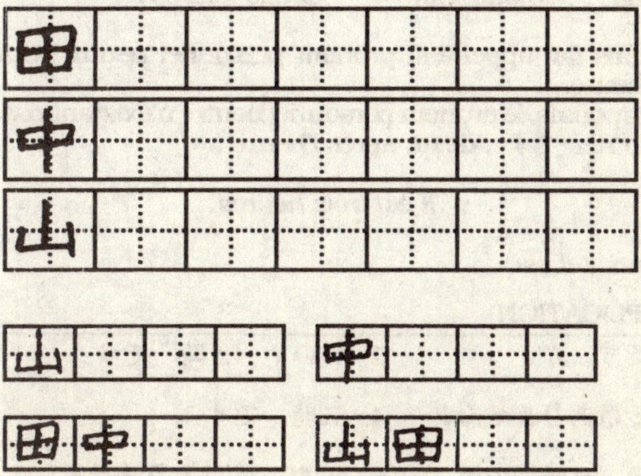

22 3時　です。 Sanji desu.

A 1 PRÉSENTATION

■ Kanji, idéogramme d'origine chinoise :

kanji	lecture en hiragana	prononciation	signification
時	じ	[dji]	*heure(s)*

■ Vocabulaire :

1時	ichiji	[itchidji]	*une heure*
2時	niji		*deux heures*
3時	sanji	[sanndji]	*trois heures*
4時	yoji		*quatre heures*
5時	goji		*cinq heures*
6時	rokuji	[rokoudji]	*six heures*
7時	shichiji	[shitchidji]	*sept heures*
8時	hachiji	[hatchidji]	*huit heures*
9時	kuji	[koudji]	*neuf heures*
10時	jūji	[djou:dji]	*dix heures*
11時	jūichiji	[djou:itchidji]	*onze heures*
12時	jūniji	[djou:nidji]	*douze heures*

■ Le français fait appel à *il*, pronom personnel neutre pour exprimer l'heure.

Pour le japonais, le pronom personnel neutre n'existant pas, il suffit d'ajouter です, **desu**, après l'heure :

3時　です。　　*Il est trois heures.*
Sanji desu.
trois / heures / il est

A 2 APPLICATION

1. 4時　です　か。
2. いいえ，5時　です。
3. 10時　ではありません。
4. 12時　です。
5. 7時　か　8時　です。
6. 11時　ではありません。

A 3 REMARQUES

Prononcer les chiffres à la japonaise

1 いち	ichi	[itchi]
2 に	ni	
3 さん	san	[sann]
4 し／よん	shi / yon	[shi] / [yonn]
5 ご	go	
6 ろく	roku	[rokou]
7 しち／なな	shichi / nana	[shitchi] / [nana]
8 はち	hachi	[hatchi]
9 く／きゅう	ku / kyū	[kou] / [kyou:]
10 じゅう	jū	[djou:]
11 じゅういち	jūichi	[djou:itchi]
12 じゅうに	jūni	[djou:ni]

- **4**, **7** et **9** peuvent se prononcer de deux façons différentes.
- Pour prononcer les chiffres de **11** à **19**, il suffit de suivre l'ordre de l'addition : **10** + **x** (**x** varie de 1 à 9).

10 (じゅう , jū) + **2** (に , ni) = **12** (じゅうに , jūni)

Dire l'heure (1)

- Pour obtenir l'heure, on place 時 , **ji**, *heure*, après le chiffre : **3**, **san** + 時 , **ji** → 3 時 , **sanji**, *3 heures*.

- **Important** : les prononciations du chiffre **4**, [shi] ou [yonn], ne peuvent pas s'employer pour le **4** dans **4** 時 , qui se prononce [yo] : 4 時 , **yoji** [yodji], *4 heures*.

- On choisit [sitchi] et [kou] pour prononcer respectivement le **7** dans **7** 時 , **shichiji** [shitchidji], *7 heures*, et le **9** dans **9** 時 , **kuji** [koudji], *9 heures*.

A 4 TRANSCRIPTION ET TRADUCTION

1. Yoji desu ka.	*Est-il 4 heures ?*
2. Iie, goji desu.	*Non, il est 5 heures.*
3. Jūji dewa arimasen.	*Il n'est pas 10 heures.*
4. Jūniji desu.	*Il est 12 heures.*
5. Shichiji ka hachiji desu.	*Il est 7 heures ou 8 heures.*
6. Jūichiji dewa arimasen.	*Il n'est pas 11 heures.*

B 1 PRÉSENTATION

kanji	lecture en hiragana	prononciation	signification
分	ふん ぷん	[founn] [pounn]	*minutes(s)*
何	なん	[nann]	*que ? ; quel ?* (cf. 14A1)

• Il est vrai que le japonais peut être entièrement transcrit en hiragana et katakana.

Mais dans la pratique, les Japonais remplacent les mots écrits en hiragana par leurs correspondants en kanji qu'ils apprennent au cours de leurs études : les mots transcrits en katakana, mots d'origine étrangère, restent par contre inchangés.

• 何, **nan**, doit donc s'employer désormais à la place de なん, **nan**, que nous avons vu dans la leçon 14A.

■ Vocabulaire :

何時	nanji [nanndji]	*quelle heure ?*
5分	gofun	*cinq minutes*
10分	juppun [djoup'poun]	*dix minutes*
15分	jūgofun	*quinze minutes ; un (le) quart d'heure*
(... 分 fun / pun +) まえ	mae	*moins* (+ ... minute(s))

■ 何時　です　か。 *Quelle heure est-il ?*
Nanji desu ka.
quelle heure / il est / ?

B 2 APPLICATION

1. 何時　です　か。 2. 9時　15分　まえ　です。

3. 12時　10分　です　か。

4. いいえ，12時　10分　まえ　です。

5. 何時　です　か。 6. 11時　5分　です。

B 3 REMARQUES

■ Dire l'heure (2)

• Associé ici à 時, **ji**, *heure*, 何, **nan**, *quel*, forme l'expression : 何時, **nanji**, *quelle heure*.

• Les chiffres suivis de 分, **fun**, indiquent les minutes :
5分, ごふん, **gofun** [gofounn], *5 minutes*

• La prononciation de 分 varie entre ふん [founn] et ぷん [pounn] selon les chiffres qui le précèdent.

Précédé de **5**, **go** ou de **15**, **jūgo**, 分 se prononce en effet [founn] :

15分, じゅうごふん, **jūgofun** [djou:gofounn], *15 minutes*

Par contre, il est prononcé [pounn] quand il est précédé de **10** qui n'est plus prononcé [djou:], mais [djoup'] :

10分 じゅっぷん, **juppun** [djoup'pounn], *10 minutes*

• Contrairement au français, le japonais ne peut pas omettre 分, **fun** (pun), pour indiquer les minutes :

9 heures 5 : 9時 5分, non pas 9時 5
kuji gofun **kuji go**

• L'expression *quart (d'heure)* n'existe pas en japonais ; elle est toujours traduite par 15分, **jūgofun** [djou:gofounn], *15 minutes*.

6 heures un quart : 6時 15分 *rokuji jūgofun*

• まえ, **mae**, *moins*, se place toujours après 分, **fun (pun)** :

2時 10分 まえ — *2 heures moins 10*
niji juppun mae — *2 heures / 10 minutes / moins*

B 4 TRANSCRIPTION ET TRADUCTION

1. Nanji desu ka.	*Quelle heure est-il ?*
2. Kuji jūgofun mae desu.	*Il est 9 heures moins le quart.*
3. Jūniji juppun desu ka.	*Est-il midi (12 heures) 10 ?*
4. Iie, jūniji juppun mae desu.	*Non, il est midi (12 heures) moins 10.*
5. Nanji desu ka.	*Quelle heure est-il ?*
6. Jūichiji gofun desu.	*Il est 11 heures 5.*

C1 Exercices

A. Prononcez et traduisez en français.

1. いち時　2. よ時　3. じゅっ分　4. ご分

5. 何時　です　か。 ― く時　じゅうご分　です。

6. じゅういち時　ご分　か　じゅっ分　です。

7. に時　じゅうご分　まえ　です。

B. Traduisez en japonais (Il faut traduire les chiffres en hiragana).

1. *six heures*　2. *douze heures*　3. *neuf heures*　4. *sept heures*
5. *Est-il sept heures ? - Oui, c'est ça.*
6. *Il n'est pas trois heures dix.*　7. *Il est huit heures moins cinq.*
8. *Il est dix heures et quart.*　9. *Quelle heure est-il ?*
10. *Il est quatre heures ou cinq heures.*

C2 CORRIGÉ

A. 1. [itchidji] *une heure*　2. [yodji] *quatre heures*
3. [djoup'pounn] *dix minutes*　4. [gofounn] *cinq minutes*
5. *Quelle heure est-il ? - Il est neuf heures et quart.*
6. *Il est onze heures cinq ou dix.*
7. *Il est deux heures moins le quart.*

B. 1. ろく時　2. じゅうに時　3. く時　4. しち時
5. しち時　です　か。 ― はい，そう　です。
6. さん時　じゅっ分　ではありません。
7. はち時　ご分　まえ　です。
8. じゅう時　じゅうご分　です。
9. 何時　です　か。　10. よ時　か　ご時　です。

■ Miscellanées : **mots homophones**

Le japonais comprend de très nombreux homophones (mots de même prononciation mais de sens différents). Ainsi le son [sann] peut signifier *Monsieur* (*Madame* ou *Mademoiselle*) ou *trois*. Seule la transcription en hiragana ou en kanji permet de les différencier : dans le sens de *Monsieur* (*Madame* ou *Mademoiselle*), on écrit en hiragana さん ; pour *trois*, on utilise le kanji 三 ou le chiffre arabe 3.

A titre d'information, on compte en réalité 10 mots différents qui se prononcent [sann] ; 25 kanji différents se lisent [shinn], 34 se lisent [to:] et 45 se lisent [kann].

C 3 ÉCRITURE : KANJI

kanji — ordre des traits

ふん [founn]
ぷん [pounn]

分

なん [nann]

何

じ [dji]

時

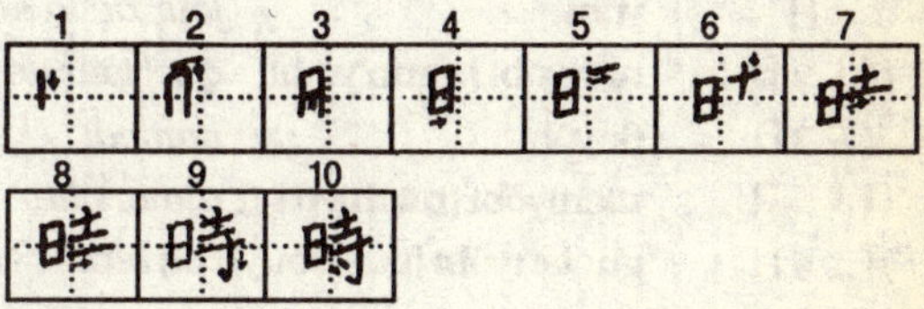

C 4 EXERCEZ-VOUS

分

何

時

分

何

時

何時

23 あした は 何よう日 です か。
Ashita wa nanyōbi desu ka.

A 1 PRÉSENTATION

■ Kanji, idéogramme d'origine chinoise :

kanji	lecture en hiragana	prononciation	signification
土	ど	[do]	*terre ; sol*
日	にち／び	[nitchi] / [bi]	*soleil ; jour(s)*
月	げつ	[guétsou]	*lune*

■ Vocabulaire :

よう日	yōbi	*jour de la semaine*
何よう日	nanyōbi [nann'yo:bi]	*quel jour de la semaine ?*
土よう日	doyōbi	*samedi*
日よう日	nichiyōbi [nitchiyo:bi]	*dimanche*
月よう日	guetsuyōbi [guétsouyo:bi]	*lundi*

■ あした は 何よう日 です か。
Ashita wa nanyōbi desu ka.
demain / - / quel jour de la semaine / ce sera / ?
Quel jour de la semaine serons-nous demain ?

■ 日よう日 です。 *Nous serons dimanche.*
Nichiyōbi desu. *dimanche / ce sera*

A 2 APPLICATION

1. 土よう日 2. 日よう日 3. 月よう日

4. あした は 何よう日 です か。

5. 土よう日 です。

6. あした は 月よう日 ではありません。

7. きょう は 日よう日 です か。

8. いいえ，きょう は 日よう日 ではありません。

A 3 REMARQUES

Prononciation

• Le kanji 日 dans よう日 se prononce [bi] : よう日, **yōbi**, *jour de la semaine.*

Ce même kanji 日 est cependant prononcé [nitchi], quand il s'attache à よう日, **yōbi**, pour former le mot 日よう日, **nichiyōbi**, *dimanche* (← 日, **nichi**, *soleil* + よう日, **yōbi**, *jour de la semaine*).

• 何よう日, **nanyōbi**, *quel jour de la semaine ?*, doit se prononcer [nann'yo:bi] et non pas [nanyo:bi] puisqu'il est composé de 何, **nan** [nann], *quel ?*, et de よう日, **yōbi**, *jour de la semaine.*

Grammaire

• S'associant avec よう日, **yōbi**, *jour de la semaine*, 何, **nan** (cf. 22B), forme l'expression : 何よう日, **nanyōbi** [nann'yo:bi], *quel jour (de la semaine) ?*

• です, **desu**, et ではありません, **dewa arimasen**, s'emploient sans modification dans une phrase au futur :

あした * は 日よう日 です（ではありません）。
Ashita wa nichiyōbi desu (dewa arimasen).
demain / - / dimanche / ce sera (ce ne sera pas)
Demain nous serons (ne serons pas) dimanche.

***Important** : A la différence du français, le japonais n'emploie pas わたしたち, **watashitachi**, *nous*, pour constituer la phrase.

A 4 TRANSCRIPTION ET TRADUCTION

1. doyōbi *samedi* 2. nichiyōbi *dimanche*
3. getsuyōbi *lundi*
4. Ashita wa nanyōbi desu ka. *Quel jour serons-nous demain ?*
5. Doyōbi desu. *Nous serons samedi.*
6. Ashita wa getsuyōbi dewa arimasen.
Demain nous ne serons pas lundi.
7. Kyō wa nichiyōbi desu ka.
Aujourd'hui, sommes-nous dimanche?
8. Iie, kyō wa nichiyōbi dewa arimasen.
Non, nous ne sommes pas dimanche aujourd'hui.

23 きのう　は　水よう日　でした。
Kinō wa suiyōbi deshita.

B 1 PRÉSENTATION

■ Kanji, idéogramme d'origine chinoise :

kanji	lecture en hiragana	prononciation	signification
火	か	[ka]	*feu*
水	すい	[souï]	*eau*
木	もく	[mokou]	*arbre(s)*

■ Vocabulaire :

火よう日	kayōbi		*mardi*
水よう日	suiyōbi	[souïyo:bi]	*mercredi*
木よう日	mokuyōbi	[mokouyo:bi]	*jeudi*
おととい	ototoi	[ototoï]	*avant-hier*

■ きのう　は　水よう日　でした。
Kinō　wa suiyōbi　deshita.
hier / - / mercredi / c'était
Hier nous étions mercredi. (Hier, c'était mercredi.)

B 2 APPLICATION

1. 火よう日　2. 水よう日　3. 木よう日

4. きのう　は　何よう日　でした　か。

5. 木よう日　でした。

6. おととい　は　火よう日　でした　か。

7. いいえ，火よう日　ではありませんでした。

8. きのう　は　水よう日　でした　か。

9. はい，　水よう日　でした。

B 3 REMARQUES

■ Grammaire

• です , **desu**, et ではありません , **dewa arimasen**, peuvent indiquer non seulement le présent mais aussi le futur (cf 23A3).

Par contre, quand il s'agit du passé, でした , **deshita**, et ではありませんでした , **dewa arimasendeshita**, les remplacent respectivement.

きのう は 水よう日 でした。
Kinō wa suiyōbi deshita.
hier / - / mercredi / c'était
*Hier *nous étions mercredi.*

おととい は 木よう日 ではありませんでした。
Ototoi wa mokuyōbi dewa arimasendeshita.
avant-hier / - / jeudi / ce n'était pas
*Avant-hier *nous n'étions pas jeudi.*

* Rappel : on ne trouve pas l'équivalent de *nous* dans les phrases japonaises.

B 4 TRANSCRIPTION ET TRADUCTION

1. kayōbi *mardi* 2. suiyōbi *mercredi*
3. mokuyōbi *jeudi*
4. Kinō wa nanyōbi deshita ka.
   Quel jour étions-nous hier ?
5. Mokuyōbi deshita. *Nous étions jeudi.*
6. Ototoi wa kayōbi deshita ka.
   Avant-hier, étions-nous mardi ?
7. Iie, kayōbi dewa arimasendeshita.
   Non, nous n'étions pas mardi.
8. Kinō wa suiyōbi deshita ka.
   Hier, étions-nous mercredi ?
9. Hai, suiyōbi deshita.
   Oui, nous étions mercredi.

23 C 1 Exercices

A. Traduisez en français.

1. きょう　は　木よう日　です。
2. きのう　は　月よう日　でした　か。
3. いいえ，　火よう日　でした。
4. あした　は　何よう日　です　か。
5. 土よう日　です。

B. Traduisez en japonais

1. *Hier, nous étions dimanche.*
2. *Quel jour serons-nous demain ?*
3. *Demain, nous serons mardi.*
4. *Sommes-nous jeudi aujourd'hui ?*
5. *Oui, nous sommes jeudi.*
6. *Demain, nous ne serons pas mercredi.*

C 2 CORRIGÉ

A. 1. *Nous sommes jeudi aujourd'hui.*
2. *Hier, étions-nous lundi ?*
3. *Non, nous étions mardi.*
4. *Quel jour serons-nous demain ?*
5. *Nous serons samedi.*

B. 1. きのう　は　日よう日　でした。
2. あした　は　何よう日　です　か。
3. あした　は　火よう日　です。
4. きょう　は　木よう日　です　か。
5. はい，　木よう日　です。
6. あした　は　水よう日　ではありません。

■ Miscellanées : **cadre géographique**

Le Japon est un archipel de plus de 3400 îles s'étendant sur 2.500 km, pour une superficie de 370.000 km².

Ce pays est composé à 75 % de montagnes : il y a 265 volcans dont une vingtaine sont encore actifs. Ce fut le cas pour le volcan Unzen qui s'est réveillé en juin 1991.

La forêt couvre 68 % du territoire, tandis que les plaines en occupent seulement 16 %. Environ 120 millions d'habitants vivent donc sur un peu plus du cinquième de leur territoire.

23 C 3 ÉCRITURE : KANJI

kanji		ordre des traits
土	と [do]	
日	にち [nitchi] び [bi]	
月	げつ [guétsou]	
火	か [ka]	
水	すい [souï]	
木	もく [mokou]	

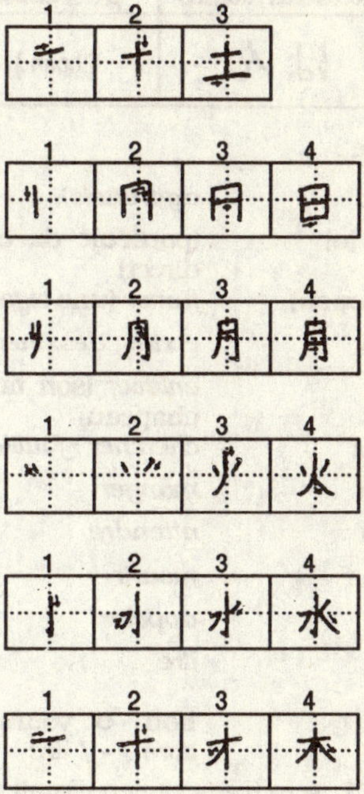

C 4 EXERCEZ-VOUS

土	火
日	水
月	木

24 本 を よむ Hon o yomu

A 1 PRÉSENTATION

■ Kanji, idéogramme d'origine chinoise :

kanji	lecture en hiragana	prononciation	signification
本	ほん	[honn]	*livre(s)* (cf. 3A1)

■ Vocabulaire :

タバコ	tabako	*cigarette(s)*
を	*o (wo) [o]	(particule de complément d'objet direct)
すう	suu [souou]	*fumer* (une cigarette)
かく	kaku	*écrire ; dessiner*
ぬぐ	nugu	*enlever* (son manteau) ; *ôter* (son chapeau)
さがす	sagasu	*chercher ; fouiller*
たべる	taberu	*manger*
まつ	matsu	*attendre*
しぬ	shinu	*mourir*
よぶ	yobu	*appeler*
よむ	yomu	*lire*

■ 本 を よむ　　**hon *o yomu**　*lire un livre*
livre / - / lire

* La particule を sera transcrite en rōmaji par **o** et non pas par **wo**, pour l'accorder avec sa prononciation [o] (cf. 10A).

A 2 APPLICATION

1. タバコ を すう　2. てがみ を かく

3. くつした を ぬぐ

4. しずか な ホテル を さがす

5. でんしゃ を まつ

6. タクシー を よぶ　7. チーズ を たべる

8. おもしろい 本 を よむ

A 3 REMARQUES

■ Grammaire

• En japonais, il y a 9 terminaisons qui marquent l'infinitif des verbes :

9 terminaisons :

1.	う	, u	:	す	う	, su	u	*fumer*
2.	く	, ku	:	か	く	, ka	ku	*écrire*
3.	ぐ	, gu	:	ぬ	ぐ	, nu	gu	*enlever*
4.	す	, su	:	さが	す	, saga	su	*chercher*
5.	つ	, tsu	:	ま	つ	, ma	tsu	*attendre*
6.	ぬ	, nu	:	し	ぬ	, shi	nu	*mourir*
7.	ぶ	, bu	:	よ	ぶ	, yo	bu	*appeler*
8.	む	, mu	:	よ	む	, yo	mu	*lire*
9.	る	ru	:	たべ	る	, tabe	ru	*manger*

• La syllabe を **o** (wo), ne s'associe jamais avec d'autres syllabes pour former un mot : elle ne sert que comme particule dont un des rôles est d'indiquer que le mot qui la précède est le complément d'objet direct d'un verbe :

本 を よむ	*lire un livre*
hon **o** yomu	*livre / - / lire*

Remarques :

- 本, **hon**, *livre*, est le complément d'objet direct du verbe *lire*, puisqu'il est suivi de を, **o** (wo).
- Le complément d'objet direct, suivi de を, **o** (wo), se place toujours devant le verbe.
- La particule を, **o** (wo), n'est pas traduite en français.

A 4 TRANSCRIPTION ET TRADUCTION

1.	tabako o suu	*fumer une cigarrette*
2.	tegami o kaku	*écrire des lettres*
3.	kutsushita o nugu	*enlever ses chaussettes*
4.	shizuka na hoteru o sagasu	*chercher un hôtel calme*
5.	densha o matsu	*attendre le train*
6.	takushī o yobu	*appeler un taxi*
7.	chīzu o taberu	*manger du fromage*
8.	omoshiroi hon o yomu	*lire un livre intéressant*

B 1 PRÉSENTATION

■ **Kanji, idéogramme d'origine chinoise** :

kanji	lecture en hiragana	prononciation	signification
人	ひと	[hito]	*personne(s) ; gens*
車	くるま	[kourouma]	*voiture(s)* (cf. 4B1)

■ **Vocabulaire** :

かう	**kau [kaou]**	*acheter*
きく	**kiku**	*écouter*
えらぶ	**erabu**	*choisir*
のむ	**nomu**	*boire*
とる	**toru**	*prendre*
うる	**uru**	*vendre*
みる	**miru**	*regarder ; voir*
あける	**akeru**	*ouvrir*
しめる	**shimeru**	*fermer*
まど	**mado**	*fenêtre(s)*

■ かれ　は　車　を　かう。 *Il achète une voiture.*
Kare wa kuruma o kau.
lui / - / voiture / - / acheter

B 2 APPLICATION

1. わたし　は　ラジオ　を　きく。
2. かれら　は　しゃしん　を　とる。
3. わたしたち　は　この　人　を　えらぶ。
4. あの　人　は　コーヒー　を　のむ。
5. かのじょ　は　テレビ　を　みる。
6. あなたたち　は　ふるい　車　を　うる。
7. かれ　は　まど　を　あける。
8. あなた　は　まど　を　しめる。

B 3 REMARQUES

■ Prononciation et transcription

• La particule を, prononcée [o], se transcrit en **rōmaji** par **o** et non pas par **wo**.

■ Grammaire

• le japonais peut employer l'infinitif pour faire une phrase affirmative au présent : cette dernière est cependant une **forme neutre** qui ne comporte aucune notion de politesse (cf. 25 A3).

かれ は 車 を かう。 — *Il achète une voiture.*
Kare wa kuruma o kau.
lui / - / voiture / - / acheter

Remarques :

1. Le japonais place toujours les verbes à la fin de la phrase.
2. Rappel : le complément d'objet direct, suivi de la particule を, **o**, se trouve devant le verbe.

• Les verbes japonais ne varient ni en personne, ni en nombre :

わたし は ラジオ を きく。 — *J'écoute la radio.*
Watashi wa rajio o kiku — *moi / - / radio / - / écouter*

かれら は ラジオ を きく。 — *Ils écoutent la radio.*
Karera wa rajio o kiku — *eux / - / radio / - / écouter*

B 4 TRANSCRIPTION ET TRADUCTION

1. Watashi wa rajio o kiku. *J'écoute la radio.*
2. Karera wa shashin o toru. *Ils prennent des photos.*
3. Watashitachi wa kono hito o erabu. *Nous choisissons cette personne-ci.*
4. Ano hito wa kōhī o nomu. *Cette personne là-bas boit du café.*
5. Kanodjo wa terebi o miru. *Elle regarde la télé.*
6. Anatatachi wa furui kuruma o uru. *Vous vendez une vieille voiture.*
7. Kare wa mado o akeru. *Il ouvre une fenêtre.*
8. Anata wa mado o shimeru. *Tu fermes une fenêtre.*

C1 Exercices

A. Traduisez en français.

1. わたし　は　田中さん　と　山田さん　を　よぶ。
2. 人　は　しぬ。
3. かれら　は　いい　車　を　えらぶ。
4. かのじょたち　は　ワイン　や　オレンジジュース　を　のむ。
5. かれ　は　ふく　を　ぬぐ。
6. あなた　は　あかい　マフラー　を　かう。

B. Traduisez en japonais.

1. *J'ouvre une fenêtre.*
2. *Monsieur Tanaka fume une cigarette.*
3. *Ils mangent des pâtisseries.*
4. *Mademoiselle Yamada lit un livre intéressant.*
5. *Elle cherche un appartement bon marché.*
6. *Nous écoutons la radio.*

C 2 CORRIGÉ

A. 1. *J'appelle Mme Tanaka et M. Yamada*
2. *Les gens meurent.*
3. *Ils choisissent une bonne voiture.*
4. *Elles boivent du vin et du jus d'orange (entre autres).*
5. *Il enlève ses (les) vêtements. (Il se déshabille.)*
6. *Tu achètes un cache-nez rouge.*

B. 1. わたし　は　まど　を　あける。
2. 田中さん　は　タバコ　を　すう。
3. かれら　は　ケーキ　を　たべる。
4. 山田さん　は　おもしろい　本　を　よむ。
5. かのじょ　は　やすい　アパート　を　さがす。
6. わたしたち　は　ラジオ　を　きく。

■ **Miscellanées : てんぷら, tenpura**

てんぷら, tenpura, est un plat japonais très populaire d'origine portugaise. Composé soit de poisson, soit de légumes frits sous forme de beignets, il fut introduit par les missionnaires jésuites au XIVe siècle ; le mot dérive de l'expression latine *tempora paenitentiae* (temps de pénitence prescrit par l'Eglise, au cours duquel les chrétiens devaient s'abstenir de manger de la viande).

24 C 3 ÉCRITURE : KANJI

kanji ▼ ordre des traits ▼

ほん [honn]

本

ひと [hito]

人

くるま [kourouma]

車

C 4 EXERCEZ-VOUS

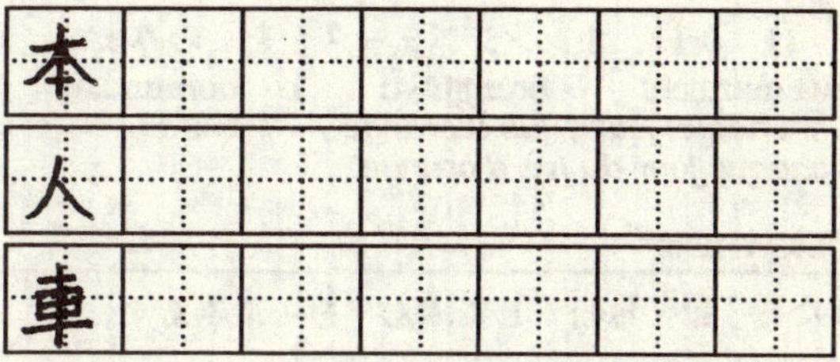

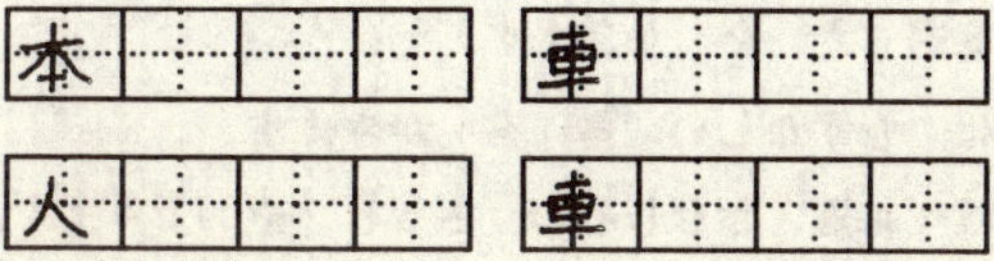

25 かのじょ は 毎日 オレンジジュース を のみます。
Kanojo wa mainichi orenjijūsu o nomimasu.

A 1 PRÉSENTATION

■ Kanji, idéogramme d'origine chinoise :

kanji	lecture en hiragana	prononciation	signification
毎	まい	[maï]	*chaque* (préfixe)
週	しゅう	[shou:]	*semaine(s)*

■ Vocabulaire

毎日	mainichi [maïnitchi]	*chaque jour ; tous les jours*
毎週	maishū [maïshou:]	*chaque semaine*
おんがく	ongaku	*musique(s)*
ます	masu *[mass]	(mot de politesse)
よみます	yomimasu [yomimass]	*lire* (cf. 24A1)
のみます	nomimasu [nomimass]	*boire* (cf. 24B1)
かきます	kakimasu [kakimass]	*écrire ; dessiner* (cf. 24A1)
ききます	kikimasu [kikimass]	*écouter* (cf. 24B1)

*ます, **masu**, se dit lentement [ma sou] ; dans la pratique, il se prononce plutôt [mass].

■ かのじょ は 毎日 オレンジジュース を のみます。
Kanojo wa mainichi orenjijūsu o nomimasu.
elle / - / chaque jour / jus d'orange / - / boire
Elle boit chaque jour du jus d'orange.

A 2 APPLICATION

1. かのじょたち は 毎日 しんぶん を よみます。
2. わたしたち は 毎日 おいしい おちゃ を のみます。
3. かれ は 毎週 え を かきます。
4. 田中さん は むずかしい 本 を かきます。
5. かのじょ は 毎週 おもしろい ざっし を よみます。
6. わたし は 毎日 すき な おんがく を ききます。

25 Elle boit chaque jour du jus d'orange.

A 3 REMARQUES

■ La courtoisie japonaise et l'emploi de ます, **masu** [mass] :

• Bien qu'elle soit très complexe, la courtoisie doit se faire sentir dans une conversation en japonais. Pour cela, le moyen le plus simple et courant est d'introduire le mot de politesse ます, **masu** [mass], dans une phrase.

■ Grammaire

• Dans la leçon 24B nous avons vu la formation d'une phrase affirmative au présent avec l'infinitif. Le mot de politesse ます, **masu**, s'attache directement à cet infinitif présent en modifiant sa terminaison, mais sans modifier son sens :

terminaison d'origine	terminaison devant ます, masu	exemple		
く ku	き ki	かく → kaku	かきます kakimasu	*écrire*
む mu	み mi	のむ → nomu	のみます nomimasu	*boire*

forme neutre : かれ　は　てがみ　を　かく。 *Il écrit une lettre.*
Kare wa tegami o kaku.
lui / - / lettre / - / écrire

forme polie : かれ　は　てがみ　を　かきます。*Il écrit une lettre.*
Kare wa tegami o kakimasu.
lui / - / lettre / - / écrire

• Les verbes associés à ます, **masu**, ne varient ni en personne, ni en nombre.

A 4 TRANSCRIPTION ET TRADUCTION

1. Kanojotachi wa mainichi shinbun o yomimasu.
Elles lisent chaque jour un journal.
2. Watashitachi wa mainichi oishii ocha o nomimasu.
Nous buvons du bon thé tous les jours.
3. Kare wa maishū e o kakimasu.
Il fait un dessin (dessine) chaque semaine.
4. Tanaka-san wa muzukashii hon o kakimasu.
M. (Mlle ; Mme) Tanaka écrit un livre difficile.
5. Kanojo wa maishū omoshiroi zasshi o yomimasu.
Elle lit chaque semaine une revue intéressante.
6. Watashi wa mainichi suki na ongaku o kikimasu.
J'écoute tous les jours ma musique préférée.

25 あなた の 友だち は タバコ を すいます か。
Anata no tomodachi wa tabako o suimasu ka.

B 1 PRÉSENTATION

■ <u>Kanji, idéogramme d'origine chinoise</u> :

kanji	lecture en hiragana	prononciation	signification
友	とも	[tomo]	*ami(e/s/es)*

■ <u>Vocabulaire</u> :

友だち	**tomodachi**	*ami(e/s/es)*
いしゃ	**isha**	*médecin(s)*
すいます	**suimasu [souïmass]**	*fumer* (cf. 24A1)
かいます	**kaimasu [kaïmass]**	*acheter* (cf. 24B1)
ぬぎます	**nugimasu [nouguimass]**	*enlever* (cf. 24A1)
さがします	**sagashimasu [sagashimass]**	*chercher* (cf. 24A1)
まちます	**machimasu [matchimass]**	*attendre* (cf. 24A1)
しにます	**shinimasu [shinimass]**	*mourir* (cf. 24A1)
よびます	**yobimasu [yobimass]**	*appeler* (cf. 24A1)

■ あなた の 友だち は タバコ を すいます か。
Anata no tomodachi wa tabako o suimasu ka.
toi /de / ami(e) /- / cigarette / - / fumer /?
Est-ce que ton ami(e) fume une cigarette ?
(ou *Est-ce que tes amie(s) fument une cigarette ?*)

B 2 APPLICATION

1. 山田さん は あたらしい ステレオ を かいます。
2. わたし の 友だち は やすい アパート を さがします。
3. あなた も タバコ を すいます か。
4. はい， わたし も タバコ を すいます。
5. かのじょ は コート を ぬぎます。
6. かれら は エレーヌさん を まちます か。
7. 人 は しにます。
8. ピエール は いい いしゃ を よびます。

B 3 REMARQUES

■ Synonyme : 友 , **tomo**, *ami*, est un synonyme de 友だち , **tomodachi**, *ami* ; l'emploi de ce dernier est cependant plus courant.

■ Grammaire (suite du tableau présenté en A3 de cette leçon)

terminaison d'origine	terminaison devant ます, masu	exemple			
う u	い i	かう kau	→	かいます kaimasu	*acheter*
ぐ gu	ぎ gi	ぬぐ nugu	→	ぬぎます nugimasu	*enlever*
す su	し shi	さがす sagasu	→	さがします sagashimasu	*chercher*
つ tsu	ち chi	まつ matsu	→	まちます machimasu	*attendre*
ぬ nu	に ni	しぬ shinu	→	しにます shinimasu	*mourir*
ぶ bu	び bi	よぶ yobu	→	よびます yobimasu	*appeler*

Remarques :

1. Les terminaisons de l'infinitif sont des syllabes en **u**.
2. Ces syllabes se transforment en syllabes en **i** devant ます , **masu**.

B 4 TRANSCRIPTION ET TRADUCTION

1. Yamada-san wa atarashii sutereo o kaimasu.
   M. (Mme ; Mlle) Yamada achète une nouvelle stéréo.
2. Watashi no tomodachi wa yasui apāto o sagashimasu.
   Mon (Mes) ami(e/s/es) cherche(nt) un appartement bon marché.
3. Anata mo tabako o suimasu ka.
   Est-ce que tu fumes aussi une cigarette ?
4. Hai, watashi mo tabako o suimasu.
   Oui, je fume aussi une cigarette.
5. Kanojo wa kōto o nugimasu. *Elle enlève son manteau.*
6. Karera wa Erēnu-san o machimasu ka.
   Est-ce qu'ils attendent Hélène ?
7. Hito wa shinimasu. *Les gens meurent.*
8. Piēru wa ii isha o yobimasu. *Pierre appelle un bon médecin.*

25 C1 Exercices

A. Indiquez la forme d'origine de l'infinitif des verbes suivants. Traduisez-les ensuite en français.

1. よみます 2. かきます 3. すいます

4. ぬぎます 5. しにます 6. まちます

7. さがします 8. よびます

B. Traduisez en français.

1. かれ の 友だち は あたらしい つくえ を かいます
2. わたし は 毎日 ミルク を のみます。
3. 田中さん は 毎週 てがみ を かきます。
4. かのじょ は 山田さん の うち を さがします。

C. Traduisez en japonais. (Utilisez la forme polie).

1. *Nous écoutons tous les jours la radio.*
2. *Mademoiselle Yamada lit tous les jours son (le) livre préféré.*
3. *Il enlève son chapeau.*
4. *Elles attendent des amis.*

C 2 CORRIGÉ

A. 1. よむ *lire* 2. かく *écrire* 3. すう *fumer*

4. ぬぐ *enlever* 5. しぬ *mourir* 6. まつ *attendre*

7. さがす *chercher* 8. よぶ *appeler*

B. 1. *Son ami achète un nouveau bureau.*
2. *Je bois chaque jour du lait.*
3. *Monsieur Tanaka écrit chaque semaine des lettres.*
4. *Elle cherche la maison de Madame Yamada.*

C. 1. わたしたち は 毎日 ラジオ を ききます。
2. 山田さん は 毎日 すき な 本 を よみます。
3. かれ は ぼうし を ぬぎます。
4. かのじょたち は 友だち を まちます。

■ Miscellanées : のみもの, **nomimono**, *boissons*

Les boissons (のみもの, monimono) servies dans les buvettes de quartier (のみや, nomiya) aux salariés sortant des bureaux, sont un des régulateurs de la vie professionnelle japonaise. Vider un verre avec ses compagnons de travail permet aussi de vider son cœur. On est censé parler sous l'empire de l'alcool et le lendemain matin, chacun aura tout "oublié".

C 3 ÉCRITURE : KANJI

kanji ▼ ordre des traits ▼

まい [mai]

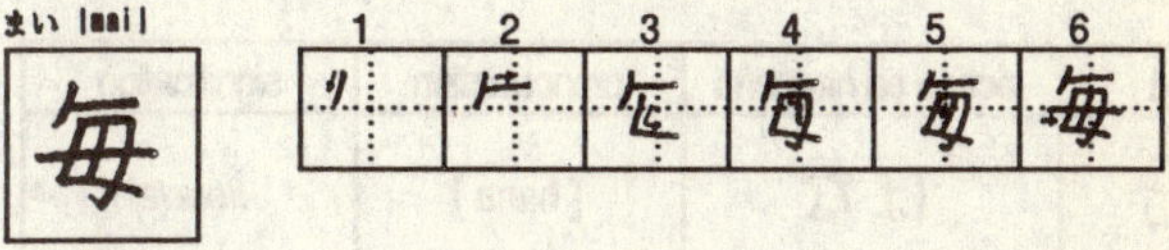

しゅう [shou:]

とも [tomo]

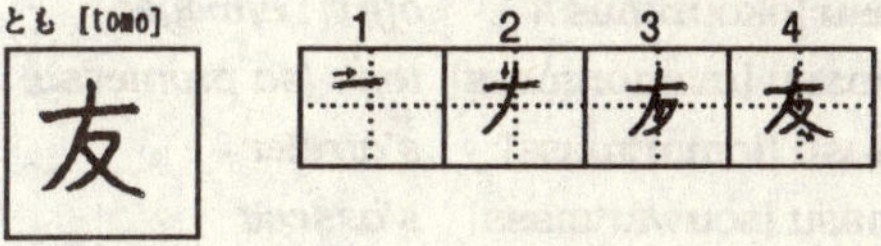

C 4 EXERCEZ-VOUS

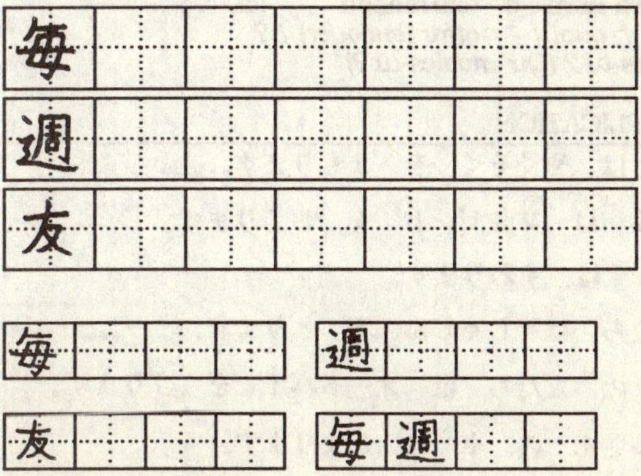

26 わたし は 花 を おくります。
Watashi wa hana o okurimasu.

A 1 PRÉSENTATION

■ Kanji, idéogramme d'origine chinoise :

kanji	lecture en hiragana	prononciation	signification
花	はな	[hana]	*fleur(s)*
何	なん なに	[nann] [nani]	*que ? ; quel ?* (cf. 22B1)

■ Vocabulaire :

プレゼント	purezento	*cadeau(x)*
やくそく	yakusoku [yakoussokou]	*promesse ; rendez-vous*
おくります	okurimasu [okourimass]	*offrir ; envoyer*
まもります	mamorimasu [mamorimass]	*tenir (sa promesse)*
とまります	tomarimasu [tomarimass]	*s'arrêter*
すわります	suwarimasu [souwarimass]	*s'asseoir*
うります	urimasu [ourimass]	*vendre* (cf. 24A1)
とります	torimasu [torimass]	*prendre* (cf. 24B1)

■ あなた は 何 を おくります か。
Anata wa nani o okurimasu ka.
toi / - / quoi / - / offrir (envoyer) / ?
Qu'offres-tu ? (Qu'envoies-tu ?)

A 2 APPLICATION

1. かれら は やくそく を まもります。
2. 山田さん は プレゼント を おくります。
3. かのじょ は すわります。
4. わたしたち は しゃしん を とります。
5. わたし の 友だち は オートバイ を うります。
6. ピエールさん の 車 は とまります。
7. わたし は 花 を おくります。

26 J'offre des fleurs.

A 3 REMARQUES

■ Prononciation

• 何 doit se prononcer [nani] quand il est suivi de la particule を, **o**.

あなた は 何 を おくります か。 *Qu'offres(envoies)-tu ?*
Anata wa **nani** o okurimasu ka.
toi / - / que / - / offrir (envoyer) / ?

Par contre, il se dit [nann] devant です, **desu**, 時, **ji**, ou よう日, **yōbi** (cf. 14A, 22B, 23A).

■ Grammaire : la terminaison る, **ru**, (1)

• La terminaison る, **ru**, de l'infinitif devient り, **ri**, devant ます, **masu**, si la syllabe, qui la précède, est une syllabe en **a**, en **o**, ou en **u** :

syllabe en a/o/u

す su	わ **wa**	る ru	→	す su	わ **wa**	り **ri**	ます masu	*s'asseoir*
	と **to**	る ru	→		と **to**	り **ri**	ます masu	*prendre*
お o	く **ku**	る ru	→	お o	く **ku**	り **ri**	ます masu	*offrir ;* *envoyer*

A 4 TRANSCRIPTION ET TRADUCTION

1. Karera wa yakusoku o mamorimasu.
   Ils tiennent leurs promesses.
2. Yamada-san wa purezento o okurimasu.
   M. Yamada offre un cadeau.
3. Kanojo wa suwarimasu. *Elle s'assied.*
4. Watashitachi wa shashin o torimasu.
   Nous prenons une photo.
5. Watashi no tomodachi wa ōtobai o urimasu.
   Mon ami vend une moto.
6. Piēru-san no kuruma wa tomarimasu.
   La voiture de Pierre s'arrête.
7. Watashi wa hana o okurimasu. *J'offre des fleurs.*

26 あなた は 朝 何時 に おきます か。
Anata wa asa nanji ni okimasu ka.

B 1 PRÉSENTATION

■ Kanji, idéogramme d'origine chinoise :

kanji	lecture en hiragana	prononciation	signification
朝	あさ	[assa]	*matin* (cf. 4B1)
夜	よる	[yorou]	*nuit ; soir* (cf. 4B1)

■ Vocabulaire :

に	**ni**	*à* (particule de temps)
おきます	**okimasu [okimass]**	*se lever*
ねます	**nemasu [némass]**	*se coucher ; dormir*
でかけます	**dekakemasu [dékakémass]**	*partir ; sortir*
かります	**karimasu [karimass]**	*emprunter ; louer*
たべます	**tabemasu [tabémass]**	*manger* (cf. 24A1)
みます	**mimasu [mimass]**	*regarder* (cf. 24B1)

■ あなた は 朝 何時 に おきます か。
Anata wa asa nanji ni okimasu ka.
toi /-/ matin / quelle heure / à / te lever / ?
A quelle heure te lèves-tu le matin ?

B 2 APPLICATION

1. エレーヌさん は 朝 7時 に おきます。
2. 山田さん は 朝 9時 15分 まえ に でかけます。
3. かのじょたち は 8時 に テレビ を みます。
4. わたし は 毎週 じてんしゃ を かります。
5. あなたたち は 夜 何時 に ねます か。
6. わたしたち は 夜 10時 に ねます。
7. 田中さん は 毎日 ケーキ を たべます。
8. わたし の 友だち は 毎週 えいが を みます。

B 3 REMARQUES

■ Grammaire

• Employée seule, la syllabe に , **ni**, sert de **particule de temps** qui introduit l'heure dans une phrase ; elle se place toujours après l'heure :

かのじょ は 6時 に おきます。 *Elle se lève à 6 heures.*
Kanojo wa rokuji **ni** okimasu.
elle / - / 6 heures / à / se lever

• La particule に , **ni**, n'est jamais utilisée avec 朝 , **asa**, *matin*, 夜 , **yoru**, *soir*, 毎日 , **mainichi**, *chaque jour*, et 毎週 , **maishū**, *chaque semaine*, qui se placent en général immédiatement après la particule は , **wa**.

• La terminaison る , **ru** (2) : la terminaison る , **ru**, de l'infinitif disparaît devant ます , **masu**, si la syllabe, qui la précède, est une **syllabe** soit en **e**, soit en **i** :

syllabe en e/i :

	▼							
た	べ	る	→	た	べ	□	ます	*manger*
ta	**be**	ru		ta	**be**		masu	
お	き	る	→	お	き	□	ます	*se lever*
o	**ki**	ru		o	**ki**		masu	

N.B. Le signe "□" indique la disparition de る , **ru**.

B 4 TRANSCRIPTION ET TRADUCTION

1. Erēnu-san wa asa shichiji ni okimasu.
Hélène se lève le matin à 7 heures.
2. Yamada-san wa asa kuji jūgofun mae ni dekakemasu.
Mlle Yamada part le matin à 9 heures moins le quart.
3. Kanojotachi wa hachiji ni terebi o mimasu.
Elles regardent la télé à 8 heures.
4. Watashi wa maishū jitensha o karimasu.
J'emprunte chaque semaine une bicyclette.
5. Anatatachi wa yoru nanji ni nemasu ka.
A quelle heure vous couchez-vous le soir ?
6. Watashitachi wa yoru jūji ni nemasu.
Nous nous couchons le soir à 10 heures.
7. Tanaka-san wa mainichi kēki o tabemasu.
M. Tanaka mange tous les jours un gâteau.
8. *Watashi no tomodachi wa maishū eiga o mimasu.*
Mes amis voient un film chaque semaine.

26 C1 Exercices

A. Indiquez la forme d'origine de l'infinitif des verbes suivants. Traduisez-les ensuite en français.

1. おくります　2. とまります　3. たべます
4. とります　5. まもります　6. かります
7. でかけます　8. うります　9. みます
10. すわります

B. Traduisez en français.

1. 田中さん　は　車　を　うります。
2. わたし　は　朝　10時　15分　に　でかけます。
3. かれ　は　やくそく　を　まもります。
4. かのじょ　は　何　を　たべます　か。

C. Traduisez en japonais. (Utilisez la forme polie.)

1. *Le soir, il se couche à 11 heures.*
2. *Mlle Tanaka emprunte une voiture noire.*
3. *Elle offre des fleurs rouges.*
4. *Mme Yamada prend de belles photos.*

C 2 CORRIGÉ

A.

1. おくる	*offrir/envoyer*	2. とまる	*s'arrêter*
3. たべる	*manger*	4. とる	*prendre*
5. まもる	*tenir (sa promesse)*	6. かりる	*emprunter*
7. でかける	*partir*	8. うる	*vendre*
9. みる	*voir/regarder*	10. すわる	*s'asseoir*

B. 1. *M. Tanaka vend des voitures.*
2. *Je pars le matin à 10 heures et quart.*
3. *Il tient sa (la) promesse.* 4. *Que mange-t-elle ?*

C. 1. かれ　は　夜　11時　に　ねます。
2. 田中さん　は　くろい　車　を　かります。
3. かのじょ　は　あかい　花　を　おくります。
4. 山田さん　は　きれい　な　しゃしん　を　とります。

■ Miscellanées : さけ　, **sake**

さけ　, sake, est un alcool de riz fermenté au malt titrant de 15° à 16°. On le sert tiède dans de petites fioles à col étroit, tenues au bain-marie. On le boit dans des coupes de porcelaines proches de nos coquetiers. Le sake se conserve mal au-delà de deux ans.

C 3 ÉCRITURE : KANJI

kanji ▼ — ordre des traits ▼

はな [hana]

花

あさ [assa]

朝

よる [yorou]

夜

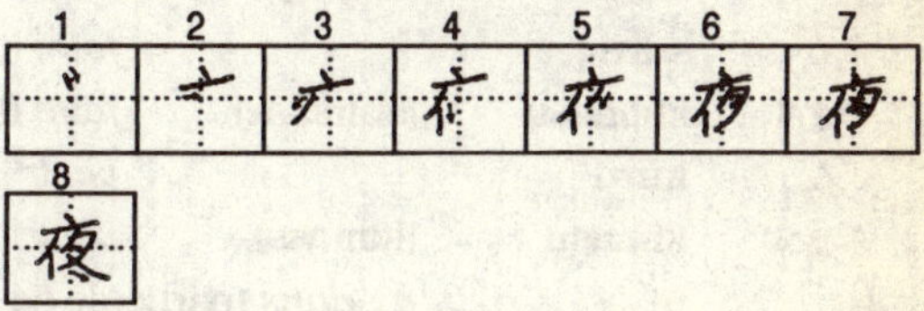

C 4 EXERCEZ-VOUS

花

朝

夜

花

朝

夜

27 かれら　は　わたし　の　家　に　きます。
Karera wa watashi no ie ni kimasu.

A 1 PRÉSENTATION

■ Kanji, idéogramme d'origine chinoise :

kanji	lecture en hiragana	prononciation	signification
家	いえ	[ié]	*maison(s)*

■ Vocabulaire :

テニス	tenisu	[téniss]	*tennis*
スキー	sukī	[ski:]	*ski*
スケート	sukēto	[ské:to]	*patinage (sur glace)*
ダンス	dansu	[dannss]	*danse* (cf. 20B3/4)
すいえい	suiei	[souiéï]	*natation*
する	suru		*faire* (infinitif)
します	shimasu	[shimass]	*faire* (forme polie)
くる	kuru		*venir* (infinitif)
きます	kimasu	[kimass]	*venir* (forme polie)
に	ni	*à ; dans* (particule de destination)	

■ かれら　は　わたし　の　家　に　きます。
Karera wa watashi no ie ni kimasu.
eux /- / moi / de / maison / à / venir
Ils viennent chez moi (à ma maison).

A 2 APPLICATION

1. かのじょたち　は　テニス　を　します。
2. かれら　は　スキー　を　します。
3. わたしたち　は　スケート　を　する。
4. あなたたち　も　スケート　を　します。
5. ピエール　は　すいえい　を　する。
6. あの人　は　ダンス　を　します。
7. エレーヌ　は　あなた　の　家　に　くる。

A 3 REMARQUES

Grammaire

• En japonais, il y a deux verbes irréguliers : する , **suru**, *faire*, et くる , **kuru**, *venir*. Voici la transformation de ces deux verbes devant le mot de politesse ます , **masu** :

infinitif
▼

faire :	する **suru**	+	ます masu	→	し **shi**	ます masu
venir :	くる **kuru**	+	ます masu	→	き **ki**	ます masu

Remarque : la transformation ne porte pas seulement sur la terminaison る , **ru**, mais sur tout le verbe.

• Dans la leçon 26B le rôle de la particule に , **ni**, était d'introduire l'heure dans une phrase.
Cette même particule s'emploie dans cette leçon comme **particule de destination** qui désigne le lieu où on se rend :

エレーヌ は あなた の 家 *に きます。
Erēnu wa anata no ie **ni** kimasu.
Hélène / - / toi / de / maison / à / venir
Hélène vient chez toi (à ta maison).

*__Important__ : la particule に , **ni**, se place toujours après le mot auquel elle se rapporte : あなた の 家 , **anata no ie**, *ta maison.*

A 4 TRANSCRIPTION ET TRADUCTION

1. Kanojotachi wa tenisu o shimasu. (forme polie)
   Elles font du (jouent au) tennis.
2. Karera wa sukī o shimasu. (forme polie)
   Ils font du ski.
3. Watashitachi wa sukēto o suru. (forme neutre)
   Nous faisons du patin.
4. Anatatachi mo sukēto o shimasu. (forme polie)
   Vous faites aussi du patin.
5. Piēru wa suiei o suru. (forme neutre)
   Pierre fait de la natation.
6. Ano hito wa dansu o shimasu. (forme polie)
   Cette personne là-bas danse.
7. Erēnu wa anata no ie ni kuru. (forme neutre)
   Hélène vient chez toi.

27 わたし は かのじょ に 電話します。
Watashi wa kanojo ni denwashimasu.

B 1 PRÉSENTATION

■ Kanji, idéogramme d'origine chinoise :

kanji	lecture en hiragana	prononciation	signification
電	でん	[dénn]	*électricité*
話	わ	[wa]	*parole*

■ Vocabulaire :

電話	denwa [dénnwa]	*téléphone*
電話する	denwasuru	*téléphoner*
しつもん	shitsumon	*question(s)*
しつもんする	shitsumonsuru	*questionner*
せつめい	setsumei [sétsouméï]	*explication*
せつめいする	setsumeisuru	*expliquer*
しょうかい	shōkai [sho:kaï]	*présentation*
しょうかいする	shōkaisuru	*présenter*
やくそくする	yakusokusuru	*promettre* (cf. 26A1)

■ わたし は かのじょ に 電話します。*Je lui téléphone.*
Watashi wa kanojo ni denwashimasu.
moi /- / elle / à / téléphoner

B 2 APPLICATION

1. かれら は わたし に しつもんします。
2. かれ は 田中さん に 電話します。
3. わたしたち は かのじょたち に やくそくします。
4. かれ は その もんだい を わたし に せつめいします。
5. かのじょ は あなた に この もんだい を せつめいします。

B 3 REMARQUES

Grammaire

• En s'attachant à un nom, le verbe する, **suru**, *faire*, contribue souvent à la création d'un nouveau verbe :

電話	+ する →	電話する
denwa	suru	denwasuru
téléphone / faire		*téléphoner*

• する, **suru**, dans ce nouveau verbe doit se transformer en し, **shi**, quand il s'associe à ます, **masu**.

電話	する	+	ます	→	電話	し	ます	*téléphoner*
denwa	suru		masu		denwa	shi	masu	

• La particule に, **ni**, s'emploie aussi pour indiquer la (les) personne(s) à qui on s'adresse : elle se place immédiatement après le mot auquel elle se rapporte.

ex.: *Je te le présente* :

わたし は *かれ を あなた に しょうかいします。
Watashi wa kare o anata ni shōkaishimasu.
moi /- / lui / - / toi /à / présenter

わたし は あなた に *かれ を しょうかいします。
Watashi wa anata ni kare o shōkaishimasu.
moi /- / toi / à / lui /- / présenter

*__Remarque__ : il est possible de placer かれ を, **kare o**, complément d'objet direct, après あなた に, **anata ni**.

B 4 TRANSCRIPTION ET TRADUCTION

1. Karera wa watashi ni shitsumonshimasu.
   Ils me questionnent ou *Ils me posent des questions.*
2. Kare wa Tanaka-san ni denwashimasu.
   Il téléphone à Mme Tanaka.
3. Watashitachi wa kanojotachi ni yakusokushimasu.
   Nous leur promettons.
4. Kare wa sono mondai o watashi ni setsumeishimasu.
   Il m'explique ce problème-là.
5. Kanojo wa anata ni kono mondai o setsumeishimasu.
   Elle t'explique ce problème-ci.

27 C1 Exercices

A. Indiquez la forme d'origine de l'infinitif des verbes suivants. Traduisez-les ensuite en français.

1. します　　2. きます　　3. やくそくします

B. Traduisez en français.

1. ピエールさん　は　毎日　すいえい　を　します。
2. 山田さん　は　きょう　の　夜　エレーヌさん　に　電話します。
3. かれ　は　9時　15分　まえ　に　きます。
4. わたしたち　は　かれ　に　この　もんだい　を　せつめいします。

C. Traduisez en japonais. (Utilisez la forme polie.)

1. *Eux aussi, ils viennent chez toi (à ta maison).*
2. *Je lui (à elle) présente Mlle Tanaka.*
3. *Il nous pose des questions.*
4. *Elle téléphone tous les jours à M. Yamada.*

C 2　CORRIGÉ

A. 1. する *faire*　2. くる *venir*　3. やくそくする *promettre*

B. 1. *Pierre fait de la natation tous les jours.*
2. *Mlle Yamada téléphone ce soir (le soir d'aujourd'hui) à Hélène.*
3. *Il vient à 9 heures moins le quart.*
4. *Nous lui expliquons ce problème-ci.*

C. 1. かれら　も　あなた　の　家　に　きます。
2. わたし　は　かのじょ　に　田中さん　を　しょうかいします。
3. かれ　は　わたしたち　に　しつもんします。
4. かのじょ　は　毎日　山田さん　に　電話します。

■ Miscellanées : かんぱい !, **Kanpai !**

L'échange des coupes de sake est un acte très sympathique. Les Français crient fort "*Tchin-tchin !*" et c'est à ce moment que nos amis japonais se mettent peut-être à rire ou à baisser la tête d'un air embarrassé. Pourquoi ?

En japonais, *tchin-tchin* signifie en fait "*zizi*". Ce n'est pas méchant, mais il vaut mieux dire " かんぱい , **kanpai**" pour trinquer.

C 3 ÉCRITURE : KANJI

kanji ▼ ordre des traits ▼

いえ [ié]

家

でん [dénn]

電

わ [wa]

話

C 4 EXERCEZ-VOUS

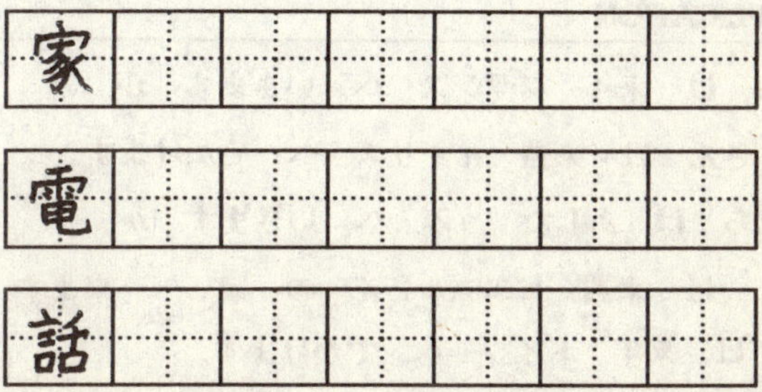

28 あなた は 来年 アメリカ へ いきます か。
Anata wa rainen Amerika e ikimasu ka.

A 1 PRÉSENTATION

■ Kanji, idéogramme d'origine chinoise :

kanji	lecture en hiragana	prononciation	signification
来	く／き らい	[kou] / [ki] [raï]	*venir*
年	ねん	[nénn]	*an(s)*

■ Vocabulaire :

来年 rainen [raïnénn] *l'an prochain*
来週 raishū [raïshou:] *la semaine prochaine*
フランス Furansu [fourannsou] *France*
アメリカ Amerika *Etats-Unis*
ドイツ Doitsu [doïtsou] *Allemagne*
イギリス Igirisu [iguirissou] *Angleterre*
いく iku *aller*
へ e [é] *vers ; à ; en* (particule de destination)

■ あなた は 来年 アメリカ へ いきます か。
Anata wa rainen Amerika e ikimasu ka.
toi /- / l'an prochain / Etats-Unis / à / aller / ?
Iras-tu aux Etats-Unis l'an prochain ?

A 2 APPLICATION

1. 山田さん は 来年 フランス へ いきます か。
2. エレーヌさん は 来週 イギリス へ でかけます。
3. あなたたち は あした うみ へ いきます か。
4. かのじょ は 来週 ピエールさん の 家 へ 来ます。
5. わたし は 来年 ドイツ へ でかけます。
6. かれら は あした の 朝 わたし の 家 へ 来ます。

A 3 REMARQUES

■ Prononciation et transcription

• Le kanji 来 se prononce [kou] quand il est employé comme radical (qui porte l'essentiel du sens) de l'infinitif *venir* : 来る , **kuru**, [kourou] (cf. 27A1). Il se dit cependant [ki] quand il est suivi de ます , **masu**, mot de politesse : 来ます , **kimasu**, [kimass], *venir* (cf. 27A1). Quant à sa troisième prononciation [raï], elle apparaît dans les mots : 来年 , **rainen** [raïnénn], *l'an prochain* ; 来週 , **raishū** [raïshou:], *la semaine prochaine*.

• La syllabe へ , **he**, se prononce [é] et s'écrit en rōmaji, e, quand elle est utilisée comme particule.

■ Grammaire

• La particule へ , **e**, est une **particule de destination** qui peut remplacer la particule に , **ni**, si cette dernière indique le lieu où l'on se rend (cf. 27A1).

わたし は かれ の 家 へ(に) いきます。
Watashi wa kare no ie e (ni) ikimasu.
moi /- / lui / de / maison / à / aller
Je vais chez lui (à sa maison).

• Les verbes associés à ます , **masu**, peuvent s'employer pour faire une phrase au futur :
あなた は 来年 アメリカ へ(に) いきます か。
Anata wa rainen Amerika e (ni) iki**masu** ka.
toi /- / l'an prochain / Etats-Unis / à / aller /?
Iras-tu aux Etats-Unis l'an prochain ?

A 4 TRANSCRIPTION ET TRADUCTION

1. Yamada-san wa rainen Furansu e ikimasu ka.
   Mme Yamada ira-t-elle en France l'an prochain ?
2. Erēnu-san wa raishū Igirisu e dekakemasu.
   Hélène partira en Angleterre la semaine prochaine.
3. Anatatachi wa ashita umi e ikimasu ka.
   Irez-vous à la mer demain ?
4. Kanojo wa raishū Piēru-san no ie e kimasu.
   Elle viendra chez (à la maison de) Pierre la semaine prochaine.
5. Watashi wa rainen Doitsu e dekakemasu.
   Je partirai en Allemagne l'an prochain.
6. Karera wa ashita no asa watashi no ie e kimasu.
   Ils viendront chez moi (à ma maison) demain matin.

28 わたしたち は あまり かのじょ に 会いません。
Watashitachi wa amari kanojo ni aimasen.

B 1 PRÉSENTATION

■ Kanji, idéogramme d'origine chinoise :

kanji	lecture en hiragana	prononciation	signification
会	あ	[a]	*voir rencontrer*

• 会 , **a**, radical du verbe *voir, rencontrer* : 会う , **au**.

■ Vocabulaire :

ふね	**fune**	*bateau(x)*
ちかてつ	**chikatetsu**	*métro(s)*
あまり	**amari**	(ne... pas) *souvent* (cf. 18B1)
ぜんぜん	**zenzen**	(ne... pas) *du tout*
会う	**au**	*voir ; rencontrer*
のる	**noru**	*prendre* (le bus / le train...)
はたらく	**hataraku**	*travailler*
そうじする	**sōjisuru**	*faire le ménage*
ません	**masen**	(forme négative au présent ou au futur de ます , **masu**)

■ わたしたち は あまり かのじょ に 会いません。
Watashitachi wa amari kanojo ni aimasen.
nous / - / *souvent* / *elle* / - / *ne pas voir (rencontrer)*
Nous ne la voyons pas souvent.

B 2 APPLICATION

1. かれ は ぜんぜん はたらきません。
2. 田中さん は あまり ちかてつ に のりません。
3. わたし は ぜんぜん そうじしません。
4. かれら は 来週 山田さん に 会いません。
5. かのじょたち は あまり ふね に のりません。

B 3 REMARQUES

■ Grammaire

• Si l'on remplace ます, **masu**, par ません, **masen** [masséṅn], on obtient la phrase négative au présent ou au futur.

わたし は はたらきません。 *Je ne travaille pas.*
Watashi wa hataraki**masen**.
moi /-/ ne pas travailler

かれ は あした はたらきません。*Il ne travaillera pas demain.*
Kare wa ashita hataraki**masen**.
lui /-/ demain / ne pas travailler

Remarques :

1. La terminaison des verbes devant ません, **masen**, est la même que celle devant ます, **masu**.
2. Les verbes attachés à ません, **masen**, ne varient ni en personne, ni en nombre.

• Les verbes transitifs français ne trouvent pas toujours leur correspondant dans les verbes transitifs japonais, ce qui est le cas pour 会う, **au**, *voir*, et のる, **noru**, *prendre* (le bus...). Ces deux verbes ont besoin de に, **ni**, et non pas de を, **o**, qui indique le complément d'objet direct des verbes transitifs.

わたし は かれ に 会いません。 *Je ne le vois pas.*
Watashi wa kare **ni** aimasen.
moi /-/ lui /-/ ne pas voir

かれ は ふね に のりません。 *Il ne prend pas le bateau.*
Kare wa fune **ni** norimasen.
lui /-/ bateau /-/ ne pas prendre

B 4 TRANSCRIPTION ET TRADUCTION

1. Kare wa zenzen hatarakimasen. *Il ne travaille pas du tout.*
2. Tanaka-san wa amari chikatetsu ni norimasen.
   Monsieur Tanaka ne prend pas souvent le métro.
3. Watashi wa zenzen sōjishimasen.
   Je ne fais pas du tout de ménage.
4. Karera wa raishū Yamada-san ni aimasen.
   Ils ne verront pas Madame Yamada la semaine prochaine.
5. Kanojotachi wa amari fune ni norimasen.
   Elles ne prennent pas souvent le bateau.

28 C1 Exercices

A. Indiquez la forme d'origine de l'infinitif des verbes suivants. Traduisez-les ensuite en français.

1. いきます	2. 会います	3. はたらきます
4. そうじします	5. のります	6. 来ます

B. Traduisez en français.

1. かのじょ は 来年 イギリス へ いきます。
2. わたし は 毎日 そうじしません。
3. わたしたち は あまり ピエールさん に 会いません。
4. かれ は ぜんぜん ワイン を のみません。

C. Traduisez en japonais. (Utilisez la forme polie.)

1. *Mme Tanaka n'ira pas l'an prochain en Allemagne.*
2. *Je ne mange pas du tout de fromage.*
3. *Ils ne travaillent pas beaucoup.*
4. *Elle prend souvent le bateau.*
5. *Nous partirons aux Etats-Unis la semaine prochaine.*

C 2 CORRIGÉ

A.

1. いく	*aller*	2. 会う	*rencontrer; voir*
3. はたらく	*travailler*	4. そうじする	*faire le ménage*
5. のる	*prendre* (un véhicule)	6. 来る	*venir*

B.
1. *Elle ira l'an prochain en Angleterre.*
2. *Je ne fais pas le ménage tous les jours.*
3. *Nous ne voyons pas souvent Pierre.*
4. *Il ne boit pas du tout de vin.*

C.
1. 田中さん は 来年 ドイツ へ いきません。
2. わたし は ぜんぜん チーズ を たべません。
3. かれら は あまり はたらきません。
4. かのじょ は よく ふね に のります。
5. わたしたち は 来週 アメリカ へ でかけます。

■ Miscellanées : **rituel d'entreprise**

ちょうれい , **chōrei, est le rassemblement matinal de tous les membres de l'atelier ou du service. On y indique l'état des ventes et de la production, les objectifs de la journée. On y fait un peu de gymnastique et parfois on chante l'hymne de l'entreprise pour se motiver.**

C 3 ÉCRITURE : KANJI

kanji ▼ ordre des traits ▼

く [kou], き [ki]
らい [rai]

来

ねん [nénn]

年

あ [a]

会

C 4 EXERCEZ-VOUS

来

年

会

来 年

会 来 年

29 かれ は おととい 林さん と しょくじしました。
Kare wa ototoi Hayashi-san to shokujishimashita.

A 1 PRÉSENTATION

■ Kanji, idéogramme d'origine chinoise :

kanji	lecture en hiragana	prononciation	signification
林	はやし	[hayashi]	*bois*
森	もり	[mori]	*forêt*

■ Vocabulaire :

林	Hayashi	*Hayashi* (nom de famille)
森田	Morita	*Morita* (nom de famille)
パーティー	pātī [pa:ti:]	*fête ; soirée*
しょくじ	shokuji	*repas*
しょくじする	shokujisuru	*manger* (verbe intransitif)
けっこん	kekkon [kek'konn]	*mariage*
けっこんする	kekkonsuru	*se marier*
りょこうする	ryokōsuru	*voyager*
あそぶ	asobu [assobou]	*s'amuser*
と	to	*avec* (particule)
ました	mashita [mash'ta]	(forme affirmative au passé de ます , **masu**)

■ かれ は おととい 林さん と しょくじしました。
Kare wa ototoi Hayashi-san to shokujishimashita.
lui / - / avant-hier / Hayashi / Mme / avec / avoir mangé
Avant-hier il a mangé avec Mme Hayashi.

A 2 APPLICATION

1. 林さん は 友だち と りょこうしました。
2. わたしたち は かれら と あそびました。
3. 森田さん は あなたたち と りょこうしました か。
4. かのじょ は 林さん と ダンス を しました。
5. 田中さん は 山田さん と けっこんしました。
6. 森田さん は かれら と パーティー を しました。

A 3 REMARQUES

Prononciation

- Dans la pratique ました, **mashita**, se prononce [mash'ta].

Grammaire

- En remplaçant ます, **masu**, par ました, **mashita**, on obtient la forme affirmative au passé des verbes : la terminaison des verbes devant ました, **mashita**, est la même que celle devant ます, **masu**.

あそびます *s'amuser* → あそびました *s'être amusé*
asobi**masu** → asobi**mashita**

- Les verbes associés à ました, **mashita**, ne varient ni en personne, ni en nombre.

- On a vu dans la leçon 5A la particule と, **to**, *et*, comme particule de liaison entre les noms. Dans cette leçon, elle est employée pour indiquer le partenaire : elle se traduit par *avec*.

わたし は かれ と ダンス を しました。
Watashi wa kare to dansu o shimashita.
moi / - / lui / avec / danse / - / avoir fait
J'ai dansé avec lui.

Remarque : de façon générale, le mot suivi de と, **to**, se place juste après la particule は, **wa**.

- L'expression しょくじする, **shokujisuru**, correspond au verbe intransitif *manger*, tandis que たべる, **taberu** (cf. 24A1), s'emploie dans le même sens pour le verbe transitif.

A 4 TRANSCRIPTION ET TRADUCTION

1. Hayashi-san wa tomodachi to ryokōshimashita.
   Mlle Hayashi a voyagé avec des amis.
2. Watashitachi wa karera to asobimashita.
   Nous nous sommes amusés avec eux.
3. Morita-san wa anatatachi to ryokōshimashita ka.
   Mme Morita a-t-elle voyagé avec vous ?
4. Kanojo wa Hayashi-san to dansu o shimashita.
   Elle a dansé avec M. Hayashi.
5. Tanaka-san wa Yamada-san to kekkonshimashita.
   Mlle Tanaka s'est mariée avec M. Yamada.
6. Morita-san wa karera to pātī o shimashita.
   M. Morita a fait une fête avec eux.

29 森田さん　は　きのう　休みませんでした。
Morita-san wa kinō yasumimasendeshita.

B 1 PRÉSENTATION

■ Kanji, idéogramme d'origine chinoise :

kanji	lecture en hiragana	prononciation	signification
休	やす	[yassou]	*se reposer*

• 休　, **yasu**, est le radical du verbe *se reposer* : 休む　, **yasumu**.

■ Vocabulaire :

ニュース	nyūsu [nyou:ss]	*nouvelle ; informations*
コンピューター	konpyūtā [kompyou:ta:]	*ordinateur(s)*
しゅっぱつ	shuppatsu [shoup'patsou]	*départ*
しゅっぱつする	shuppatsusuru	*partir*
つかう	tsukau [tsoukaou]	*utiliser*
かえる	kaeru	*rentrer (chez soi)*
わすれる	wasureru	*oublier*
休む	yasumu [yassoumou]	*se reposer ; s'absenter*
ませんでした	masendeshita [masénndésh'ta] (forme négative au passé de ます, **masu**).	

■ 森田さん　は　きのう　休みませんでした。
Morita-san wa kinō yasumimasendeshita.
Morita / Mlle / - / hier / ne pas s'être reposée
Mademoiselle Morita ne s'est pas reposée hier.

B 2 APPLICATION

1. わたし　は　4時　に　しゅっぱつしませんでした。
2. 林さん　は　コンピューター　を　つかいませんでした。
3. 田中さん　は　おととい　休みませんでした。
4. わたしたち　は　じてんしゃ　を　つかいませんでした。
5. かのじょ　は　夜　の　9時　に　かえりませんでした。
6. 森田さん　は　この　ニュース　を　わすれませんでした。

B 3 REMARQUES

■ Grammaire

• Quand il s'agit de la forme négative au passé des verbes, ませんでした, **masendeshita**, remplace ます, **masu**, en gardant la terminaison des verbes devant ます, **masu** :

つかいます	tsukai**masu**	*utiliser*
つかいませんでした	tsukai**masendeshita**	*ne pas avoir utilisé*

• Comme avec ます, **masu**, ません, **masen**, ou ました, **mashita**, les verbes avec ませんでした, **masendeshita**, ne varient ni en personne, ni en nombre.

• かえる, **kaeru**, *rentrer*, voit sa terminaison る, **ru**, se transformer en り, **ri**, c'est donc un verbe d'exception dans la mesure où il ne suit pas le **principe** selon lequel la terminaison る, **ru**, de l'infinitif disparaît devant ます, **masu**, si la syllabe qui la précède est une syllabe soit en **e**, soit en **i** (voir 26 B3).

かえる	→	かえります	→	かえりませんでした
kae**ru**		kae**ri**masu		kae**ri**masendeshita
rentrer		*rentrer*		*ne pas être rentré*

• Par contre, わすれる, **wasureru**, *oublier*, suit la règle générale (le signe □ indique la disparition de る, **ru**.) :

わすれる	→	わすれ□ます	→	わすれ□ませんでした
wasure**ru**		wasure□masu		wasure□masendeshita
oublier		*oublier*		*ne pas avoir oublié*

B 4 TRANSCRIPTION ET TRADUCTION

1. Watashi wa yoji ni shuppatsushimasendeshita.
   Je ne suis pas parti(e) à quatre heures.
2. Hayashi-san wa konpyūtā o tsukaimasendeshita.
   M. Hayashi n'a pas utilisé d'ordinateur.
3. Tanaka-san wa ototoi yasumimasendeshita.
   Mlle Tanaka ne s'est pas reposée avant-hier.
4. Watashitachi wa jitensha o tsukaimasendeshita.
   Nous n'avons pas utilisé de bicyclette.
5. Kanojo wa yoru no kuji ni kaerimasendeshita.
   Elle n'est pas rentrée à neuf heures du soir.
6. Morita-san wa kono nyūsu o wasuremasendeshita.
   Mme Morita n'a pas oublié ces nouvelles-ci.

29 C1 Exercices

A. Traduisez en français.

1. 森田さん　は　わたし　と　しょくじしました。
2. かれ　は　きのう　パーティー　に　いきませんでした。
3. 林さん　は　かのじょ　と　りょこうしました。
4. ピエールさん　は　おととい　友だち　と　あそびませんでした。
5. かのじょたち　は　フランス　へ　しゅっぱつしました。

B. Traduisez en japonais. (Utilisez la forme polie.)

1. *Je n'ai pas utilisé l'ordinateur de M. Yamada.*
2. *Hélène a oublié son (le) rendez-vous.*
3. *Je me suis reposé(e) hier.*
4. *M. Hayashi s'est marié avec Mlle Morita.*

C 2 CORRIGÉ

A. 1. *Mme Morita a mangé avec moi.*
2. *Hier, il n'est pas allé à la soirée.*
3. *Mlle Hayashi a voyagé avec elle.*
4. *Pierre ne s'est pas amusé avant-hier avec des amis.*
5. *Elles sont parties pour la France.*

C. 1. わたし　は　山田さん　の　コンピューター　を　つかいませんでした。
2. エレーヌさん　は　やくそく　を　わすれました。
3. わたし　は　きのう　休みました。
4. 林さん　は　森田さん　と　けっこんしました。

■ Miscellanées : **kanji, image de la réalité**

Le kanji est en quelque sorte une image de la réalité.

Employé seul, 木, ki (cf. 34B1), signifie *arbre*. Quand on le double, on obtient le mot *bois*, 林, **hayashi**. Si l'on triple le même kanji en réduisant sa taille, on a cette fois le mot *forêt*, 森, **mori**. Quand au kanji 休, **yasu**, il décrit un homme (la partie gauche du kanji イ indique l'homme) qui se repose en s'appuyant contre un arbre (la partie droite 木).

C 3 ÉCRITURE : KANJI

kanji ▼ ordre des traits ▼

やす [yassou]

休

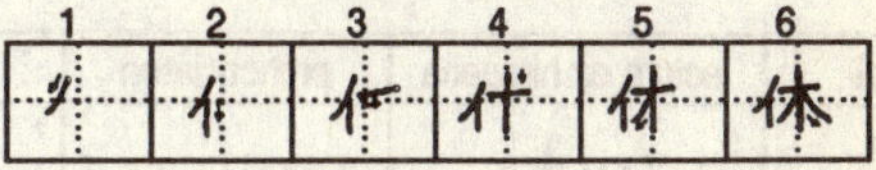

はやし [hayashi]

林

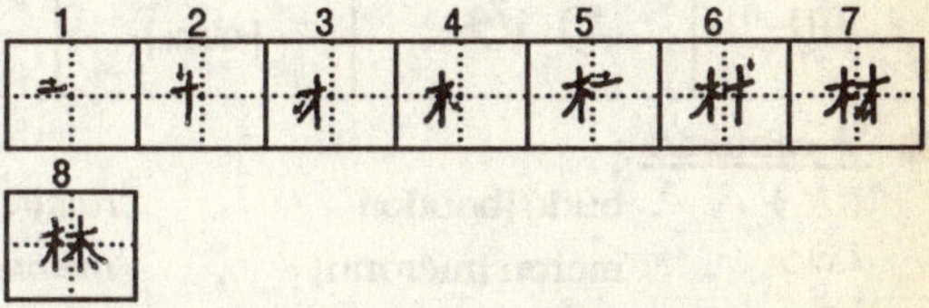

もり [mori]

森

C 4 EXERCEZ-VOUS

林

森

休

林

森

休

30 わたし　は　海　が　たいへん　すき　です。
Watashi wa umi ga taihen suki desu.

A 1 PRÉSENTATION

■ Kanji, idéogramme d'origine chinoise :

kanji	lecture en hiragana	prononciation	signification
川	かわ	[kawa]	*rivière(s)* (cf. 5B1)
海	うみ	[oumi]	*mer(s)* (cf. 5B1)

■ Vocabulaire :

ぶどう	**budō [boudo:]**	***raisin(s)***
メロン	**meron [méronn]**	***melon(s)***
バナナ	**banana**	***banane(s)***
ピアノ	**piano**	***piano(s)***
ギター	**gitā [guita:]**	***guitare(s)***
フルート	**furūto [fourou:to]**	***flûte(s)***
たいへん	**taihen [taïhénn]**	***très ; beaucoup***
すき　です	**suki desu [souki déss]**	***aimer***
が	**ga**	**(particule)**

■ わたし　は　海　が　たいへん　すき　です。

Watashi wa umi ga taihen suki desu.
moi /- / mer / - / beaucoup / aimer (préféré / être)
J'aime beaucoup la mer.

A 2 APPLICATION

1. 森田さん　は　山　や　川　が　すき　です。
2. かのじょ　は　ぶどう　と　メロン　が　すき　です。
3. 林さん　は　ギター　が　たいへん　すき　です。
4. かれ　は　ピアノ　が　たいへん　すき　です。
5. わたし　は　いちご　や　バナナ　が　たいへん　すき　です。
6. 田中さん　は　フルート　と　ピアノ　が　たいへん　すきです。

A 3 REMARQUES

Grammaire

• Le verbe à l'infinitif peut marquer la politesse, quand il s'associe avec ます, **masu** (cf. 25A1) ; ce dernier n'est pourtant pas nécessaire pour です, **desu**, *être*, qui contient déjà en fait cette notion.

• Pour exprimer ce qu'on aime, ou la personne qu'on aime, on a ici la construction suivante :

objet (personne) qu'on aime	+	が ga	+	すき suki	です desu

バナナ が すき です *aimer la banane*
banana ga suki desu
banane / - / aimer (préféré / être)

Remarques :

1. すき, **suki**, *préféré*, est un quasi-adjectif (cf. 14A1) qui se traduit en français comme un verbe, quand il s'attache à です **desu**, *être* : すき です, **suki desu**, *aimer*.

2. が, **ga**, est une particule indispensable pour introduire l'objet (la personne) qu'on aime, mais il n'est pas traduit en français.

• De façon générale, l'adverbe たいへん, **taihen**, *beaucoup*, se place juste avant すき, **suki** :
わたし は うみ が たいへん すき です。
Watashi wa umi ga **taihen** suki desu.
moi / - / mer / - / beaucoup / aimer (préféré / être)
J'aime beaucoup la mer.

A 4 TRANSCRIPTION ET TRADUCTION

1. Morita-san wa yama ya kawa ga suki desu.
   M. Morita aime la montagne et la rivière (entre autres).
2. Kanojo wa budō to meron ga suki desu.
   Elle aime le raisin et le melon.
3. Hayashi-san wa gitā ga taihen suki desu.
   Mme Hayashi aime beaucoup la guitare.
4. Kare wa piano ga taihen suki desu.
   Il aime beaucoup le piano.
5. Watashi wa ichigo ya banana ga taihen suki desu.
   J'aime beaucoup la fraise et la banane (entre autres).
6. Tanaka-san wa furūto to piano ga taihen suki desu.
   M. Tanaka aime beaucoup la flûte et le piano.

30 ミッシェルさん は えいが を 見る の が すき です。 Missheru-san wa eiga o miru no ga suki desu.

B 1 PRÉSENTATION

■ Kanji, idéogramme d'origine chinoise :

kanji	lecture en hiragana	prononc.	signification
見	み	[mi]	*regarder ; voir* (cf. 24B1)
車	くるま しゃ	[kourouma] [sha]	*voiture(s)* (cf. 24B1) *roue(s) ; véhicules(s)*

• 見 , **mi**, est le radical du verbe *regarder* : 見る , **miru** (cf. 24B1).

■ Vocabulaire :

ミッシェル	**Missheru** [mis'shérou] *Michel*
トランペット	**toranpetto** [torampét'to] *trompette(s)*
バイオリン	**baiorin** [baïorinn] *violon(s)*
電車	**densha** [dénnsha] *train* (cf. 9A1)
およぐ	**oyogu** [oyogou] *nager*
うたう	**utau** [outaou] *chanter*
うんてん	**unten** [ounténn] *conduite* (d'un véhicule)
うんてんする	**untensuru** *conduire* (un véhicule)
ひく	**hiku** [hikou] *jouer* (d'un instrument à cordes)
ふく	**fuku** [foukou] *jouer* (d'un instrument à vent)

■ ミッシェルさん は えいが を 見る の が すき です。
Missheru-san wa eiga o miru no ga suki desu.
Michel / Mme / - / film / - / voir / - / - / aimer
Mme Michel aime voir un film. *(préféré / être)*

B 2 APPLICATION

1. わたし は 電車 に のる の が すき です。
2. 森田さん は うたう の が すき です。
3. かれ は トランペット を ふく の が すき です。
4. 林さん は 車 を うんてんする の が すき です。
5. かのじょ は バイオリン を ひく の が すき です。
6. 山田さん は およぐ の が すき です。

B 3 REMARQUES

■ Prononciation

• Le kanji 車 se prononce [sha], quand il est employé dans le mot 電車 , **densha**, *train*.

■ Grammaire

• Rappel : suivi de すき です , **suki desu**, *aimer*, la particule が , **ga** indiquait l'objet (la personne) qu'on aime.

Cette même particule peut indiquer ce qu'on aime faire selon le schéma suivant :

ce qu'on aime faire	+	の no	+	が ga	+	すき です suki desu

えいが を 見る の が すき です *aimer voir un film*
eiga o miru no ga suki desu
film / - / voir / - / - / aimer (préféré / être)

Remarques :

1. "Ce qu'on aime faire" est composé d'un infinitif présent et de son complément.
2. Contrairement au français, l'infinitif japonais ne peut pas s'employer comme nom. La particule が , **ga**, ne s'associant qu'avec un nom, il faut introduire la particule の , **no**, dont le rôle est ici de transformer l'infinitif en nom ; la particule の , **no**, n'est pas traduite en français.

• Le verbe *jouer* doit se traduire ひく , **hiku**, quand il s'agit d'un instrument à cordes, et ふく , **fuku**, quand il s'agit un instrument à vent.

B 4 TRANSCRIPTION ET TRADUCTION

1. Watashi wa densha ni noru no ga suki desu.
   J'aime prendre le train.
2. Morita-san wa utau no ga suki desu. *M. Morita aime chanter.*
3. Kare wa toranpetto o fuku no ga suki desu.
   Il aime jouer de la trompette.
4. Hayashi-san wa kuruma o untensuru no ga suki desu.
   Mlle Hayashi aime conduire une voiture.
5. Kanojo wa baiorin o hiku no ga suki desu.
   Elle aime jouer du violon.
6. Yamada-san wa oyogu no ga suki desu.
   M. Yamada aime nager.

C1 Exercices

A. Traduisez en français.

1. あなたたち も 海 が すき です か。
2. 森田さん は あまい もの が とても すき です。
3. かれ は おもしろい はなし が すき です。
4. かのじょ は いぬ や ねこ が たいへん すき です。
5. 林さん は レストラン へ いく の が すき です。
6. あなた は ひこうき に のる の が すき です か。

B. Traduisez en japonais.

1. *Il aime le train.*
2. *Mme Tanaka aime jouer de la flûte.*
3. *Nous aimons conduire une voiture.*
4. *Est-ce que tu aimes Paris.*
5. *Oui, j'aime beaucoup Paris.*

C2 CORRIGÉ

A. 1. *Aimez-vous aussi la mer ?*
2. *Mme Morita aime beaucoup les sucreries (choses sucrées).*
3. *Il aime les histoires intéressantes (drôles).*
4. *Elle aime beaucoup les chiens et les chats (entre autres).*
5. *Mlle Hayashi aime aller au restaurant.*
6. *Aimes-tu prendre l'avion ?*

B. 1. かれ は 電車 が すき です。
2. 田中さん は フルート を ふく の が すき です。
3. わたしたち は 車 を うんてんする の が すき です。
4. あなた は パリ が すき です か。
5. はい, わたし は パリ が とても すき です。

■ Miscellanées : **emploi de あなた, anata**, *toi*

■ あなた, **anata**, sous-entend une certaine intimité qui n'exprime pas toujours la notion de politesse à l'égard de l'interlocuteur. D'autre part, il n'existe pas en japonais le vouvoiement auquel le français fait fréquemment appel. Les Japonais emploient donc plus souvent le nom de l'interlocuteur que le mot あなた, **anata**, quand ils s'adressent directement à quelqu'un.

C 3 ÉCRITURE : KANJI

kanji ▼ | ordre des traits ▼

かわ [kawa]

川

うみ [oumi]

海

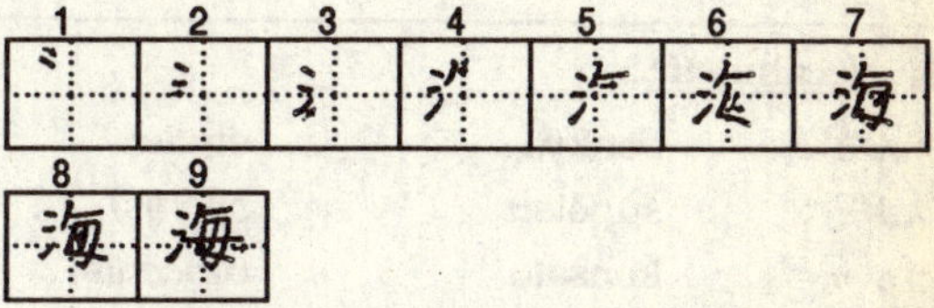

み [mi]

見

C 4 EXERCEZ-VOUS

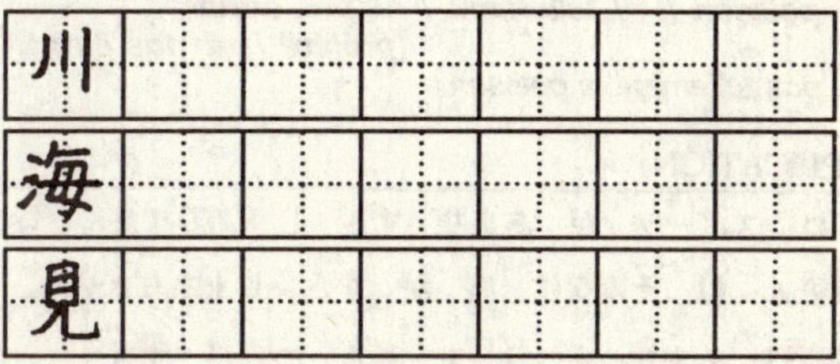

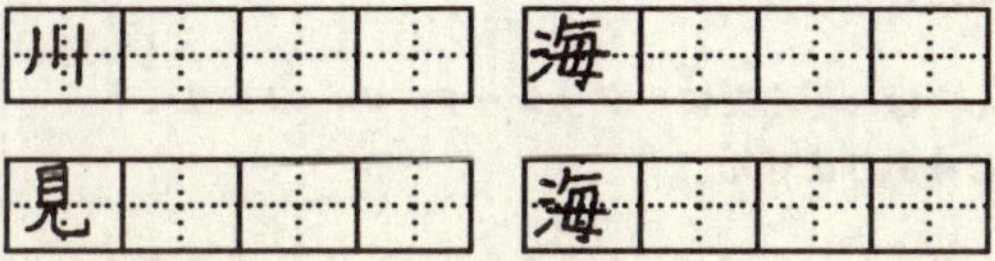

31 かれ は 魚 が そんなに すき じゃありません。
Kare wa sakana ga sonnani suki ja arimasen.

A 1 PRÉSENTATION

■ Kanji, idéogramme d'origine chinoise :

kanji	lecture en hiragana	prononciation	signification
魚	さかな	[sakana]	*poisson(s)* (cf. 5A1)
肉	にく	[nikou]	*viande(s)* (cf. 5A1)

■ Vocabulaire :

べんきょう **benkyō** *études*

スポーツ **supōtsu** *sport(s)*

コンサート **konsāto** *concert(s)*

オペラ **opera** *opéra*

クラシック **kurashikku [kourashik'kou]** *musique classique*

そんなに **sonnani [sonn'nant]** *autant ; tant ; tellement*

あまり **amari** *très ; tellement* (cf. 18B1/3)

じゃありません **ja arimasen (forne négative au présent de です, desu)**

■ かれ は 魚 が そんなに すき じゃありません。
Kare wa sakana ga sonnani suki ja arimasen.
lui / - / poisson / - / tellement / ne pas aimer (préféré / ne pas être)
Il n'aime pas tellement le poisson.

A 2 APPLICATION

1. わたし は スポーツ が あまり すき じゃありません。
2. エレーヌさん は そんなに 肉 が すき じゃありません。
3. 森田さん は あまり オペラ を 見る の が すき じゃありません。
4. ピエールさん は そんなに クラシック の コンサート が すき じゃありません。
5. 林さん は べんきょう が あまり すき じゃありません。

A 3 REMARQUES

■ Grammaire

• Nous avons ici une autre forme négative au présent de です, **desu**, *être* : じゃ ありません, **ja arimasen**, *ne pas être*.
Tout en restant poli, じゃ ありません, **ja arimasen**, est moins formel et donc plus courant dans la pratique que ではありません **dewa arimasen**.

ex. *Il n'aime pas le poisson.*

Style formel : かれ は 魚 が すき ではありません。
Kare wa sakana ga suki **dewa** arimasen.
lui / - / poisson / - / ne pas aimer
(préféré / ne pas être)

Style courant : かれ は 魚 が すき じゃありません。
Kare wa sakana ga suki **ja** arimasen.
lui / - / poisson / - / ne pas aimer
(préféré / ne pas être)

• Les adverbes そんなに, **sonnani** [sonn'nant], ou あまり, **amari**, se placent juste avant すき, **suki** ; il est cependant possible de les placer juste après は, **wa**, particule de thème (sujet), sans changer le sens de la phrase.

ex. *Hélène n'aime pas tellement la viande.*
エレーヌさん は 肉 が そんなに すき じゃありません。
Erēnu-san wa niku ga **sonnani** suki ja arimasen.
Hélène / Mlle / - / viande / - / tellement / ne pas aimer
ou エレーヌさん は そんなに 肉 が すき じゃありません。
Erēnu-san wa **sonnani** niku ga suki ja arimasen.
Hélène / Mlle / - / tellement / viande / - / ne pas aimer

A 4 TRANSCRIPTION ET TRADUCTION

1. Watashi wa supōtsu ga amari suki ja arimasen.
Je n'aime pas tellement le sport.
2. Erēnu-san wa sonnani niku ga suki ja arimasen.
Hélène n'aime pas tellement la viande.
3. Morita-san wa amari opera o miru no ga suki ja arimasen.
Madame Morita n'aime pas tellement voir un opéra.
4. Piēru-san wa sonnani kurashikku no konsāto ga suki ja arimasen.
Pierre n'aime pas tellement les concerts classiques.
5. Hayashi-san wa benkyō ga amari suki ja arimasen.
Mlle Hayashi n'aime pas tellement les études.

31 山本さん　は　待つ　の　が　きらい　です。
Yamamoto-san wa matsu no ga kirai desu.

B 1 PRÉSENTATION

■ Kanji, idéogramme d'origine chinoise :

kanji	lecture en hiragana	prononciation	signification
待	ま	[ma]	*attente* *attendre*
本	ほん もと	[honn] [moto]	*livre(s)* (cf. 3A1) *origine*

• 待 , **ma**, radical verbe *attendre* : 待つ , **matsu** (cf. 24A1).

• Dans le sens de *livre(s)*, 本 se prononce [honn] : il peut cependant être prononcé soit [honn], soit [moto] selon les cas, dans le sens de *origine*.

■ Vocabulaire :

山本	Yamamoto	*Yamamoto* (nom de famille)
本田	Honda	*Honda* (nom de famille)
りょうり	ryōri	*cuisine*
せんたく	sentaku	*lessive* (action de laver)
うそ	uso [ousso]	*mensonge(s)*
うそ　を　つく	uso o tsuku	*mentir*
べんきょうする	benkyōsuru	*étudier*
きらい（な）	kirai(na) [kiraï(na)]	*détesté*

■ 山本さん　は　待つ　の　が　きらい　です。
Yamamoto-san wa matsu no ga kirai desu.
Yamamoto / M. / - / attendre / - / - / ne pas aimer (détester)
Monsieur Yamamoto n'aime pas attendre.

B 2 APPLICATION

1. 本田さん　は　りょうり　を　する　の　が　きらい　です。
2. 田中さん　は　せんたく　が　きらい　です。
3. わたし　は　うそ　を　つく　の　が　きらい　です。
4. 山本さん　や　山田さん　は　べんきょうする　の　が　きらい　です。

B 3 REMARQUES

■ Grammaire

• Bien que きらい, **kirai** [kiraï], *détesté*, se termine par い, **i**, c'est un quasi-adjectif (cf. 8A3). Associé à です, **desu**, *être*, きらい, **kirai**, se traduit en français comme un verbe : きらい です, **kirai desu**, *détester*.

• きらい です, **kirai desu**, est en fait plus proche du sens de *ne pas aimer* que du sens de *détester* ; malgré sa forme affirmative, il est donc synonyme de すき じゃありません, **suki ja arimasen**, *ne pas aimer*.

• Comme pour すき です, **suki desu**, *aimer*, la particule が, **ga**, s'associe à きらい です, **kirai desu**, *ne pas aimer (détester)* (cf. 30A3 /B3).

objet (personne) qu'on n'aime pas	+	が **ga**	+	きらい です **kirai desu**

うそ が きらい です *ne pas aimer le mensonge*
uso **ga** kirai desu
mensonge / - / ne pas aimer (détester)

ce qu'on n'aime pas faire	+	の **no**	+	が **ga**	+	きらい です **kirai desu**

待つ の が きらい です *ne pas aimer attendre*
matsu no ga kirai desu
attendre / - / - / ne pas aimer (détester)

Remarque : (Rappel) が, **ga**, ne pouvant s'associer qu'à un nom, il faut introduire の, **no**, qui transforme l'infinitif (= *ce qu'on n'aime pas faire*) en nom (cf. 30B1).

B 4 TRANSCRIPTION ET TRADUCTION

1. Honda-san wa ryōri o suru no ga kirai desu.
   M. Honda n'aime pas faire la cuisine.
2. Tanaka-san wa sentaku ga kirai desu.
   Mlle Tanaka n'aime pas la lessive.
3. Watashi wa uso o tsuku no ga kirai desu.
   Je n'aime pas mentir.
4. Yamamoto-san ya Yamada-san wa benkyōsuru no ga kirai desu.
   M. Yamamoto et M. Yamada (entre autres) n'aiment pas étudier.

31 C1 Exercices

A. Traduisez en français.

1. ミッシェルさん　は　そんなに　魚　や　肉　が　すき　じゃありません。
2. 本田さん　は　ドイツ　の　車　が　すき　じゃありません。
3. 山本さん　は　バナナ　と　メロン　が　きらい　です。
4. かれ　は　オペラ　を　見る　の　が　そんなに　すき　じゃありません。
5. かれら　は　待つ　の　が　きらい　です。
6. 林さん　は　本　を　よむ　の　が　きらい　です。

B. Traduisez en japonais.

1. *Je n'aime pas mentir.*
2. *M. Honda n'aime pas faire du sport.*
3. *Nous n'aimons pas beaucoup les études.*
4. *Elle n'aime pas la cuisine et la lessive.*

C 2 CORRIGÉ

A.
1. *Mlle Michel n'aime pas tellement le poisson et la viande (entre autres).*
2. *M. Honda n'aime pas les voitures allemandes.*
3. *Mme Yamamoto n'aime pas (déteste) les bananes et le melon.*
4. *Il n'aime pas tellement voir un opéra.*
5. *Ils n'aiment pas (détestent) attendre.*
6. *M. Hayashi n'aime pas lire (des livres).*

B.
1. わたし　は　うそ　を　つく　の　が　きらい　です。
2. 本田さん　は　スポーツ　を　する　の　が　きらい　です。
3. わたしたち　は　あまり　べんきょう　が　すき　じゃありません。
4. かのじょ　は　りょうり　と　せんたく　が　きらい　です。

■ Miscellanées : **au travail !**

La carrière des employés des grandes entreprises est régie traditionnellement par deux principes : *l'emploi à vie* (しゅうしんこよう, shūshin koyō) et *l'avancement à l'ancienneté* (ねんこうじょれつ, nenkō joretsu).

31 C 3 ÉCRITURE : KANJI

kanji ▼ ordre des traits ▼

にく [nikou]

肉

さかな [sakana]

魚

ま [ma]

待

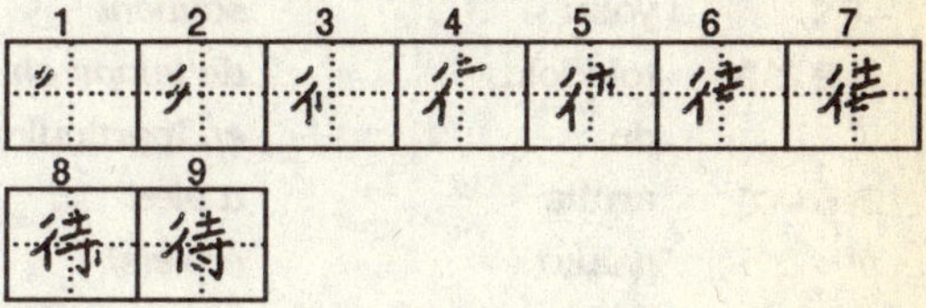

C 4 EXERCEZ-VOUS

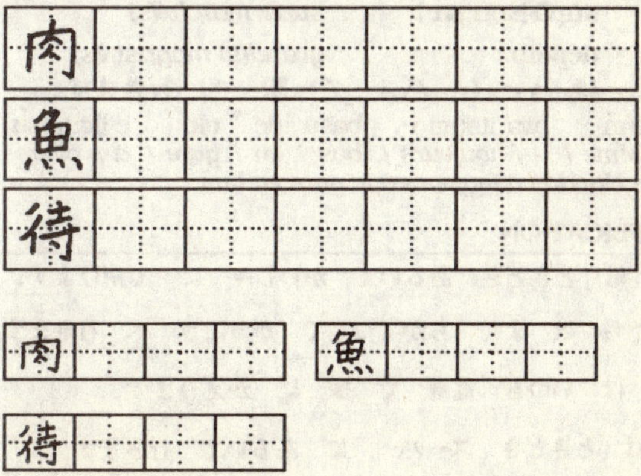

32 本田さん　は　いつも　バス　で　駅　へ　行きます。
Honda-san wa itsumo basu de eki e ikimasu.

A 1 PRÉSENTATION

■ Kanji, idéogramme d'origine chinoise :

kanji	lecture en hiragana	prononciation	signification
駅	えき	[éki]	*gare* (cf. 15B1)
行	い	[i]	*aller*

• 行, i, est le radical du verbe *aller* : 行く, iku (cf. 28A1).

■ Vocabulaire :

いつも	itsumo	*toujours*
よく	yoku	*souvent*
ときどき	tokidoki	*de temps en temps*
で	de	*en* (particule)
あるいて	aruite	*à pied*
がっこう	gakkō	*école(s)*
かいしゃ	kaisha [kaïsha]	*bureau(x) ; firme(s)*
びょういん	byōin [byo:inn]	*hôpital(-taux)*
スーパー	sūpā [sou:pa:]	*supermarché(s)*
デパート	depāto	*grand(s) magasin(s)*

■ 本田さん　は　いつも　バス　で　駅　へ　行きます。
Honda-san wa itsumo basu de eki e ikimasu.
Honda/Mme / - / toujours / bus / en / gare / à / aller.
Madame Honda va toujours à la gare en bus.

A 2 APPLICATION

1. 山本さん　は　ときどき　あるいて　かいしゃ　に　でかけます。

2. かのじょたち　は　よく　ちかてつ　で　がっこう　へ　行きます。

3. 森田さん　は　いつも　電車　で　家　に　かえります。

4. 林さん　は　ときどき　スーパー　に　あるいて　行きます。

5. 田中さん　は　いつも　デパート　へ　車　で　行きました。

32 Mme Honda va toujours à la gare en bus.

A 3 REMARQUES

■ Grammaire

• Dans les leçons 8B et 9B, で, **de**, était la conjonction *et*. Cette même syllabe sert ici comme **particule** pour marquer le moyen de transport : correspondant au français *en*, elle se place juste derrière le mot qui indique le moyen de transport.

バス で 行きます — *aller en bus*
basu **de** ikimasu — *bus / en / aller*

• あるいて, **aruite**, *à pied*, est une expression toute faite : elle n'a donc pas besoin de la particule で, **de**, *en*.

• Le mot suivi de で, **de** [dé] (moyen de transport), se trouve en général devant le mot suivi de へ, **e**, ou de に, **ni**, (destination) ; on peut pourtant intervertir leur place sans changer le sens de la phrase.

ex. : *Il va à la gare en voiture.*
かれ は 車 で 駅 へ 行きます。
Kare wa **kuruma de** eki e ikimasu.
lui / - / voiture / en / gare / à / aller
かれ は 駅 へ 車 で 行きます。
Kare wa eki e **kuruma de** ikimasu.
lui / - / gare / à / voiture / en / aller

• Les adverbes de temps comme いつも, **itsumo**, *toujours* (ou よく, **yoku**, *souvent*, ou ときどき, **tokidoki**, *de temps en temps*), se placent juste après la particule de thème は, **wa**.

• Phrase 5 de A2 : le japonais n'a qu'une seule forme passée qui se traduit en français soit par le passé composé, soit par l'imparfait ... selon le contexte.

A 4 TRANSCRIPTION ET TRADUCTION

1. Yamamoto-san wa tokidoki aruite kaisha ni dekakemasu.
   M. Yamamoto va de temps en temps au bureau à pied.
2. Kanojotachi wa yoku chikatetsu de gakkō e ikimasu.
   Elles vont souvent à l'école en métro.
3. Morita-san wa itsumo densha de ie ni kaerimasu.
   Mlle Morita rentre toujours à la maison en train.
4. Hayashi-san wa tokidoki sūpā ni aruite ikimasu.
   Mme Hayashi va de temps en temps au supermarché à pied.
5. Tanaka-san wa itsumo depāto e kuruma de ikimashita.
   M. Tanaka allait toujours au grand magasin en voiture.

32 デュポンさん は 山田さん と 日本語 で はなしました。
Dyupon-san wa Yamada-san to nihongo de hanashimashita

B 1 PRÉSENTATION

■ Kanji, idéogramme d'origine chinoise :

kanji	lecture en hiragana	prononciation	signification
語	ご	[go]	*langue ; langage*
日	にち び／ *に	[nitchi] [bi] / [ni]	*soleil ; jour(s)* (cf 23 A1)

■ Vocabulaire :

イタリア	Itaria	*Italie*
イタリア語	itariago	*langue italienne*
フランス語	furansugo	*langue française*
日本語	nihongo	*langue japonaise*
えい語	eigo	*langue anglaise* (cf. B3 ci-contre)
はなす	hanasu	*parler*
はなしあう	hanashiau [hanashiaou]	*discuter*
デュポン	Dyupon	*Dupont*

■ デュポンさん は 山田さん と 日本語 で はなしました。

Dyupon-san wa Yamada-san to nihongo de hanashimashita.
Dupont/M. / - / Yamada/Mme / avec / japonais / en / avoir parlé
M. Dupont a parlé en japonais avec Mme Yamada.

B 2 APPLICATION

1. わたし は かれら と イタリア語 で はなします。
2. 山本さん は えい語 で デュポンさん と はなしました。
3. ミッシェルさん と 林さん は 日本語 で はなしあいました。
4. 田中さん は 電話 で かのじょ と はなしました。
5. ピエールさん は 日本語 で てがみ を かきます。
6. 本田さん は フランス語 で デュポンさん と はなしあいます。

B 3 REMARQUES

Transcription et prononciation

• Le *Du* dans *Dupont* se transcrit en katakana par デ, **de**, suivi de ュ, **yu**, de taille réduite : デュ, **dyu**.

• にほん, **Nihon**, *Japon*, s'écrit en kanji 日本 ; 日 ne se dit pas [nitchi] ou [bi], mais [ni].

Grammaire

• Le nom d'un pays accompagné du suffixe 語, **go**, *langue*, désigne la langue pratiquée dans ce pays :

日本	+ 語	→ 日本語		フランス	+ 語	→ フランス語
Nihon	go	nihongo		Furansu	go	furansugo
Japon	/ *langue*	*japonais*		*France*	/ *langue*	*français*

Exception : La *langue anglaise* se dit えい語, **eigo**, et non pas イギリス語, **igirisugo**, bien que イギリス, **igirisu**, signifie *Angleterre*.

• La particule で, **de** [dé], s'emploie aussi pour indiquer le moyen de communication (langue, télé, radio, téléphone...).

フランス語 で はなす — *parler en français*
furansugo **de** hanasu — *français / en / parler*

テレビ で 見る — *voir (regarder) à la télé*
terebi **de** miru — *télé / à / voir (regarder)*

• Les places des mots suivis de particules ayant différentes fonctions sont en général interchangeables sans changer le sens de la phrase.

B 4 TRANSCRIPTION ET TRADUCTION

1. Watashi wa karera to itariago de hanashimasu.
   Je parle en Italien avec eux.
2. Yamamoto-san wa eigo de Dyupon-san to hanashimashita.
   Mlle Yamamoto a parlé en anglais avec Mme Dupont.
3. Missheru-san to Hayashi-san wa nihongo de hanashiaimashita.
   M. Michel et M. Hayashi ont discuté en japonais.
4. Tanaka-san wa denwa de kanojo to hanashimashita.
   Mme Tanaka a parlé avec elle par téléphone.
5. Piēru-san wa nihongo de tegami o kakimasu.
   Pierre écrit des lettres en japonais.
6. Honda-san wa furansugo de Dyupon-san to hanashiaimasu.
   M. Honda discute en français avec Mlle Dupont.

32 C1 Exercices

A. Traduisez en français.

1. デュポンさん　は　スーパー　へ　車　で　行きませんでした。
2. かれ　は　いつも　ちかてつ　で　かいしゃ　に　でかけます。
3. わたし　は　この　ニュース　を　ラジオ　で　ききました。
4. 田中さん　は　よく　あるいて　家　に　かえります。
5. 本田さん　は　電車　で　がっこう　に　来ました。

B. Traduisez en japonais.

1. *Il est parti pour l'hôpital en taxi.*
2. *M. Morita va de temps en temps à la gare en bus.*
3. *Je n'ai pas écrit une lettre en anglais.*
4. *L'ami d'Hélène a téléphoné à Pierre en italien.*
5. *Nous discutons toujours en français.*

C 2 CORRIGÉ

A. 1. *Mlle Dupont n'est pas allée en voiture au supermarché.*
2. *Il part toujours au bureau (à l'entreprise) en métro.*
3. *J'ai entendu cette nouvelle-ci à la radio.*
4. *Mme Tanaka rentre souvent à la maison à pied.*
5. *Mme Honda est venue à l'école en train.*

B. 1. かれ　は　タクシー　で　びょういん　に　でかけました。
2. 森田さん　は　ときどき　バス　で　駅　へ　行きます。
3. わたし　は　えい語　で　てがみ　を　かきませんでした。
4. エレーヌさん　の　友だち　は　ピエールさん　に
イタリア語　で　電話しました。
5. わたしたち　は　いつも　フランス語　で　はなしあいます。

■ Miscellanées : どうも !, **Dōmo !**

どうも , dōmo, est une expression "passe-partout" qui s'emploie très souvent entre collègues de bureau.

Utilisé seul, il signifie *merci, merci d'être venu, bonjour, au revoir, salut, excusez-moi, pardon*, etc.

Si quelqu'un prononce cette expression d'un ton hésitant, cela veut dire qu'il n'est pas d'accord avec vous.

C 3 ÉCRITURE : KANJI

kanji ▼ | ordre des traits ▼

い [i]

行

えき [éki]

駅

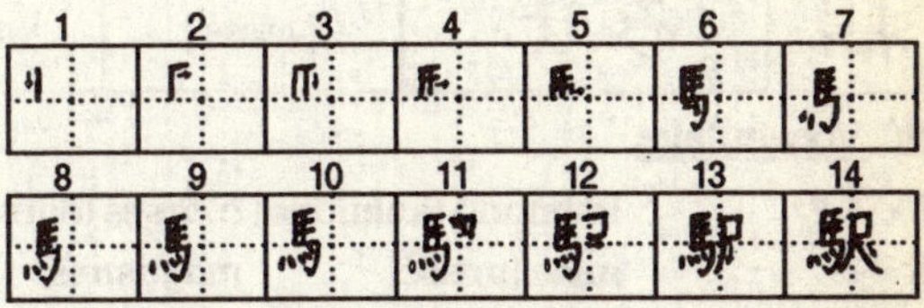

ご [go]

語

C 4 EXERCEZ-VOUS

行						
駅						
語						

行			

語			

駅			

33 あなた は どこ で 買いもの を します か。
Anata wa doko de kaimono o shimasu ka.

A 1 PRÉSENTATION

■ Kanji, idéogramme d'origine chinoise :

kanji	lecture en hiragana	prononciation	signification
買	か	[ka]	*achat(s) ; acheter*
店	みせ	[missé]	*magasin(s)*

■ Vocabulaire :

買いもの	kaimono [kaïmono]	*courses* (dans un magasin)
店	mise [missé]	*magasin(s)*
いちば	ichiba [itchiba]	*marché(s)*
きっさてん	kissaten [kis'saténn]	*salon(s) de thé*
日本りょうり	nihon ryōri	*cuisine japonaise*
フランスりょうり	furansu ryōri	*cuisine française*
ズボン	zubon [zoubonn]	*pantalon(s)*
シャツ	shatsu [shatsou]	*chemise(s)*
で	de [dé]	*à ; dans* (particule de lieu d'action)

■ あなた は どこ で 買いもの を します か。
Anata wa doko de kaimono o shimasu ka.
toi / - / quel endroit / à / courses / - / faire / ?
Où fais-tu les courses ?

A 2 APPLICATION

1. 森田さん は あの 店 で 買いもの を しました。
2. わたしたち は レストラン で フランスりょうり を たべます。
3. ミッシェルさん は その 店 で ズボン と シャツ を 買いました。
4. 田中さん と 林さん は きっさてん で コーヒー を のみました。
5. デュボンさん は わたし の 家 で 日本りょうり を たべました。

A 3 REMARQUES

Grammaire

• Voici une nouvelle fonction de で, **de** [dé] : indiquer le lieu où l'on mène une action (lieu d'action) (cf. 32 A/B).

いちば で 買いもの を する *faire les courses au marché*
ichiba **de** kaimono o suru
marché / à / courses / - / faire

Remarque : いちば, **ichiba**, *marché*, est introduit par で, **de**, puisque c'est le lieu où se déroule l'action *faire les courses* (かいもの を する, **kaimono o suru**).

• Le nom d'un pays attaché au mot りょうり, **ryōri**, *cuisine*, désigne la cuisine (les plats) de ce pays :

フランス + りょうり → フランスりょうり
Furansu **ryōri** **furansu ryōri**
France *cuisine* *cuisine française*

• En japonais la place des mots suivis de particules ayant différentes fonctions est interchangeable dans une phrase. Mais il est plus naturel de placer avant le complément d'objet direct le mot qui, suivi de で, **de**, indique le lieu d'action.

あなた は どこ で 買いもの を します か。
Anata wa **doko** **de** kaimono o shimasu ka.
toi /- / quel endroit / à / courses / - / faire /?
Où fais-tu les courses ?

• どこ, **doko**, pronom interrogatif, se traduit littéralement par *quel endroit* (cf. 15B1) ; il devient adverbe interrogatif *où*, quand il s'associe à une particule (で, **de**, pour cette leçon).

A 4 TRANSCRIPTION ET TRADUCTION

1. Morita-san wa ano mise de kaimono o shimashita.
   Mme Morita a fait les courses dans ce magasin là-bas.
2. Watashitachi wa resutoran de furansu ryōri o tabemasu.
   Nous mangeons de la cuisine française dans un restaurant.
3. Missheru-san wa sono mise de zubon to shatsu o kaimashita.
   M. Michel a acheté un pantalon et une chemise dans ce magasin-là.
4. Tanaka-san to Hayashi-san wa kissaten de kōhī o nomimashita.
   Mme Tanaka et Mme Hayashi ont bu du café au salon de thé.
5. Dyupon-san wa watashi no ie de nihon ryōri o tabemashita.
   M. Dupont a mangé de la cuisine japonaise chez moi.

33 山田さん　は　どこ　に　います　か。
Yamada-san wa doko ni imasu ka.

B 1 PRÉSENTATION

■ Kanji, idéogramme d'origine chinoise :

kanji	lecture en hiragana	prononciation	signification
屋	や	[ya]	*boutique* (suffixe)

■ Vocabulaire :

パン屋	pan ya [pann'ya]	*boulangerie(s)*
肉屋	niku ya	*boucherie(s)*
魚屋	sakana ya	*poissonnerie(s)*
本屋	hon ya [honn'ya]	*librairie(s)*
花屋	hana ya	*magasin(s) de fleurs*
くつ屋	kutsu ya	*magasin(s) de chaussures*
いる	*iru	*être ; exister* (pour les êtres vivants)
ある	*aru	*être ; exister* (pour les objets)
に	ni	*à ; dans* (particule de lieu)

* いる　, **iru**, et ある　, **aru**, signifient *être* dans le sens de *exister* ou *se trouver* ; il faut exclure le sens de *être* reliant l'attribut au sujet, ce qui est le rôle de です　, **desu** (cf. 11A1).

■ 山田さん　は　どこ　に　います　か。
Yamada-san wa doko ni imasu ka.
Yamada / M. / - / quel endroit / à / être / ?
Où est M. Yamada ?

B 2 APPLICATION

1. デュポンさん　は　花屋　に　いました。
2. 山田さん　は　本屋　に　います。
3. パン屋　は　そこ　に　あります。
4. 本田さん　と　山本さん　は　肉屋　に　いました。
5. くつ屋　は　あそこ　に　あります。
6. 魚屋　は　どこ　に　あります　か。

B 3 REMARQUES

■ Grammaire

• いる , **iru**, *être*, ne s'emploie que quand le sujet est un être vivant ; ある , **aru**, *être*, est utilisé uniquement quand le sujet est un objet.

• る , **ru**, dans いる , **iru**, disparaît devant ます , **masu**, parce qu'il est précédé d'une syllabe en **i** : います , **imasu** (cf. 26B3). En ce qui concerne ある , **aru**, sa terminaison る , **ru**, devient り , **ri**, devant ます , **masu**, car elle est précédée d'une syllabe en **a** : あります , **arimasu** (cf. 26A1).

• La particule に , **ni**, marque ici le lieu où se trouve un être vivant ou un objet : elle ne doit pas être remplacée par で , **de** (particule de lieu d'action).

パン屋 は あそこ に あります。
Pan ya wa asoko **ni** arimasu.
boulangerie / - / l'endroit là-bas / à / être
La boulangerie est là-bas.

• On peut substituer です , **desu**, à あります , **arimasu**, ou à います , **imasu**, ce qui nous ramène à l'expression étudiée dans la leçon 15A/B.

かれ は ここ に います。 *Il est ici.*
Kare wa koko **ni imasu**. *lui / - / cet endroit-ci / à / être*

かれ は ここ です。 *Il est ici.*
Kare wa koko **desu**. *lui / - / cet endroit-ci / être*

Important : il faut supprimer la particule に , **ni**, quand on remplace います , **imasu** (ou あります , **arimasu**), par です, **desu**.

B 4 TRANSCRIPTION ET TRADUCTION

1. Dyupon-san wa hana ya ni imashita.
   Mlle Dupont était dans un magasin de fleurs.
2. Yamada-san wa hon ya ni imasu.
   M. Yamada est dans une librairie.
3. Pan ya wa soko ni arimasu. *La boulangerie est là.*
4. Honda-san to Yamamoto-san wa niku ya ni imashita.
   Mme Honda et Mme Yamamoto étaient dans une boucherie.
5. Kutsu ya wa asoko ni arimasu.
   Le magasin de chaussures est là-bas.
6. Sakana ya wa doko ni arimasu ka. *Où est la poissonnerie ?*

33 C1 Exercices

A. Traduisez en français.

1. あなた は どこ で この シャツ を 買いました か。
2. 田中さん の 店 は あそこ に あります。
3. ミッシェルさん は あの 花屋 に います。
4. わたしたち は きのう その レストラン で フランスりょうり を たべました。

B. Traduisez en japonais.

1. *J'ai acheté cette machine à coudre-ci dans le magasin là-bas.*
2. *Le magasin de chaussures et le supermarché sont là.*
3. *Elles mangent souvent dans ce restaurant là-bas.*
4. *Ils font toujours les courses dans ce marché-ci.*

C 2 CORRIGÉ

A. 1. *Où as-tu acheté cette chemise-ci ?*
2. *Le magasin de Monsieur Tanaka est là-bas.*
3. *M. Michel est dans la magasin de fleurs là-bas.*
4. *Hier nous avons mangé de la cuisine française dans ce restaurant-là.*

B. 1. わたし は あの 店 で この ミシン を 買いました。
2. くつ屋 と スーパー は そこ です。
3. かのじょたち は よく あの レストラン で しょくじします。
4. かれら は いつも この いちば で 買いもの を します。

■ Miscellanées : 魚 , **sakana**, *poisson*

Les Japonais consomment divers *poissons* (魚 , **sakana**) parmi lesquels les succulentes *anguilles* (うなぎ , **unagi**) servies sur un canapé de riz dans des boîtes de laque fermées par un couvercle et l'inquiétant ふぐ , **fugu**, dont la poche ventrale recèle un poison mortel et qui, pour la sécurité du client, doit être préparé par des mains très expertes.

C 3 ÉCRITURE : KANJI

kanji ▼ — ordre des traits ▼

か [ka]

買

1	2	3	4	5	6	7	8	9	10	11	12

みせ [misse]

店

1	2	3	4	5	6	7	8

や [ya]

屋

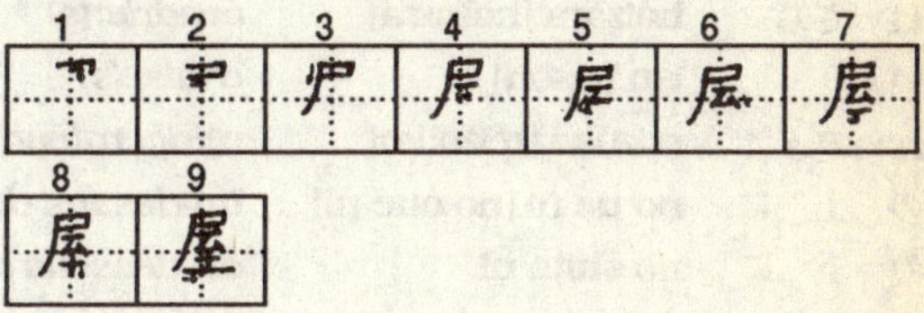

1	2	3	4	5	6	7	8	9

C 4 EXERCEZ-VOUS

買

店

屋

34 かれ の ライター は テーブル の 上 に あります。
Kare no raitā wa tēburu no ue ni arimasu.

A 1 PRÉSENTATION

■ Kanji, idéogramme d'origine chinoise :

kanji	lecture en hiragana	prononciation	signification
上	うえ	[oué]	*dessus* (nom)
下	した	[shita]	*dessous* (nom)

■ Vocabulaire :

ライター	raitā [raïta:]	*briquet(s)*
マッチ	macchi [mat'tchi]	*allumettes*
スーツケース	sūtsukēsu [sou:tsouké:ss]	*valise(s)*
はいざら	haizara [haïzara]	*cendrier(s)*
いす	isu [issou]	*chaise(s)*
れいぞうこ	reizōko [rëizo:ko]	*réfrigérateur(s)*
の 上 に	no ue ni [no oué ni]	*au-dessus de ; sur*
の 下 に	no shita ni	*au-dessous de ; en bas de*
の 中 に	no naka ni	*à l'intérieur de ; dans*

■ かれ の ライター は テーブル の 上 に あります。
Kare no raitā wa tēburu no ue ni arimasu.
lui / de / briquet / - / table / de / dessus / à / être
Son briquet est sur la table.

A2 APPLICATION

1. 肉 や 魚 は れいぞうこ の 中 に あります。
2. あなた の マッチ は その テーブル の 上 に あります。
3. かれら は 車 の 中 に います。
4. 林さん の ライター は いす の 下 に ありました。
5. かのじょ の ふく は この スーツケース の 中 に は ありません。

A 3 REMARQUES

■ Grammaire

• Pour indiquer où se trouve une chose ou une personne, on a ici le schéma suivant :

A +	は +	B +	の +	C +	に +	あります (います)。
	wa		no		ni	arimasu (imasu).

Commentaire :

1. A, sujet de la phrase, indique une chose ou une personne à localiser.
2. B représente une autre chose ou une autre personne par rapport à laquelle on situe A.
3. C représente des mots comme 上, **ue**, *dessus*, 下, **shita**, *dessous*, ou 中, **naka**, *intérieur*.

かれら(A) は 車(B) の 中(C) に います。
Karera wa kuruma no naka ni imasu.
eux / - / voiture / de / intérieur / à / être
Ils sont dans (à l'intérieur d') une voiture.

■ Remarques sur la phrase 5 de A2 :

• Placée juste après la particule に, **ni**, la deuxième particule は, **wa**, sert à souligner ce qui est nié (en l'occurrence le lieu désigné par la phrase) ; cet emploi de は, **wa**, est très fréquent dans la négation (cf. 12B1).

はいざら は つくえ の 上 に は ありません。
Haizara wa tsukue no ue ni **wa** arimasen.
cendrier / - / bureau / de / dessus / à / - / ne pas être
Le cendrier n'est pas sur le bureau.

A 4 TRANSCRIPTION ET TRADUCTION

1. Niku ya sakana wa reizōko no naka ni arimasu.
   La viande et le poisson (entre autres) sont dans le réfrigérateur.
2. Anata no macchi wa sono tēburu no ue ni arimasu.
   Tes allumettes sont sur cette table-là.
3. Karera wa kuruma no naka ni imasu. *Ils sont dans la voiture.*
4. Hayashi-san no raitā wa isu no shita ni arimashita.
   Le briquet de M. Hayashi était au-dessous d'une chaise.
5. Kanojo no fuku wa kono sūtsukēsu no naka ni wa arimasen.
   Ses vêtements ne sont pas dans cette valise-ci.

34 あの 木 の 下 に 何 が います か。
Ano ki no shita ni nani ga imasu ka.

B 1 PRÉSENTATION

■ Kanji, idéogramme d'origine chinoise :

kanji	lecture en hiragana	prononciation	signification
鳥	とり	[tori]	*oiseau(x)* (cf 6B1)
木	もく き	[mokou] [ki]	*arbre(s)*

• 木, se prononce [ki] quand il est employé seul (cf. 23B1).

■ Vocabulaire :

まん中	mannaka	[mann'naka]	*centre ; milieu*
まえ	mae		*devant* (nom)
うしろ	ushiro		*derrière* (nom)
ちかく	chikaku	[tchikakou]	*proximité*
となり	tonari*		*(à) côté (de)*
のはら	nohara		*champ(s)*

*となり, **tonari**, s'emploie pour décrire la situation de deux choses (personnes) se trouvant l'une à côté de l'autre.

■ あの 木 の 下 に 何 が います か。
Ano ki no shita ni nani ga imasu ka.
ce... là-bas / arbre / de / dessous / à / quoi / - / être / ?
Qu'y a-t-il au pied de cet arbre là-bas ?

B 2 APPLICATION

1. あの 木 の 上 に 鳥 が います。
2. 山田さん の うしろ に だれ が います か。
3. かのじょ の うしろ に 森田さん が います。
4. のはら の まん中 に うま が います。
5. ぎんこう の まえ に わたし の かいしゃ が あります。
6. 駅 の ちかく に ゆうびんきょく が あります。

B 3 REMARQUES

Prononciation

• 何 se prononce [nani] quand il est suivi de la particule が, **ga**.

Grammaire

• Le rôle de la particule が, **ga**, est ici d'introduire le sujet de la phrase sur lequel porte le message que le locuteur ou l'interlocuteur souhaite transmettre : le message concerne donc ce qu'il y a (ou qui il y a) et non pas l'endroit où une chose (ou un être vivant) se trouve.

のはら　の　まん中　に　うま　が　います。
Nohara no mannaka ni **uma ga** imasu.
champ / de / milieu / à / cheval / - / être
Il y a un (des) cheval (chevaux) au milieu du champ.

Remarques :

1. Le sujet suivi de が, **ga**, se place en général juste avant le verbe います, **imasu**, ou あります, **arimasu**.
2. Si la question porte sur le lieu où se trouve un objet ou une personne, le sujet est attaché à la particule は, **wa**, et se place cette fois en tête de la phrase (cf. 33B1, 34A1) :

うま　は　のはら　の　まん中　に　います。
Uma wa nohara no mannaka ni imasu.
cheval / - / champ / de / milieu / à / être
Un (des) cheval (chevaux) est (sont) au milieu du champ.

• の 上 に, **no ue ni**, peut se traduire par *dans* et の 下 に, **no shita ni**, *au pied de* (voir phrases B1 et 1 de B2.).

B 4 TRANSCRIPTION ET TRADUCTION

1. Ano ki no ue ni tori ga imasu.
   Il y a un oiseau dans (sur) cet arbre là-bas.
2. Yamada-san no ushiro ni dare ga imasu ka.
   Qui est derrière Mlle Yamada ?
3. Kanojo no ushiro ni Morita-san ga imasu.
   Il y a Mme Morita derrière elle.
4. Nohara no mannaka ni uma ga imasu.
   Il y a un (des) cheval (chevaux) au milieu du champ.
5. Ginkō no mae ni watashi no kaisha ga arimasu.
   Mon entreprise se trouve devant une banque.
6. Eki no chikaku ni yūbinkyoku ga arimasu.
   Il y a un bureau de poste près (à proximité) de la gare.

34 C1 Exercices

A. Traduisez en français.

1. あなた の ねこ は 家 の 中 に は いませんでした。
2. わたし の ライター は どこ に あります か。
3. あなた の となり に だれ が います か。
4. あかい 鳥 は あの 木 の 上 に いました。
5. かのじょ の マフラー は スーツケース の 下 に は ありませんでした。

B. Traduisez en japonais.

1. *M. Tanaka est dans la voiture de Mme Morita.*
2. *Il y avait du poisson et de la viande dans le réfrigérateur.*
3. *Qu'est-ce qu'il y a au milieu du champ ?*
4. *Il y a des chevaux et des vaches.*
5. *Hélène était devant Mlle Honda.*
6. *Il y a une librairie près de la gare.*

C 2 CORRIGÉ

A. 1. *Ton chat n'était pas dans la maison.*
2. *Où est (y a-t-il) mon briquet ?*
3. *Qui y a-t-il à côté de toi ?*
4. *L'oiseau rouge était dans cet arbre là-bas.*
5. Son cache-nez n'était pas sous la valise.

B. 1. 田中さん は 森田さん の 車 の 中 に います。
2. れいぞうこ の 中 に 魚 と 肉 が ありました。
3. のはら の まん中 に 何 が います か。
4. うま や うし が います。
5. エレーヌさん は 本田さん の まえ に いました。
6. 駅 の ちかく に 本屋 が あります。

■ Miscellanées : ありがとう , **arigatō**, *merci*

Pour être plus poli, on dit どうも, **dōmo**, avant de prononcer ありがとう, **arigatō**, *merci* : どうも ありがとう , **dōmo arigatō**, *merci beaucoup*. Mais les Japonais ne s'arrêtent pas là. Ils y ajoutent un suffixe ございます , **gozaimasu**, pour exprimer encore plus de gratitude : どうも ありがとうございます, **dōmo arigatō gozaimasu**, *je vous remercie beaucoup.*

C 3 ÉCRITURE : KANJI

kanji ▼ | ordre des traits ▼

うえ [oué]

上

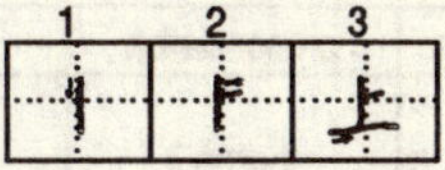

した [shita]

下

とり [toril]

鳥

C 4 EXERCEZ-VOUS

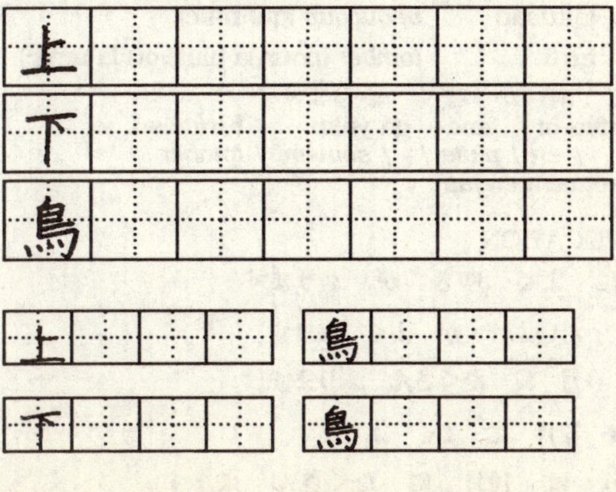

35 6月 に 雨 が よく ふります。
Roku gatsu ni ame ga yoku furimasu.

A 1 PRÉSENTATION

■ Kanji, idéogramme d'origine chinoise :

kanji	lecture en hiragana	prononciation	signification
雨	あめ	[amé]	*pluie*
月	げつ がつ	[guétsou] [gatsou]	*lune* (cf 23A1) *mois*

• 月 se prononce [gatsou] quand il est employé pour la formation des douze mois de l'année :

1月	ichi	gatsu	*janvier*	7月	shichi	gatsu	*juillet*
2月	ni	gatsu	*février*	8月	hachi	gatsu	*août*
3月	san	gatsu	*mars*	9月	ku	gatsu	*septembre*
4月	shi	gatsu	*avril*	10月	jū	gatsu	*octobre*
5月	go	gatsu	*mai*	11月	jūichi	gatsu	*novembre*
6月	roku	gatsu	*juin*	12月	jūni	gatsu	*décembre*

■ Vocabulaire :

雨	ame	*pluie*
ゆき	yuki	*neige*
たいふう	taifū	*typhon(s)*
たくさん	takusan	*beaucoup* (quantité)
ふる	furu	*tomber* (pour la pluie ou la neige)

■ 6月 に 雨 が よく ふります。
Roku gatsu ni ame ga yoku furimasu.
juin / en / pluie / - / souvent / tomber
Il pleut souvent en juin.

A 2 APPLICATION

1. 12月 に よく ゆき が ふります。
2. 9月 に たいふう が よく 来ます。
3. 雨 は 6月 に たくさん ふります。
4. ゆき は 12月 に よく ふります。
5. たいふう は 10月 に たくさん 来ます。

A 3 REMARQUES

■ Il suffit d'ajouter 月, **gatsu**, aux chiffres de 1 à 12 pour obtenir les douze mois de l'année :

5, **go** + 月, **gatsu** → 5 月, **go gatsu**, *mai*

• Attention aux chiffres **4, 7** et **9** dont les prononciations sont respectivement [shi], [shitchi] et [kou].

■ Grammaire

• Comme pour l'heure (cf. 26B3), il faut la particule に, **ni**, pour introduire le mois dans la phrase.

6月 に 雨 が よく ふります。
Roku gatsu **ni** ame ga yoku furimasu.
juin / en / pluie / - / souvent / tomber
Il pleut souvent en juin.

• Le verbe ふる, **furu**, *tomber*, ne s'emploie que pour exprimer le phénomène atmosphérique : *la pluie tombe.*

■ Remarques sur les phrases 3, 4 et 5 de A2 : **(important)**

• Pour ces trois phrases, le message à transmettre est le temps (avril, mai...) et non pas le sujet (la pluie, la neige...), puisque ce dernier est suivi de la particule は, **wa**.

ゆき は 12月 に ふります。 *Il neige en décembre.*
Yuki wa **jūni gatsu ni** furimasu.
neige / - / décembre / en / tomber

• Si le sujet est un message clef de la phrase, il est suivi de la particule が, **ga** (cf. A1 et 1 et 2 de A2).

• Il est impossible de faire apparaître sans contexte la différence entre が, **ga**, et は, **wa**, à travers la traduction française.

A 4 TRANSCRIPTION ET TRADUCTION

1. Jūni gatsu ni yoku yuki ga furimasu.
Il neige souvent en décembre.
2. Ku gatsu ni taifū ga yoku kimasu.
Les typhons arrivent (viennent) souvent en septembre.
3. Ame wa roku gatsu ni takusan furimasu.
Il pleut beaucoup en juin.
4. Yuki wa jūni gatsu ni yoku furimasu.
Il neige souvent en décembre.
5. Taifū wa jū gatsu ni takusan kimasu.
Beaucoup de typhons arrivent (viennent) en octobre.

35 いま 雪 が ふっています。
Ima yuki ga futteimasu.

B 1 PRÉSENTATION

■ Kanji, idéogramme d'origine chinoise :

kanji	lecture en hiragana	prononciation	signification
雪	ゆき	[youki]	*neige* (cf. 35A1)
風	かぜ	[kazé]	*vent*

■ Vocabulaire :

風 kaze *vent*
いま ima *en ce moment*
ふく fuku *souffler ; jouer* (cf. 30B1)
とぶ tobu *voler* (dans l'air)
あるく aruku *marcher*
ています teimasu [téïmass] *être en train de*

■ **infinitif** + ています **, teimasu**, donne la forme progressive :

ふる , **furu** + ています, **teimasu** → ふっています, **futteimasu**
tomber *être en train de* *être en train de tomber*

• ています , **teimasu**, contient la notion de politesse ; il ne varie ni en personne, ni en nombre.

■ いま 雪 が ふっています。 *Il neige en ce moment.*
Ima yuki ga futteimasu.
en ce moment / neige / - / être en train de tomber

B 2 APPLICATION

1. いま つよい 風 が ふいています。
2. つよい 雨 が ふっています。
3. 本田さん が あるいています。
4. 雪 が たくさん ふっています。
5. 鳥 が とんでいます。
6. エレーヌさん が フルート を ふいています。

35 Il neige en ce moment.

B 3 REMARQUES

■ Grammaire : la forme progressive

• La construction infinitif + ています, **teimasu**, donne ce que l'on appelle la forme progressive (ou continue). Elle est utilisée pour décrire des actions qui sont en train de se faire, de se dérouler et qui ont une certaine durée.

L'infinitif employé avec ています, **teimasu**, voit sa terminaison modifiée : cette modification est différente de celle rencontrée avec ます, **masu** :

1. La terminaison en く, **ku**, devient い, **i** :

ふく, fu**ku** + ています, **teimasu** → ふいています, fuiteimasu
souffler *en train de* *être en train de souffler*

2. La terminaison る, **ru**, devient っ, **tsu**, de petite taille si elle est précédée d'une syllabe en **a**, en **o** ou en **u** :

ふる, fu**ru** + ています, **teimasu** → ふっています, futteimasu
tomber *en train de* *être en train de tomber*

3. La terminaison ぶ, **bu**, devient ん, **n**, ; de plus, て, **te**, dans ています, **teimasu**, se transforme en で, **de** :

とぶ, to**bu** + ています, **teimasu** → とんでいます, tondeimasu
voler *en train de* *être en train de voler*

B 4 TRANSCRIPTION ET TRADUCTION

1. Ima tsuyoi kaze ga fuiteimasu.
   Il y a un fort vent (le vent souffle fort) en ce moment.
2. Tsuyoi ame ga futteimasu.
   Il pleut fort. (Une forte pluie est en train de tomber.)
3. Honda-san ga aruiteimasu.
   M. Honda est en train de marcher.
4. Yuki ga takusan futteimasu.
   Il neige beaucoup (en ce moment).
5. Tori ga tondeimasu.
   Un (des) oiseau(x) est (sont) en train de voler.
6. Erēnu-san ga furūto o fuiteimasu.
   Hélène est en train de jouer de la flûte.

35 C1 Exercices

A. Traduisez en français.

1. いち月　に　雪　が　たくさん　ふります。
2. 雨　は　じゅう月　に　は　あまり　ふりません。
3. デュポンさん　は　かいしゃ　で　はたらいています。
4. 人　が　たくさん　あるいています。
5. だれ　が　バイオリン　を　ひいています　か。
6. かのじょ　は　ラジオ　で　おんがく　を　きいています。

B. Traduisez en japonais.

1. *Il pleut beaucoup en ce moment.*
2. *Mme Yamada est en train d'écrire une lettre.*
3. *Des typhons arrivent (viennent) souvent en septembre.*
4. *Un oiseau est en train de voler.*
5. *Il y a un vent fort en février.*
6. *Il y a un vent fort en ce moment.*

C 2 CORRIGÉ

A.
1. *Il neige beaucoup en janvier.*
2. *Il ne pleut pas beaucoup en octobre.*
3. *Mlle Dupont travaille (en ce moment) au bureau.*
4. *Beaucoup de gens sont en train de marcher.*
5. *Qui joue (en ce moment) du violon ?*
6. *Elle écoute (en ce moment) de la musique à la radio.*

B.
1. いま　雨　が　たくさん　ふっています。
2. 山田さん　は　てがみ　を　かいています。
3. たいふう　は　９月　に　よく　来ます。
4. 鳥　が　とんでいます。
5. に月（２月）　に　つよい　風　が　ふきます。
   つよい　風　は　に月（２月）　に　ふきます。
6. いま　つよい　風　が　ふいています。

■ Miscellanées : **chizu** (ちず) **et chizu** (チーズ)

En japonais la longueur d'une voyelle peut changer complètement le sens d'un mot : il faut donc faire très attention aux voyelles longues et courtes. Voici 3 exemples :

1)	chizu	*carte*	/	chīzu	*fromage*
2)	shujin	*mari*	/	shūjin	*prisonnier*
3)	obasan	*tante*	/	obāsan	*grand-mère*

35 C 3 ÉCRITURE : KANJI

kanji ▼ **ordre des traits** ▼

あめ [amé]

雨

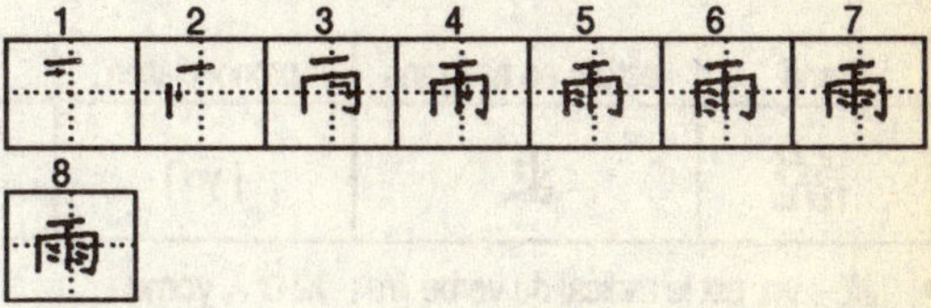

かぜ [kazé]

風

ゆき [youki]

雪

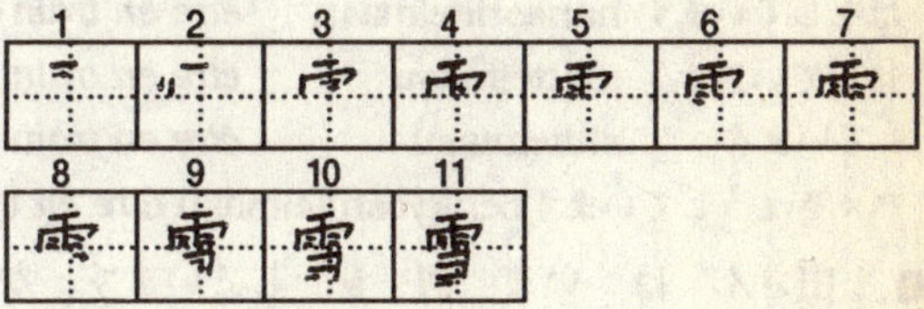

C 4 EXERCEZ-VOUS

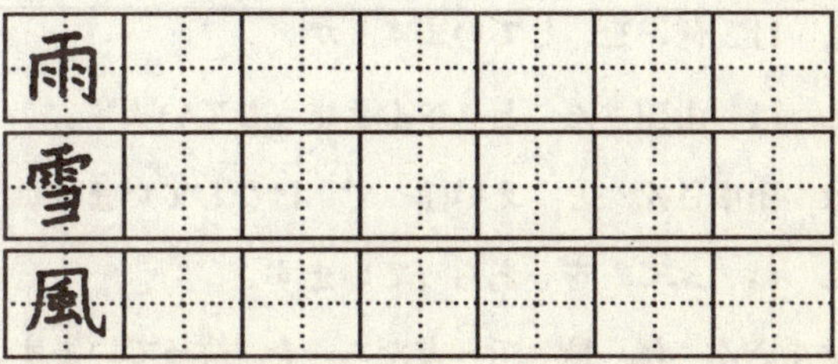

36 上田さん　は　いま　何　を　しています　か。
Ueda-san wa ima nani o shiteimasu ka.

A 1 PRÉSENTATION

■ Kanji, idéogramme d'origine chinoise :

kanji	lecture en hiragana	prononciation	signification
読	よ	[yo]	*lecture ; lire* (cf. 24A1)

- 読 , yo, est le radical du verbe *lire* : 読む , yomu.

■ Vocabulaire :

上田	Ueda	*Ueda* (nom de famille)
あらう	arau [ăraou]	*laver ; nettoyer*
あらっています	aratteimasu	*être en train de laver (nettoyer)*
読んでいます	yondeimasu	*être en train de lire*
はなしています	hanashiteimasu	*être en train de parler*
待っています	matteimasu	*être en train d'attendre*
しています	shiteimasu	*être en train de faire*
べんきょうしています	benkyōshiteimasu	*être en train d'étudier*

■ 上田さん　は　いま　何　を　しています　か。
Ueda-san wa ima nani o shiteimasu ka.
Ueda / M. / - / en ce moment / que / - / être en train de faire/?
Que fait M. Ueda en ce moment ?

N.B. 何 se dit [nani] quand il est suivi de la particule を , o.

A 2 APPLICATION

1. 森田さん　は　何　を　しています　か。

2. かのじょ　は　山田さん　と　べんきょうしています。

3. かれ　は　田中さん　と　えい語　で　はなしています。

4. 本田さん　は　ふく　を　あらっています。

5. ミッシェルさん　は　駅　で　友だち　を　待っています。

6. かのじょたち　は　本　を　読んでいます。

A 3 REMARQUES

Grammaire : la forme progressive (2)

• Rappel : l'infinitif employé avec ています, **teimasu**, *être en train*, voit sa terminaison modifiée (suite de la leçon 35B3) :

4. La terminaison む, **mu**, devient ん, **n** ; de plus て, **te**, dans ています, **teimasu**, se transforme en で **de**, comme pour la terminaison ぶ, **bu** :

読む, yo**mu** + ています, **teimasu** → 読んでいます, **yondeimasu**
lire — *en train de* — *être en train de lire*

5. Les terminaisons う, **u**, et つ, **tsu**, deviennent っ, **tsu**, de petite taille, comme pour la terminaison る, **ru**, précédée de la syllabe en **a**, en **o** ou en **u** :

あらう, ara**u** + ています, **teimasu** → あらっています, **aratteimasu**
laver — *en train de* — *être en train de laver*

待つ, ma**tsu** + ています, **teimasu** → 待っています, **matteimasu**
attendre — *en train de* — *être en train d'attendre*

6. La terminaison す, **su**, et le verbe irrégulier する, **suru**, *faire* (y compris les verbes constitués par celui-ci) deviennent し, **shi** :

はなす	+	ています	→ はなしています
hana**su**	/	**teimasu**	**hanashiteimasu**
parler	/	*être en train de*	*être en train de parler*
べんきょうする	+	ています	→ べんきょうしています
benkyō**suru**	/	**teimasu**	**benkyōshiteimasu**
étudier	/	*être en train de*	*être en train d'étudier*

A 4 TRANSCRIPTION ET TRADUCTION

1. Morita-san wa nani o shiteimasu ka.
   Que fait Mlle Morita (en ce moment) ?
2. Kanojo wa Yamada-san to benkyōshiteimasu.
   Elle est en train d'étudier avec Mlle Yamada.
3. Kare wa Tanaka-san to eigo de hanashiteimasu.
   Il est en train de parler en anglais avec M. Tanaka.
4. Honda-san wa fuku o aratteimasu.
   M. Honda est en train de laver des vêtements.
5. Missheru-san wa eki de tomodachi o matteimasu.
   Mme Michel attend un(e) ami(e) à la gare (en ce moment).
6. Kanojotachi wa hon o yondeimasu.
   Elles lisent des livres (en ce moment).

36 かのじょ は セーター を 着ています。
Kanojo wa sētā o kiteimasu.

B 1 PRÉSENTATION

■ Kanji, idéogramme d'origine chinoise :

kanji	lecture en hiragana	prononciation	signification
食	た	[ta]	*manger* (cf. 24A1)
着	き	[ki]	*habillage ;* *mettre* (vêtements)

• 食 , **ta**, est le radical du verbe *manger* : 食べる , **ta**beru.

• 着 , **ki**, est le radical du verbe *mettre* : 着る , **ki**ru.

■ Vocabulaire :

ジーンズ	jīnzu [dji:nnzou] *jean(s)*	
着る	kiru	*mettre* (pull, veste, chemise...)
着ています	kiteimasu	*être en train de mettre ; porter*
はく	haku	*mettre* (pantalon, chaussures...)
はいています	haiteimasu	*être en train de mettre ; porter*
およいでいます	oyoideimasu	*être en train de nager*
食べています	tabeteimasu	*être en train de manger*

• 着る , **kiru**, et はく , **haku**, signifient *mettre* des vêtements ; le premier concerne les vêtements au-dessus de la ceinture, le second les vêtements en dessous de la ceinture, y compris les chaussures et les chaussettes.

■ かのじょ は セーター を 着ています。
Kanojo wa sētā o kiteimasu.
elle / - / pull-over / - / porter (être en train de mettre)
Elle porte (est en train de mettre) un pull-over.

B 2 APPLICATION

1. 田中さん は ジーンズ を はいています。
2. ピエールさん は 海で およいでいます。
3. 森田さん は くだもの を 食べています。
4. かれら は シャツ を 着ています。

B 3 REMARQUES

■ Grammaire : la forme progressive (3)

• Voici encore deux terminaisons à modifier devant ています, **teimasu**, *être en train de* (suite de A de la présente leçon) :

7. La terminaison ぐ, **gu**, devient い, **i**, de plus て, **te**, dans ています, **teimasu**, est transformé en で, **de** :

およぐ +	ています	→ およいでいます
oyō**gu** /	**teimasu**	**oyoideimasu**
nager /	*être en train de*	*être en train de nager*

8. La terminaison る, **ru**, disparaît, si elle est précédée d'une syllabe en **e** ou en **i** (sa disparition est simulée par □) :

食べる +	ています →	食べ□ています
tabe**ru** /	**teimasu**	**tabe□teimasu**
manger /	*être en train de*	*être en train de manger*

着る, **kiru** + ています, **teimasu** → 着□ています, **ki□teimasu**
mettre — *en train de* — *être en train de mettre* ou *porter* (des vêtements)

Remarques :

• Associé à ています, **teimasu**, 着る, **kiru**, *mettre*, exprime également le résultat de cette action: 着ています, **kiteimasu**, *porter* (des vêtements).

• Il en va de même pour はく, **haku**, *mettre*, qui exprime non seulement l'action en cours, mais aussi son résultat :

はく, ha**ku** + ています, **teimasu** → はいています, **haiteimasu**
mettre — *en train de* — *être en train de mettre* ou *porter* (des chaussures)

B 4 TRANSCRIPTION ET TRADUCTION

1. Tanaka-san wa jīnzu o haiteimasu.
   Mme Tanaka porte un jean.
   ou *Mme Tanaka est en train de mettre un jean.*
2. Piēru-san wa umi de oyoideimasu.
   Pierre est en train de nager dans la mer.
3. Morita-san wa kudamono o tabeteimasu.
   M. Morita mange un fruit (en ce moment).
4. Karera wa shatsu o kiteimasu. *Ils portent des chemises.*

36 C1 Exercices

A. Traduisez en français.

1. 上田さん　は　家　の　まえ　で　何　を　しています　か。
2. かのじょ　は　友だち　を　待っています。
3. ミッシェルさん　は　きょう　あかい　セーター　を　きています。
4. かのじょたち　は　いま　あの　きっさてん　で　コーヒー　を　のんでいます。
5. 本田さん　と　山本さん　は　車　の　ざっし　を　読んでいます。
6. かれら　は　いま　はなしあっています。

B. Traduisez en japonais.

1. *Il est en train de laver ses (les) chemises.*
2. *Que fait Monsieur Ueda chez lui (à sa maison) ?*
3. *Mme Dupont porte des chaussettes blanches.*
4. *Elle étudie le japonais en ce moment.*
5. *M. Tanaka est en train d'acheter des poissons dans cette poissonnerie là-bas.*

C2 CORRIGÉ

A.
1. *Que fait Mlle Ueda devant la maison (en ce moment) ?*
2. *Elle attend un (des) ami(s) (en ce moment).*
3. *Aujourd'hui Mme Michel porte un pull rouge.*
4. *Elles sont en train de boire du café en ce moment dans ce salon de thé là-bas.*
5. *M. Honda et M. Yamamoto lisent (en ce moment) des revues automobiles (de voitures).*
6. *Ils sont en train de discuter.*

B.
1. かれ　は　シャツ　を　あらっています。
2. 上田さん　は　うち（ou 家）　で　何　を　しています　か。
3. デュポンさん　は　しろい　くつした　を　はいています。
4. かのじょ　は　いま　日本語　を　べんきょうしています。
5. 田中さん　は　あの　魚屋　で　魚　を　買っています。

■ Miscellanées : すみません！ **Sumimasen !**

すみません, sumimasen, est une expression très courante qui se traduit en général par *excusez-moi*.

Les Japonais utilisent cependant cette expression en recevant par exemple un cadeau. Pourquoi s'excusent-ils quand ils doivent remercier ? On emploie en fait すみません, sumimasen, pour faire ressentir qu'on ne mérite pas ou qu'on n'attend pas une telle gentillesse.

C 3 ÉCRITURE : KANJI

kanji ▼ ordre des traits ▼

よ [yo]

読

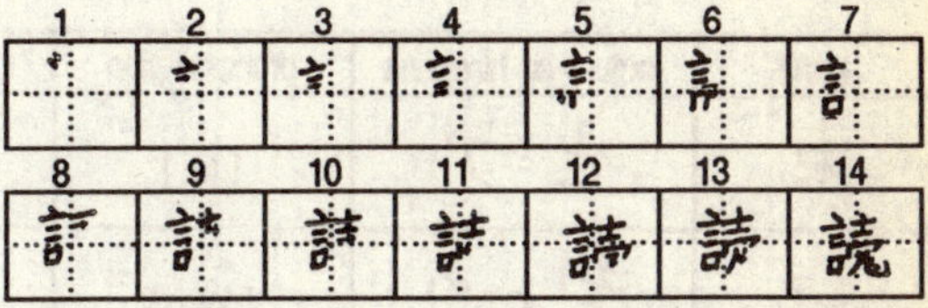

た [ta]

食

き [ki]

着

C 4 EXERCEZ-VOUS

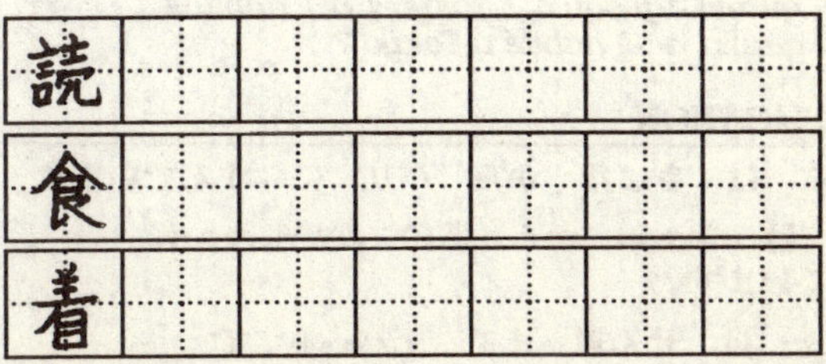

37 かれ は いつ まで 東京 に すんでいました か。
Kare wa itsu made Tōkyō ni sundeimashita ka.

A 1 PRÉSENTATION

■ Kanji, idéogramme d'origine chinoise :

kanji	lecture en hiragana	prononciation	signification
東	とう	[to:]	*est* (point cardinal)
京	きょう	[kyo:]	*capitale(s)*

■ Vocabulaire :

東京	Tōkyō [to:kyo:]	*Tokyo*
せん週	senshū [sénnshou:]	*la semaine dernière*
きょ年	kyonen	*l'an dernier*
いつ	itsu	*quand* (adverbe interrogatif)
から	kara	*depuis ; à partir de*
まで	made	*jusqu'à*
すむ	sumu	*s'installer ; habiter*
つとめる	tsutomeru	*travailler* (voir A3 ci-contre)

■ ていました, **teimashita**, est la forme passée de ています, **teimasu** ; on peut la traduire en français par l'imparfait.

■ かれ は いつ まで 東京 に すんでいました か。
Kare wa itsu made Tōkyō ni sundeimashitaka.
lui / - / quand / jusqu'à / Tokyo / à / habitait / ?
Jusqu'à quand a-t-il habité à Tokyo ?

A 2 APPLICATION

1. 山田さん は きょ年 から パリ に すんでいます。
2. 林さん は きょ年 から あの かいしゃ に つとめています。
3. かのじょ は せん週 まで デパート で はたらいていました。
4. 本田さん は 毎日 がっこう へ 行っています。

A 3 REMARQUES

■ La construction **infinitif +** ています , **teimasu** peut indiquer une action habituelle qui se déroule dans le temps.

• すむ , **sumu**, fait appel à ています , **teimasu**, pour introduire la notion de durée. D'autre part, c'est la particule に , **ni**, qui marque le complément de lieu de すむ , **sumu**, *habiter*.

パリ に すんでいます — *habiter à Paris (depuis...)*
Pari **ni** sundeimasu — *Paris / à / habiter*

• つとめる, **tsutomeru**, et はたらく , **hataraku** (cf 28B1), signifient *travailler* ; grâce à ています , **teimasu**, ils peuvent indiquer une action habituelle et durable.

かいしゃ に つとめています *travailler dans une compagnie*
kaisha **ni** tsutometeimasu
compagnie / dans / travailler

かいしゃ で はたらいています *travailler dans une compagnie*
kaisha **de** hataraiteimasu
compagnie / dans / travailler

> Important : つとめる , **tsutomeru**, a besoin de la particule に , **ni**, pour son complément de lieu, tandis que はたらく , **hataraku**, s'emploie avec la particule で , **de**.

• 行く , **iku**, *aller*, suivi de ています , **teimasu**, exprime une habitude : bien que sa terminaison soit く , **ku**, elle devient っ , **tsu**, de petite taille devant ています , **teimasu** (exception).

がっこう へ 行っています — *fréquenter (aller à) l'école*
gakkō e itteimasu — *école / à / fréquenter (aller)*

A 4 TRANSCRIPTION ET TRADUCTION

1. Yamada-san wa kyonen kara Pari ni sundeimasu.
   M. Yamada habite à Paris depuis l'an dernier.
2. Hayashi-san wa kyonen kara ano kaisha ni tsutometeimasu.
   Mme Hayashi travaille dans cette compagnie là-bas depuis l'an dernier.
3. Kanojo wa senshū made depāto de hataraiteimashita.
   Elle travaillait dans un grand magasin jusqu'à la semaine dernière.
4. Honda-san wa mainichi gakkō e itteimasu.
   M. Honda va à l'école tous les jours.

37 山口さん　は　はいしゃ　を　しています。
Yamaguchi-san wa haisha o shiteimasu.

B 1　PRÉSENTATION

■ Kanji, idéogramme d'origine chinoise :

kanji	lecture en hiragana	prononciation	signification
口	くち ぐち	[koutchi] [goutchi]	*bouche(s)*

■ Vocabulaire :

山口	Yamaguchi	*Yamaguchi* (nom de famille)
はいしゃ	haisha [haïsha]	*dentiste(s)*
かんごふ	kangofu	*infirmière(s)*
べんごし	bengoshi	*avocat(s)*
きょうし	kyōshi	*enseignant(s)*
ジャーナリスト	jānarisuto [dja:narissto]	*journaliste(s)*
おとうさん	otōsan	*père(s)* (mot poli)
ちち	chichi	*père(s)* (voir B3 ci-contre)
おかあさん	okāsan	*mère(s)* (mot poli)
はは	haha	*mère(s)* (voir B3 ci-contre)

■ 山口さん　は　はいしゃ　を　しています。
Yamaguchi-san wa haisha o shiteimasu.
Yamaguchi / Mme / - / dentiste / - / exercer (le métier de)
Mme Yamaguchi est (exerce le métier de) dentiste.

B 2　APPLICATION

1. あなた　の　おかあさん　は　何　を　しています　か。
2. わたし　の　はは　は　きょうし　を　しています。
3. 山口さん　は　かんごふ　を　しています。
4. かれ　の　おとうさん　は　べんごし　を　しています。
5. 森田さん　は　ジャーナリスト　を　しています。

B 3 REMARQUES

■ **Nom de métier + を していまず**

• Suivi de ています , **teimasu**, する , **suru**, *faire*, s'emploie ici pour désigner un métier ou une fonction qu'on exerce.

かんごふ を しています *exercer le métier d'infirmière*
kangofu o shiteimasu *infirmière / - / exercer*

• Cette expression peut être remplacée par です , **desu**, *être*, mais il faut supprimer alors la particule を , **o** :

はいしゃ を しています *exercer le métier de dentiste*
haisha o shiteimasu

はいしゃ です *être dentiste*
haisha desu

• おとうさん , **otōsan**, *père*, et おかあさん , **okāsan**, *mère*, comportant la notion de politesse, ne sont pas utilisés quand on désigne ses propres père et mère ; ce sont ちち , **chichi**, *père*, et はは , **haha**, *mère*, qui doivent s'employer. Exemples :

わたし の ちち watashi no chichi *mon père*	s'oppose à	あなた の おとうさん anata no otōsan *ton père*

■ Remarque sur la phrase 1 de B2 : elle a deux traductions possibles et seul le contexte nous dira le choix entre 1 et 2 :

1. *Que fait ta mère (en ce moment) ?*
2. *Que fait ta mère (comme profession) ?*

B 4 TRANSCRIPTION ET TRADUCTION

1. Anata no okāsan wa nani o shiteimasu ka.
   Que fait ta mère (comme profession) ?
2. Watashi no haha wa kyōshi o shiteimasu.
   Ma mère est (exerce le métier d') enseignante.
3. Yamaguchi-san wa kangofu o shiteimasu.
   Mlle Yamaguchi est (exerce le métier d') infirmière.
4. Kare no otōsan wa bengoshi o shiteimasu.
   Son père est (exerce le métier d') avocat.
5. Morita-san wa jānarisuto o shiteimasu.
   Mlle Morita est (exerce le métier de) journaliste.

37 C1 Exercices

A. Traduisez en français.

1. あなた　の　おとうさん　は　何　を　しています　か。
2. わたし　の　はは　は　かんごふ　を　しています。
3. かれら　は　いつ　から　ローマ　に　すんでいます　か。
4. 森田さん　は　東京　で　はいしゃ　を　しています。
5. かのじょ　の　おかあさん　は　きょ年　まで　きょうし　を　していました。

B. Traduisez en japonais.

1. *Est-ce que ta mère est (exerce le métier de) journaliste ?*
2. *Non, ma mère est (exerce le métier de) avocate.*
3. *Jusqu'à quand M. Yamaguchi a-t-il habité en Italie ?*
4. *Je travaille dans un grand magasin depuis la semaine dernière.*
5. *Que fait le père de Pierre (comme profession) ?*

C 2 CORRIGÉ

A. 1. *Que fait ton père (comme profession) ?*
2. *Ma mère est infirmière.*
3. *Depuis quand habitent-ils à Rome ?*
4. *M. Morita exerce le métier de dentiste à Tokyo.*
5. *Sa mère (à elle) était enseignante jusqu'à l'an dernier.*

B. 1. あなた　の　おかあさん　は　ジャーナリスト　を　しています　か。
2. いいえ，わたし　の　はは　は　べんごし　を　しています。
3. 山口さん　は　いつ　まで　イタリア　に　すんでいました　か。
4. わたし　は　せん週　から　デパート　に　つとめています。
わたし　は　せん週　から　デパート　で　はたらいています。
5. ピエールさん　の　おとうさん　は　何　を　しています　か。

■ Miscellanées : ***Comment ça va ?***

Chez les Français, l'emploi de *comment ça va ?* est très fréquent. Par contre, son équivalent japonais いかがですか, **Ikaga desu ka**, n'est pas utilisé quotidiennement : les Japonais ne le disent que lorsqu'ils ne se sont pas rencontrés depuis assez longtemps. Comment se saluent alors les Japonais ?

Ils parlent du climat, ils vous demandent si vous êtes occupé, si vous allez quelque part, etc.

37 C 3 ÉCRITURE : KANJI

kanji ▼ ordre des traits ▼

くち [koutchi]
ぐち [goutchi]

口

とう [to:]

東

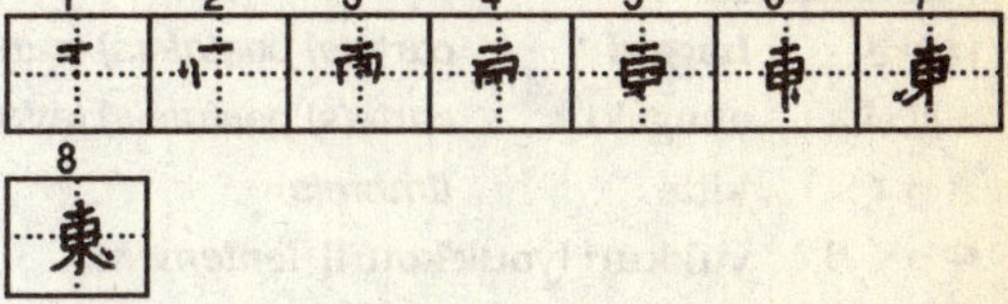

きょう [kyo:]

京

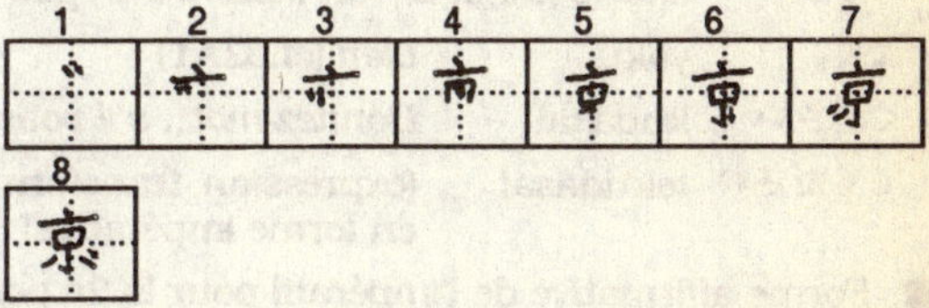

C 4 EXERCEZ-VOUS

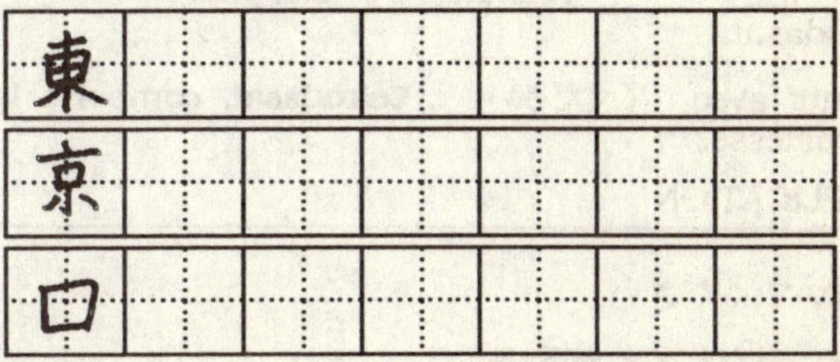

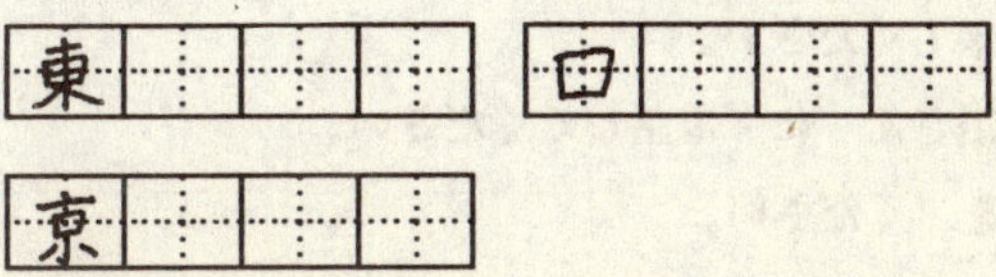

38 ちょっと　待ってください。Chotto mattekudasai.

A 1　PRÉSENTATION

■ Kanji, idéogramme d'origine chinoise :

kanji	lecture en hiragana	prononciation	signification
聞	き	[ki]	*écouter ; entendre* (cf. 24B1)

- 聞 , **ki**, est le radical du verbe *écouter* : 聞く , **kiku**.

■ Vocabulaire :

はがき	hagaki	*carte(s) postale(s)* (sans image)
えはがき	ehagaki	*carte(s) postale(s)* (avec image)
きって	kitte	*timbre(s)*
ゆっくり	yukkuri [youk'kouri]	*lentement*
ちょっと	chotto [tchot'to]	*un instant ; un peu*
よく	yoku	*bien* (cf.32A1)
ください	kudasai	*Donnez-moi... s'il vous plaît !*
てください	tekudasai	(expression transformant l'infinitif en forme impérative)

■ Forme affirmative de l'impératif pour la 2e personne :

- **infinitif +** てください **, tekudasai**

待ってください　　*Attendez, s'il vous plaît !*
mattekudasai.

- L'impératif avec てください , **tekudasai**, comporte la notion de politesse.

A 2　APPLICATION

1. よく　聞いてください。
2. ゆっくり　はなしてください。
3. 4時　に　来てください。
4. あした　山田さん　に　電話してください。
5. えはがき　を　ください。
6. きって　を　ください。

A 3 REMARQUES

■ **L'impératif** est un mode qui exprime le commandement ou l'invitation à faire quelque chose.

• Pour obtenir la forme affirmative de l'impératif, on ajoute てください, **tekudasai**, à l'infinitif, en modifiant sa terminaison : les modifications sont les mêmes qu'avec ています, **teimasu**.

待つ matsu *attendre*	+ てください tekudasai	→ 待ってください。 mattekudasai. *Attendez, s'il vous plaît !*
聞く kiku *écouter*	+ てください tekudasai	→ 聞いてください。 kiitekudasai. *Écoutez, s'il vous plaît !*
•来る kuru *venir*	+ てください tekudasai	→ 来てください。 kitekudasai. *Venez, je vous prie !*

• 来, dans 来る, **kuru**, se prononce [kou]. Il est cependant prononcé [ki] quand il est utilisé avec てください, **tekudasai**.

■ En remplaçant て, **te**, dans てください, **tekudasai**, par la particule を, **o**, on a la construction suivante :

Nom + を ください。 o kudasai	: *Donnez-moi (+* nom*), s'il vous plaît (je vous prie) !*

きって を ください。 Kitte o kudasai.	*Donnez-moi un (des) timbre(s), s'il vous plaît !*

A 4 TRANSCRIPTION ET TRADUCTION

1. Yoku kittekudasai. *Écoutez-bien, s'il vous plaît!*
2. Yukkuri hanashitekudasai. *Parlez lentement, je vous prie !*
3. Yoji ni kitekudasai. *Venez à 4 heures, je vous prie !*
4. Ashita Yamada-san ni denwashitekudasai.
   Téléphonez à M. Yamada demain, s'il vous plaît !
5. Ehagaki o kudasai.
   Donnez-moi une carte postale (avec image), s'il vous plaît !
6. Kitte o kudasai. *Donnez-moi des timbres, je vous prie !*

38 おくれないでください。 Okurenaidekudasai.

B 1 PRÉSENTATION

■ Kanji, idéogramme d'origine chinoise :

kanji	lecture en hiragana	prononciation	signification
万	まん	[mann]	*dix mille*
筆	ひつ	[hitsou]	*pinceau(x)*

■ Vocabulaire :

万年筆	mannenhitsu	[mann'nénnhitsou]	*stylo(s) à encre*
おくれる	okureru		*tarder*
わすれる	wasureru		*oublier*
ないでください	naidekudasai		(expression pour la négation de l'impératif)

■ Forme négative de l'impératif pour la 2ème personne :

infinitif	+ ない nai	+ でください dekudasai

• On place le mot de négation ない, **nai**, *ne pas*, juste derrière l'infinitif dont on modifie en même temps la terminaison (cf. B3).

• て, **te**, dans てください, **tekudasai**, devient で, **de**.

おくれないでください。 *Ne tardez pas, je vous prie !*
Okurenaidekudasai.

B 2 APPLICATION

1. 万年筆　を　わすれないでください。
2. テレビ　を　見ないでください。
3. ここで　すいえい　を　しないでください。
4. ここ　へ　来ないでください。
5. あまり　タバコ　を　すわないでください。
6. ボールペン　で　かかないでください。

B 3 REMARQUES

■ La terminaison de l'infinitif doit se transformer devant ない **nai**, *ne pas*, de la façon suivante :

1. La terminaison る , **ru**, précédée d'une syllabe en **e** ou en **i**, disparaît ; sa disparition est signalée par □ :

おくれる	+	ない	→	おくれ□ない
okureru		nai		okure □ nai
tarder		*ne pas*		*ne pas tarder*
見る	+	ない	→	見□ない
miru		nai		mi □ nai
regarder		*ne pas*		*ne pas regarder*

2. Le verbe irrégulier する , **suru**, *faire*, devient し , **shi** :

する	+	ない	→	しない
suru		nai		shinai
faire		*ne pas*		*ne pas faire*

3. Quant à 来る , **kuru**, *venir*, il ne garde que son radical 来 , qui doit se prononcer [ko] et non pas [ki] (cf 38A3).

来る	+	ない	→	来ない
kuru		nai		konai
venir		*ne pas*		*ne pas venir*

4. La terminaison う , **u**, devient わ , **wa** :

すう	+	ない	→	すわない
suu		nai		suwanai
fumer		*ne pas*		*ne pas fumer*

5. Toutes les autres terminaisons se transforment en syllabe en **a** :

かく	+	ない	→	かかない
kaku		nai		kakanai
écrire		*ne pas*		*ne pas écrire*

B 4 TRANSCRIPTION ET TRADUCTION

1. Mannenhitsu o wasurenaidekudasai.
N'oubliez pas le stylo à encre, s'il vous plaît !
2. Terebi o minaidekudasai. *Ne regardez pas la télé, s'il vous plaît!*
3. Koko de suiei o shinaidekudasai.
Ne faites pas de natation ici, s'il vous plaît !
4. Koko e konaidekudasai. *Ne venez pas ici, s'il vous plaît !*
5. Amari tabako o suwanaidekudasai.
Ne fumez pas trop de cigarettes, je vous prie !
6. Bōrupen de kakanaidekudasai.
N'écrivez pas avec un stylo à bille, s'il vous plaît !

38 C1 Exercices

A. Traduisez en français.

1. この　本　を　読んでください。
2. よく　聞いてください。
3. これ　を　ください。
4. 日本語　で　ゆっくり　はなしてください。
5. かさ　を　わすれないでください。
6. たくさん　食べないでください。

B. Traduisez en japonais.

1. *Envoyez(-moi) une carte postale (avec image), s'il vous plaît.*
2. *Donnez-moi des timbres, je vous prie !*
3. *Venez avec M. Yamaguchi, s'il vous plaît !*
4. *N'achetez pas de cravate rouge, je vous prie !*
5. *Regardez bien, s'il vous plaît !*
6. *Ne buvez pas ce vin-ci s'il vous plaît !*

C 2 CORRIGÉ

A. 1. *Lisez(-moi) ce livre-ci, je vous prie !*
2. *Écoutez bien s'il vous plaît !*
3. *Donnez-moi ceci, s'il vous plaît !*
4. *Parlez lentement en japonais, je vous prie !*
5. *N'oubliez pas le parapluie, s'il vous plaît !*
6. *Ne mangez pas beaucoup, s'il vous plaît !*

B. 1. えはがき　を　おくってください。
2. きって　を　ください。
3. 山口さん　と　来てください。
4. あかい　ネクタイ　を　買わないでください。
5. よく　見てください。
6. この　ワイン　を　のまないでください。

■ Miscellanées : 万年筆 , **mannenhitsu**, *"pinceau éternel"*

Le français *stylo à encre* correspond au japonais 万年筆 , mannenhitsu.
C'est logique ! 万年筆 , mannenhitsu, est composé de trois kanji : 万 , man, *dix mille*, 年 ,nen, *an*, et 筆 , hitsu, *pinceau* ; ce qui signifie que c'est un pinceau dont la vie dure dix mille ans (= éternellement), en changeant de cartouche, bien sûr !

C 3 ÉCRITURE : KANJI

kanji — ordre des traits

まん [mann]

万

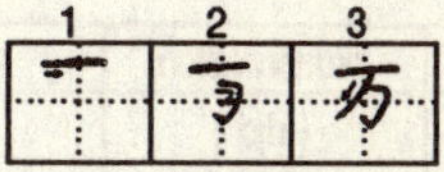

ひつ [hitsou]

筆

き [ki]

聞

C 4 EXERCEZ-VOUS

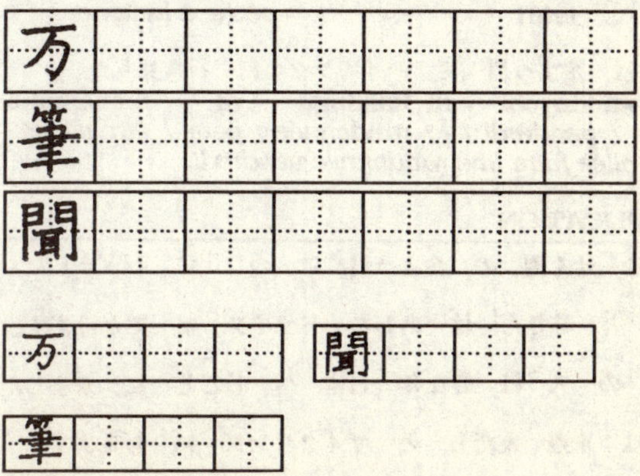

39 かの女　は　金よう日　に　ハイキング　に　行きました。
Kanojo wa kinyōbi ni haikingu ni ikimashita.

A 1 PRÉSENTATION

■ Kanji, idéogramme d'origine chinoise :

kanji	lecture en hiragana	prononciation	signification
女	じょ おんな	[djo] [onn'na]	*femme(s)*
金	きん	[kinn]	*or ; métal* *argent* (monnaie)

• 女 , se prononce [djo] dans かの女 , **kanojo**, *elle* ; il se dit [onn'na] quand il est employé tout seul.

■ Vocabulaire :

女	onna [onn'na]	*femme(s)*
女　の　人	onna no hito	*femme(s)*
金よう日	kinyōbi [kinn'yo:bi]	*vendredi*
せん月	sengetsu	*le mois dernier*
ハイキング	haikingu	*randonnée ; excursion*
サイクリング	saikuringu	*randonnée à bicyclette*
ドライブ	doraibu	*randonnée en voiture*
つり	tsuri	*pêche à la ligne*

■ かの女　は　金よう日　に　ハイキング　に　行きました。
Kanojo wa kinyōbi ni haikingu ni ikimashita.
elle / - / vendredi / - / randonnée / pour / être allé(e)
Elle est allée faire une randonnée vendredi.

A 2 APPLICATION

1. かれら　は　せん週　の　金よう日　に　つり　に　行きました。

2. 田中さん　と　林さん　は　あした　ドライブ　に　でかけます。

3. あの　女　の　人　は　きょ年　日本　へ　しごと　に　来ました。

4. かの女　は　来週　友だち　と　サイクリング　に　行きます。

5. 山口さん　は　せん月　りょこう　に　しゅっぱつしました。

A 3 REMARQUES

■ Si 女, **onna**, utilisé seul, signifie *femme*, on dit plutôt 女の人, **onna no hito**, *femme*, qui est moins direct et donc plus poli.

■ Grammaire

• Contrairement au français, le japonais a besoin de la particule に, **ni**, pour introduire le jour de la semaine dans une phrase :

金よう日 に 行きます *aller vendredi*
kinyōbi ni ikimasu
vendredi / - / aller

• En revanche, la particule に, **ni**, n'est pas nécessaire pour introduire des expressions comme せん週, **senshū**, *la semaine dernière*, せん月, **sengetsu**, *le mois dernier...*

• On a ici une nouvelle fonction de に, **ni**, qui indique le but d'une action :

ハイキング に でかけます *partir (pour) faire une randonnée*
haikingu ni dekakemasu
randonnée / pour / partir

Remarques :

1. Étant le but de l'action de *partir*, ハイキング, **haikingu**, *randonnée*, est introduit par la particule に, **ni**.
2. La particule に, **ni**, peut se traduire par *pour*.

A 4 TRANSCRIPTION ET TRADUCTION

1. Karera wa senshū no kinyōbi ni tsuri ni ikimashita.
   Ils sont allés pêcher (pour la pêche) vendredi de la semaine dernière.
2. Tanaka-san to Hayashi-san wa ashita doraibu ni dekakemasu.
   M. Tanaka et Mlle Hayashi partiront faire une randonnée en voiture demain.
3. Ano onna no hito wa kyonen Nihon e shigoto ni kimashita.
   Cette femme là-bas est venue travailler au Japon l'an dernier.
4. Kanojo wa raishū tomodachi to saikuringu ni ikimasu.
   Elle ira faire une randonnée à bicyclette avec des amis la semaine prochaine.
5. Yamaguchi-san wa sengetsu ryokō ni shuppatsushimashita.
   M. Yamaguchi est parti voyager le mois dernier.

39 エレーヌさん　は　プール　へ　およぎ　に　行きました。
Erēnu-san wa pūru e oyogi ni ikimashita.

B 1 PRÉSENTATION

■ Kanji, idéogramme d'origine chinoise :

kanji	lecture en hiragana	prononciation	signification
男	おとこ	[otoko]	*homme (s)*

■ Vocabulaire :

男	otoko	*homme(s)* (sens opposé de *femme*)
プール	pūru	*piscine(s)*
ひる	hiru	*midi*
ごはん	gohan	*repas*
ひるごはん	hirugohan	*déjeuner* (nom)
来月	raigetsu	*le mois prochain*
ことし	kotoshi	*cette année*
こん 週	konshū	*cette semaine*
ひとり　で	hitori de	*seul(e)*
ならう	narau [naraou]	*apprendre*

■ エレーヌさん　は　プール　へ　およぎ　に　行きました。
Erēnu-san wa pūru e oyogi ni ikimashita.
Hélène /- / piscine / à / nager / pour / être allé(e)
Hélène est allée nager à la piscine.

B 2 APPLICATION

1. かの女たち　は　きのう　の　夜　えいが　を　見　に　行きました。
2. わたし　は　ひとり　で　あの　男　の　人　に　会い　に　来ました。
3. デュポンさん　は　来月　日本　へ　しごと　を　し　に　行きます。
4. 山口さん　は　ことし　イギリス　へ　えい語　を　ならい　に　行きます。
5. 田中さん　は　朝　7時　15分　まえ　に　はたらき　に　でかけます。
6. 山本さん　は　ひとり　で　ひるごはん　を　食べ　に　行きます。

B 3 REMARQUES

■ Comme pour 女, **onna**, *femme*, 男, **otoko**, *homme*, s'emploie dans l'expression 男 の 人, **otoko no hito**, *homme*, bien qu'il signifie lui-même *homme*.

■ Grammaire

• A la différence de ses autres fonctions, la particule に, **ni**, qui exprime le **but**, peut être précédée d'un verbe à l'infinitif. Mais le verbe voit sa terminaison modifiée de la même façon qu'avec le mot de politesse ます, **masu**.

およぐ	+	に 行きます	→	およぎ に 行きます
oyo**gu**		ni ikimasu		oyo**gi** ni ikimasu
nager	/	*pour / aller*		*aller (pour) nager*
見る	+	に 行きました	→	見 に 行きました
mi**ru**		ni ikimashita		mi ni ikimashita
voir	/	*pour / être allé*		*être allé (pour) voir*
する	+	に 来ます	→	し に 来ます
suru		ni kimasu		**shi** ni kimasu
faire	/	*pour / venir*		*venir (pour) faire*

• Le verbe complément suivi de la particule に, **ni**, se place en général juste avant le verbe principal de la phrase :

かれ は 日本 へ しごと を し に 行きます。
Kare wa Nihon e shigoto o **shi** **ni** ikimasu.
lui / - / Japon / à / travail / - / faire / pour / aller
Il va travailler au Japon. (Il va au Japon pour faire du travail.)

B 4 TRANSCRIPTION ET TRADUCTION

1. Kanojotachi wa kinō no yoru eiga o mi ni ikimashita.
   Elles sont allées voir un film hier soir.
2. Watashi wa hitori de ano otoko no hito ni ai ni kimashita.
   Je suis venu(e) voir tout(e) seul(e) cette personne là-bas.
3. Dyupon-san wa raigetsu Nihon e shigoto o shi ni ikimasu.
   M. Dupont ira travailler au Japon le mois prochain.
4. Yamaguchi-san wa kotoshi Igirisu e eigo o narai ni ikimasu.
   Cette année, Mlle Yamaguchi ira apprendre l'anglais en Angleterre.
5. Tanaka-san wa asa shichiji jūgofun mae ni hataraki ni dekakemasu.
   Mme Tanaka part travailler le matin à 7 heures moins le quart.
6. Yamamoto-san wa hitori de hirugohan o tabe ni ikimasu.
   Mlle Yamamoto va prendre seule son (le) déjeuner.

39 C1 Exercices

A. Traduisez en français.

1. 山田さん　と　山口さん　は　きのう　の　夜　えいが　に　行きました。
2. わたしたち　は　プール　へ　およぎ　に　行く　の　が　すき　です。
3. かの女たち　は　せん週　の　土よう日　に　ピクニック　に　でかけました。

B. Traduisez en japonais.

1. *M. Dupont ira danser avec des amis vendredi de cette semaine.*
2. *Ils sont venus voir Mlle Ueda le mois dernier.*
3. *Nous irons pêcher demain.*
4. *Elle aime aller au ski.*

C 2 CORRIGÉ

A. 1. *M. Yamada et Mlle Yamaguchi sont allés au cinéma hier soir.*
2. *Nous aimons aller nager à la piscine.*
3. *Elles sont parties pour un pique-nique samedi de la semaine dernière.*

B. 1. デュポンさん　は　こん週　の　金よう日　に　友だち　と　ダンス　に　行きます。
2. かれら　は　せん月　上田さん　に　会い　に　来ました。
3. わたしたち　は　あした　つり　に　行きます。
4. かの女　は　スキー　に　行く　の　が　すき　です。

■ Miscellanées : いただきます ! **itadakimasu !**

Les Japonais disent いただきます, **itadakimasu**, quand ils sont à table pour commencer à manger. C'est une expression de gratitude et de remerciement à l'égard de la personne qui a préparé le repas. **itadakimasu**, ne se traduit donc pas par *bon appétit*, mais plutôt *merci pour votre hospitalité et j'accepte volontiers.*

A la fin du repas, vous direz ごちそうさま, **gochisōsama**, qui signifie *C'était un vrai régal*. Politesse oblige !

39 C 3 ÉCRITURE : KANJI

kanji ▼ — **ordre des traits** ▼

おんな [onn'na]
じょ [djo]

女

きん [kinn]

金

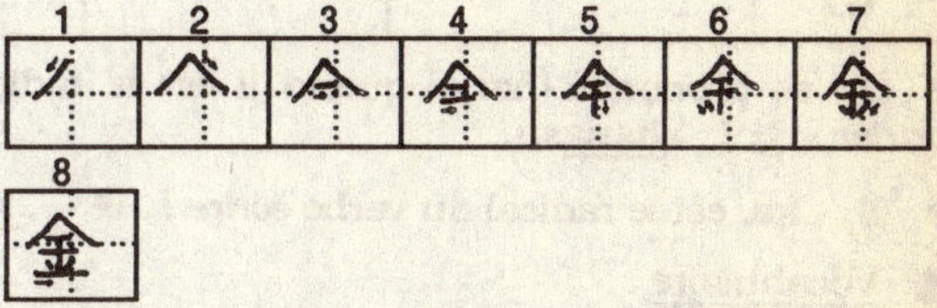

おとこ [otoko]

男

C 4 EXERCEZ-VOUS

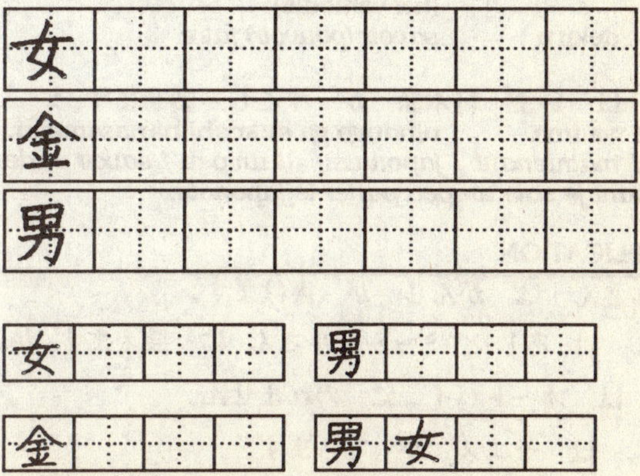

40 わたし　は　いま　日本語　が　すこし　話せます。
Watashi wa ima nihongo ga sukoshi hanasemasu.

A 1　PRÉSENTATION

■ Kanji, idéogramme d'origine chinoise :

kanji	lecture en hiragana	prononciation	signification
話	わ はな	[wa] [hana]	*parole* (cf. 27B1) *parler*
書	か	[ka]	*écrire* (cf. 24A1)

• 話 se prononce [hana] quand il est le radical du verbe *parler* : 話す , **hana**su.

• 書 , **ka**, est le radical du verbe *écrire* : 書く , **ka**ku.

■ Vocabulaire :

すこし	sukoshi	*un peu*
かんじ	kanji	*idéogramme(s) d'origine chinoise*
話せる	hanaseru	*savoir (pouvoir) parler*
書ける	kakeru	*savoir (pouvoir) écrire*
よめる	yomeru	*savoir (pouvoir) lire*
会える	aeru	*pouvoir rencontrer*
のれる	noreru	*savoir (pouvoir) prendre (conduire) (un véhicule)*
できる	dekiru	*savoir (pouvoir) faire*

■ わたし　は　いま　日本語　が　すこし　話せます。
Watashi wa ima nihongo ga sukoshi hanasemasu.
moi / - / maintenant / japonais / - / un peu / savoir parler
Maintenant je sais un peu parler le japonais.

A 2　APPLICATION

1. ピエールさん　は　かんじ　が　書けます。
2. 上田さん　は　あした　ミッシェルさん　に　会えます　か。
3. かの女　は　オートバイ　に　のれません。
4. 森田さん　は　テニス　が　できます。
5. デュポンさん　は　かんじ　が　すこし　読めます。

A 3 REMARQUES

■ <u>Grammaire</u>

• On obtient de nouveaux verbes comportant la notion de capacité et de possibilité à partir des deux opérations suivantes :

1. Sauf exception pour la terminaison る, **ru**, précédée d'une syllabe en **e** et en **i** (cf. B3 de cette leçon), on transforme les **9** terminaisons (cf. 24A1) en <u>syllabe en **e**</u> :

2. Ensuite, on y ajoute る, **ru**, qui sera la terminaison des nouveaux verbes.

話す	:	話<u>せ</u>	+	る	→	話せる
hanasu		hanase		ru		hanaseru
parler						*savoir (pouvoir) parler*

• Le verbe する, **suru**, *faire*, devient できる, **dekiru**, *savoir (pouvoir) faire*, quand il contient les notions de capacité et de possibilité (voir phrase 4 de A2).

• La terminaison des nouveaux verbes る, **ru**, disparaît devant ます, **masu**, puisqu'elle suit une syllabe en **e** ou en **i** : sa disparition est marquée par le signe □ :

書け<u>る</u>, kake<u>**ru**</u> + ます, masu → 書け□ます, kake□masu
savoir (pouvoir) écrire

でき<u>る</u>, deki<u>**ru**</u> + ます, masu → でき□ます, deki □ masu
savoir (pouvoir) faire

• C'est la particule が, **ga**, et non pas la particule を, **o**, qui introduit le complément d'objet direct des nouveaux verbes.

かんじ <u>を</u> 読む	→	かんじ <u>が</u> 読める
kanji **o** yomu		kanji **ga** yomeru
lire des idéogrammes		*savoir lire des idéogrammes*

A 4 TRANSCRIPTION ET TRADUCTION

1. Piēru-san wa kanji ga kakemasu.
   Pierre sait écrire des idéogrammes d'origine chinoise.
2. Ueda-san wa ashita Missheru-san ni aemasu ka.
   M. Ueda peut-il voir M. Michel demain ?
3. Kanojo wa ōtobai ni noremasen.
   Elle ne sait (peut) pas conduire (prendre) une moto.
4. Morita-san wa tenisu ga dekimasu.
   Mlle Morita sait jouer au (faire du) tennis.
5. Dyupon-san wa kanji ga sukoshi yomemasu.
   Mme Dupont sait lire un peu d'idéogrammes.

40 あなた　は　朝　はやく　おきられます　か。
Anata wa asa hayaku okiraremasu ka.

B 1　PRÉSENTATION

■ Kanji, idéogramme d'origine chinoise :

kanji	lecture en hiragana	prononciation	signification
今	いま こん	[ima] [konn]	*en ce moment ;* *maintenant* (cf 35B1)
晩	ばん	[bann]	*soir*

• Employé seul, 今 se prononce [ima] ; il est cependant prononcé [konn] quand il s'associe à un autre kanji pour former un mot nouveau.

■ Vocabulaire :

今晩	konban	*ce soir*
毎晩	maiban	*chaque soir*
朝ごはん	asagohan	*le petit déjeuner*
晩ごはん	bangohan	*le dîner*
はやく	hayaku	*tôt ; vite*
食べられる	taberareru	*pouvoir manger*
おきられる	okirareru	*pouvoir se lever*
ねられる	nerareru	*pouvoir se coucher*
かりられる	karirareru	*pouvoir emprunter*
来られる	korareru	*pouvoir venir*

■ あなた　は　朝　はやく　おきられます　か。
Anata wa asa hayaku okiraremasu ka.
toi / - / matin / tôt / pouvoir te lever / ?
Peux-tu te lever tôt le matin ?

B 2　APPLICATION

1. 今　　　　2. 今晩
3. わたし　は　朝ごはん　が　食べられませんでした。
4. あなた　は　毎晩　よく　ねられます　か。
5. 山田さん　は　今晩　ここ　に　来られます　か。
6. かれら　は　9時　に　晩ごはん　が　食べられました。

B 3 REMARQUES

■ Grammaire

• Pour les verbes ayant la terminaison る, **ru**, précédée d'une syllabe en **e** ou en **i**, on remplace la terminaison る, **ru**, par られる, **rareru**, afin d'obtenir de nouveaux verbes comportant les notions de capacité et de possibilité :

おきる, oki**ru** → おきられる, oki**rareru**
se lever *pouvoir se lever*

• Il en va de même pour le verbe 来る, **kuru**, *venir* :

来る, **kuru** → *来られる, **korareru**
venir *pouvoir venir*

Attention : 来*, suivi de られる, **rareru**, doit être prononcé [ko] et non pas [ku].

• る, **ru**, dans られる, **rareru**, est la terminaison des nouveaux verbes ; il disparaît quand il s'attache au mot de politesse ます, **masu** (sa disparition est indiquée par □) :

pouvoir manger :
食べられる + ます → 食べられ□ます
taberare**ru** masu taberare □ masu

• Rappel : les verbes contenant les notions de capacité et de possibilité ont recours à la particule が, **ga**, et non pas à la particule を, **o**, pour marquer le complément d'objet direct :
じてんしゃ を かりる → じてんしゃ が かりられる
jitensha **o** kariru jitensha **ga** karirareru
emprunter une bicyclette *pouvoir emprunter une bicyclette*

B 4 TRANSCRIPTION ET TRADUCTION

1. Ima *maintenant* 2. konban *ce soir*
3. Watashi wa asagohan ga taberaremasendeshita.
Je n'ai pas pu prendre (manger) de petit déjeuner.
4. Anata wa maiban yoku neraremasu ka.
Peux-tu bien dormir chaque soir ?
5. Yamada-san wa konban koko ni koraremasu ka.
M. Yamada peut-il venir ici ce soir ?
6. Karera wa kuji ni bangohan ga taberaremashita.
Ils ont pu prendre (manger) le dîner à 9 heures.

40 C1 Exercices

A. Traduisez en français.

1. わたしたち　は　ここ　で　タバコ　が　すえます　か。
2. かの女　は　かんじ　が　書けます。
3. わたし　は　きのう　山田さん　と　ひるごはん　が　食べられました。
4. 山口さん　は　今晩　はやく　来られます。
5. わたし　は　この　万年筆　が　かりられます　か。
6. あの　男　の　人　は　えい語　が　読めます。

B. Traduisez en japonais.

1. *Peux-tu venir dîner chez moi (à ma maison)?*
2. *J'ai pu dormir tôt hier soir.*
3. *M. Ueda sait jouer un peu du violon.*
4. *Il ne peut pas regarder la télévision chaque soir.*
5. *Sais-tu parler l'allemand ?*

C2 CORRIGÉ

A.
1. *Pouvons-nous fumer une cigarette ici ?*
2. *Elle sait écrire les kanji.*
3. *J'ai pu prendre le déjeuner avec Mlle Yamada hier.*
4. *M. Yamaguchi pourra venir tôt ce soir.*
5. *Puis-je emprunter ce stylo à encre-ci ?*
6. *Cet homme là-bas sait lire l'anglais.*

B.
1. あなた　は　わたし　の　家　へ　晩ごはん　を　食べ　に　来られます　か。
2. わたし　は　きのう　の　晩　(ou 夜)　はやく　ねられました。
3. 上田さん　は　すこし　バイオリン　が　ひけます。
4. かれ　は　毎晩　テレビ　が　見られません。
5. あなた　は　ドイツ語　が　話せます　か。

■ Miscellanées : **les kanji sont-ils compliqués ?**

Bien qu'ils soient d'une apparence très complexe, les kanji sont souvent le résultat d'une composition de kanji simples.

Exemple : le kanji 言 (prononcé [i]), signifie *dire*, et le kanji 舌 (prononcé [shita]) signifie *langue* (organe).

En associant ces deux kanji, on obtient le kanji 話, qui se dit [hana] ou [wa] et qui s'emploie dans le sens de *parler*.

C 3 ÉCRITURE : KANJI

kanji ▼ ordre des traits ▼

いま [ima]
こん [konn]

今

ばん [bann]

晩

か [ka]

書

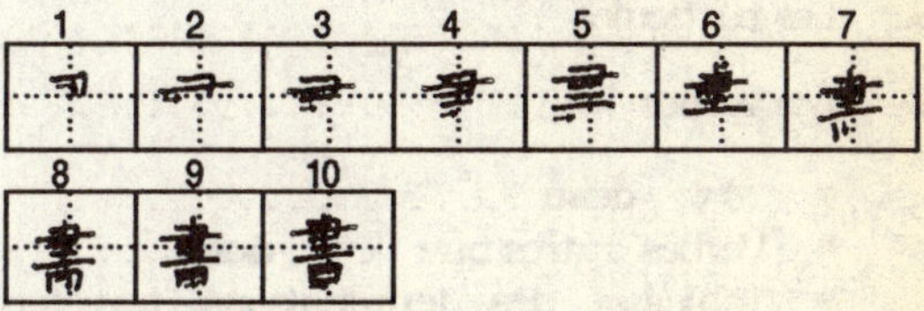

C 4 EXERCEZ-VOUS

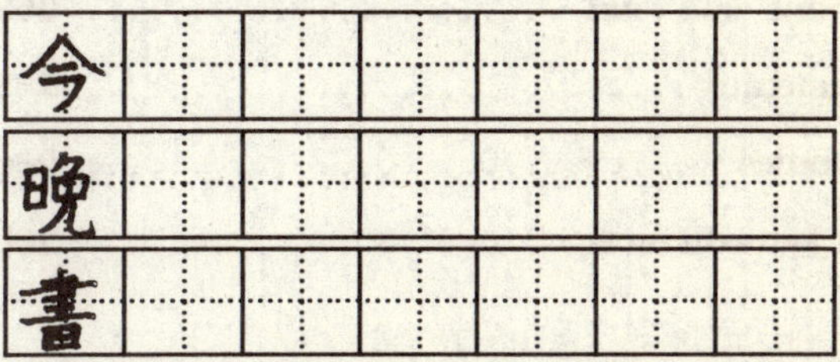

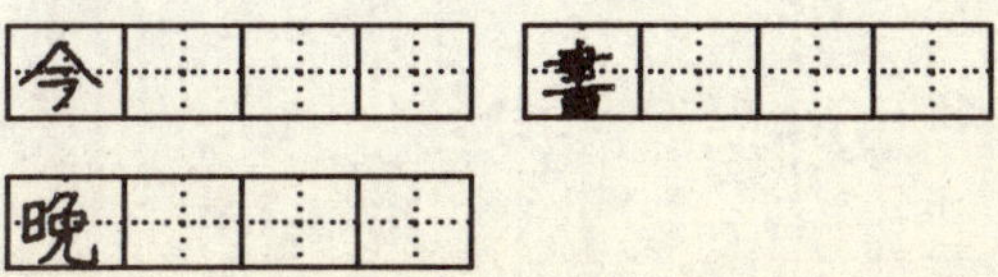

MEMENTO

Sommaire

1. Les noms 253
2. Les articles 253
3. Les pronoms personnels 253
4. Les adjectifs 254
5. Les quasi-adjectifs 254
6. Les particules 256
7. Les verbes 258
   - です , **desu** 258
   - Verbes autres que です , **desu** 259
   - Tableaux des terminaisons transformées devant てください , **tekudasai** 261
   - Tableaux des terminaisons transformées devant ない , **nai** 263
8. Les numéraux 265
9. Les minutes 266
10. Les 31 jours du mois 266

1. Les noms

• Les noms japonais ne connaissent pas les genres masculin et féminin.

• En règle générale, ils ne distinguent pas entre le singulier et le pluriel : 本 , **hon** [honn], peut indiquer *livre* ou *livres*.

Cependant, s'il s'agit d'un nom qui désigne l'être humain, on peut préciser le pluriel en lui attachant le suffixe de pluriel たち , **tachi** [tatchi] :

人 , hito *personne*	+	たち , tachi (suffixe)	→	人たち , hito**tachi** *personnes / gens*
山田さん Yamada-san *M. Yamada*	+	たち tachi (suffixe)	→	山田さんたち Yamada-san **tachi** *M. Yamada et d'autres*

2. Les articles

• Les articles définis et indéfinis n'existent pas en japonais ; **seul le contexte** permet de traduire en français un nom japonais avec précision.

Exemple : 花 , **hana**, peut se traduire **selon le contexte** *une fleure, des fleurs, la fleur* ou *les fleurs*.

3. Les pronoms personnels

• Pour les pronoms personnels, les 1ère, 2ème et 3ème personnes n'ont qu'une seule forme :

わたし	*moi*	わたしたち	*nous*
あなた	*toi*	あなたたち	*vous*
かれ	*lui*	かれら	*eux*
かのじょ	*elle*	かのじょたち	*elles*

• Ce sont les particules (pp. 256-257) qui permettent de traduire en français les pronoms personnels ci-dessus comme pronoms personnels **sujets** (*je, tu, il...*) ou pronoms personnels **compléments** (*me, te, le, la...*) ou encore **adjectifs possessifs** (*ma, mon, ta, ton, sa, son...*).

4. Les adjectifs

- Les adjectifs ont tous la terminaison い, **i**.

ex. あつい, atsu**i**, *chaud*

- Les transformations de la terminaison い, **i** :

1) La terminaison い, **i**, devient く, **ku** devant la particule de liaison て, **te**, *et* :

ちいさい	→	ちいさく	て
chiisai		chiisa**ku**	te ...
petit		*petit*	*et ...*

2) La terminaison い, **i**, devient く, **ku**, devant les mots de négation ありません, **arimasen**, *ce n'est pas*, et ありませんでした, **arimasendeshita**, *ce n'était pas.*

あおい	→	あおく ありません。
aoi		ao**ku** arimasen.
bleu		*Ce n'est pas bleu.*

- Les adjectifs possèdent leur propre forme passée ; on peut l'obtenir en remplaçant la terminaison い, **i**, par かった, **katta** :

まるい です。	→	まるかった *です。
marui desu.		maru**katta** desu.
C'est rond.		*C'était rond.*

> * Il ne faut jamais utiliser でした, **deshita**, forme passée de です, **desu**, pour les adjectifs (cf. les quasi-adjectifs).

5. Les quasi-adjectifs

- Dans ce manuel, on appelle ***quasi-adjectifs** un groupe de mots qualificatifs qui trouvent leur équivalent dans les adjectifs français, mais qui ne possèdent pas la terminaison い, **i**.

* On trouve d'autres appellations dans les différents manuels parus jusqu'à présent.

- Il y a cependant quelques exceptions : きれい, **kirei**, *beau*, ou きらい, **kirai**, *detesté*, font partie des quasi-adjectifs, bien qu'ils se terminent par い, **i**.

- Caractéristiques des quasi-adjectifs :

1) la terminaison des quasi-adjectifs ne change jamais.

2) pour la fonction épithète, les quasi-adjectifs ont besoin du mot de liaison な, **na**, qui se place juste devant le nom qu'ils qualifient :

しずか な まち *une ville calme*
shizuka **na** machi

3) contrairement aux adjectifs, c'est で, **de**, *et*, et non pas て, **te**, *et*, qui suit un quasi-adjectif pour le lier à un autre quasi-adjectif ou à un adjectif :

しずか で きれい な まち *une belle ville calme*
shizuka de kirei na machi
calme / et / beau / - / ville

*きれい で やすい 花 *de belles fleurs bon-marché*
kirei de yasui hana
beau / et / bon-marché / fleur

> * Si l'on intervertit le quasi-adjectif et l'adjectif, c'est て, **te**, qui intervient à la place de で, **de** ; ne pas oublier en l'occurrence de transformer la terminaison de l'adjectif い, **i**, en く, **ku**, et d'insérer le mot な, **na**, devant le nom :
>
> やすく て きれい な 花
> yasu**ku** **te** kirei **na** hana
> *bon-marché / et / beau / - / fleur*

4) lorsque les quasi-adjectifs sont employés comme attributs de la phrase, la négation est marquée par le mot ではありません, **dewa arimasen**, *ce n'est pas* (ou ではありませんでした, **dewa arimasendeshita**, *ce n'était pas*) :

べんり です。 → べんり ではありません。
Benri desu. Benri **dewa arimasen**.
C'est pratique. *Ce n'est pas pratique.*

5) les quasi-adjectifs n'ont pas de forme passée ; でした, **deshita**, forme passée de です, **desu**, est donc utilisé quand les quasi-adjectifs sont des attributs de la phrase affirmative au passé :

この 川 は きれい でした。
Kono kawa wa kirei **deshita.**
cette…-ci / rivière / - / propre / était
Cette rivière-ci était propre.

6. Les particules

• Les particules sont des mots souvent d'une seule syllabe, qui, toujours placés à la suitte d'un mot, indiquent son rôle dans la phrase.

Le tableau ci-dessous résume les fonctions de toutes les particules étudiées dans les 40 leçons.

particule	fonction	leçon
か [ka]	a) signaler le choix entre des objets ou des êtres opposés. (*ou*)	2A
	b) créer la phrase interrogative. (*?*)	13A
の [no]	a) créer les adjectifs possessifs (*mon, ma, ton, ta, ...*).	3B
	b) marquer l'appartenance ou la possession (*de, à*).	4A 12A
	c) expliquer l'origine, le temps, la nature-état, ou le lieu.	4B
	d) transformer l'infinitif des verbes en nom.	30B 31B
と [to]	a) lier les noms (énumération complète : *et*).	5A
	b) indiquer le partenaire (*avec*).	29A
や [ya]	a) lier les noms (énumération incomplète : *et entre autres*).	5B
て [té]	a) lier un adjectif à un autre adjectif ou à un quasi-adjectif (*et*).	7B 9B
は [wa]	a) désigner le thème dominant de la phrase (*en ce qui concerne*) ; le thème se confond souvent avec le sujet grammatical de la phrase.	11B
	b) faire ressortir ce qui est nié.	12B 34A
を [o]	a) indiquer le complément d'objet direct.	24A
	b) créer les pronoms personnels compléments (*me, te, le, la, ...*).	27B2

particule	fonction	leçon
に [ni]	a) introduire l'heure, les 7 jours de la semaine et les 12 mois dans la phrase.	26B 35A 39A
	b) créer les pronoms personnels compléments (*me, te, lui, leur, ...*).	27B
	c) introduire le complément des verbes 会う, au, *rencontrer*, のる, noru, *prendre (un véhicule)*, すむ, sumu, *habiter*, つとめる, tsutomeru, *travailler*.	28B 37A
	d) indiquer le lieu où les objets ou les êtres vivants se trouvent.	33B 34A/B
	f) indiquer le but (*pour*).	39A/B
	g) marquer la destination (*à*).	27A
へ [é]	a) marquer la destination (*vers*).	28A
が [ga]	a) indiquer l'objet (la personne) qu'on aime ou n'aime pas.	30A/B 31A/B
	b) indiquer le sujet sur lequel porte le message que le locuteur ou l'interlocuteur souhaite transmettre.	34B 35A/B
で [dé]	a) indiquer le moyen de transport ou le moyen de communication (*en*).	32A/B
	b) indiquer le lieu d'action (*à, dans*)	33A
も	a) ajouter une idée de similitude à un mot ou à un groupe de mots *(aussi)*.	13B
から [kara]	a) marquer le point de départ dans le temps ou dans l'espace (*à partir de, depuis*).	37A
まで [madé]	a) marquer le terme final, le point d'arrivée dans l'espace (*jusqu'à*).	37A

7. Les verbes

1. です , **desu** :

- Lorsqu'il introduit un attribut, le verbe *être* se rend en japonais par です , **desu**.

- です , **desu**, est la forme polie du "verbe" だ , **da**.

NB. Bien qu'il puisse être traité comme un verbe, です , **desu** (ou だ , **da**), n'est pas en fait qualifié de verbe dans la grammaire japonaise.

- Transformation de です , **desu** :

	affirmatif	**négatif**
présent	*être* です desu	*ne pas être* ではありません dewa arimasen じゃありません ja arimasen
passé	*avoir été* でした deshita	*ne pas avoir été* ではありませんでした dewa arimasendeshita じゃありませんでした ja arimasendeshita

Remarques importantes :

- Toutes les formes figurées dans le tableau ne varient ni en personne, ni en nombre ; elles se placent toujours **à la fin de la phrase**.

- Tout en restant poli, じゃありません , **ja arimasen** (ou じゃありませんでした , **ja arimasendeshita**), est utilisé de manière plus courante que ではありません , **dewa arimasen** (ou ではありませんでした , **dewa arimasendeshita**).

2. Verbes autres que です, **desu** :

a) **9 terminaisons** marquent l'infinitif des verbes :

1) く , ku	4) む , mu	7) う , u
2) ぐ , gu	5) ぬ , nu	8) つ , tsu
3) す , su	6) ぶ , bu	9) る , ru

Remarque : L'infinitif des verbes japonais se termine toujours par une **syllabe en u**.

b) Classement des verbes en **3 groupes** :

Groupe 1	Verbes ayant les 9 terminaisons, sauf ceux dont la terminaison る , **ru**, est précédée d'une syllabe en **e** ou en **i**. De plus, il faut en exclure 2 verbes irréguliers する , **suru**, *faire*, et 来る , **kuru**, *venir*.
Groupe 2	Verbes ayant la terminaison る , **ru**, précédée d'une **syllabe** en **e** ou en **i**.
Groupe 3	2 verbes irréguliers : する , **suru**, *faire* ; 来る , **kuru**, *venir*.

Exception : il y a certains verbes qui entrent dans le groupe 1, bien que leur terminaison る , **ru**, soit précédée d'une **syllabe** en **e** ou en **i**, ce qui est le cas dans ce manuel pour かえる , **kaeru**, *rentrer*.

c) Le verbe à l'infinitif peut être employé pour former une phrase affirmative au présent ; il ne varie ni en personne, ni en nombre et il se place toujours en fin de phrase.

Ex. : わたし は フランス へ 行く。 *Je vais en France.*
Watashi wa Furansu e iku.
moi / - / France / en / aller

d) Dans la pratique quotidienne, l'infinitif est associé avec le mot de politesse ます , **masu**, pour que la phrase comporte la notion de politesse.

e) Principe de transformation de l'infinitif devant ます, **masu** :

Groupe 1	Les 9 terminaisons se transforment en **syllabe** en **i**.
Groupe 2	La terminaison る, **ru**, précédée d'une **syllabe** en **e** ou en **i** disparaît.
Groupe 3	する, **suru**, *faire*, devient し, **shi**. 来る, **kuru**, *venir*, devient 来, **ki***.

***Attention** : le kanji 来 doit se prononcer [ki] devant ます, **masu**, bien qu'il se dise [ku] devant la terminaison d'origine, る, **ru**.

f) Formes dérivées de ます, **masu**, associées au verbe-exemple のむ, **nomu**, *boire* :

	affirmatif	**négatif**
présent	*boire* のみます nomi**masu**	*ne pas boire* のみません nomi**masen**
passé	*avoir bu* のみました nomi**mashita**	*ne pas avoir bu* のみませんでした nomi**masendeshita**

• Les quatres formes figurées dans le tableau ne varient ni en personne, ni en nombre.

3. Tableaux des terminaisons transformées devant てください , **tekudasai** (cf. 38A) :

Groupe 1 :

T-O : Terminaison d'Origine
T-T : Terminaison Transformée devant てください , **tekudasai**

T-O → T-T	exemple			
く → い ku i	*écouter* :	聞く kiku	→	聞いてください kiitekudasai
exception	*aller* :	行く iku	→	行ってください i t tekudasai
ぐ → い gu i	*enlever* :	ぬぐ nugu	→	ぬいでください nui dekudasai
す → し su shi	*parler* :	話す hanasu	→	話してください hanashi tekudasai
む → ん mu n	*lire* :	読む yomu	→	読んでください yon dekudasai
ぬ → ん nu n	*mourir* :	死ぬ shinu	→	死んでください shin dekudasai
ぶ → ん bu n	*s'amuser* :	あそぶ asobu	→	あそんでください ason dekudasai
う → っ u t	*acheter* :	買う kau	→	買ってください kat tekudasai
つ → っ tsu t	*attendre* :	待つ matsu	→	待ってください mat tekudasai
る → っ ru t	*prendre* :	とる toru	→	とってください tot tekudasai
cf. remarque 3)	*rentrer* :	かえる kaeru	→	かえってください kaet tekudasai

Remarque :

1) La terminaison く , **ku**, devient い , **i**, sauf pour 行く , **iku**, *aller*, dont la terminaison devient っ , **tsu**, de petite taille.

2) て , **te**, dans てください , **tekudasai**, devient で , **de**, quand il s'associe aux terminaisons d'origine ぐ , **gu**, む , **mu**, ぬ , **nu** et ぶ , **bu**.

3) かえる , **kaeru**, *rentrer*, appartient au **Groupe 1**, bien que la syllabe en **e** précède sa terminaison る , **ru** ; cette dernière devient donc っ , **tsu**, de petite taille.

Groupe 2 : la disparition de る, **ru** est marquée par □

Terminaisons る, ru, précédée d'une	exemple			
syllabe en e	*ouvrir* :	あける akeru	→	あけ□てください ake □tekudasai
	enlever :	しめる shimeru	→	しめ□てください shime □tekudasai
syllabe en i	*regarder* :	見る miru	→	見□てください mi □tekudasai
	se lever :	おきる okiru	→	おき□てください oki □tekudasai

Groupe 3 :

	2 verbes irréguliers			
する suru	*faire* :	する suru	→	してください shitekudasai
来る kuru	*venir* :	来る kuru	→	来てください kitekudasai

• Devant ています, **teimasu**, les terminaisons de verbes se transforment de la même façon que devant てください, **tekudasai**, que l'on vient de voir ; il suffit de remplacer ください, **kudasai**, par います, **imasu**.

4. Tableaux des terminaisons transformées devant ない, **nai** :

• ない, **nai**, est utilisé pour créer une **phrase négative de forme neutre** qui n'a aucune notion de politesse.

N.B. Par contre, on fait appel à ません, **masen**, pour la formation d'une **phrase négative polie**.

Groupe 1 :

T-O : Terminaison d'Origine
T-T : Terminaison Transformée devant ない, **nai**

T-O → T-T	exemple		
く → か ku ka	行く → iku	行かない ikanai	*ne pas aller*
ぐ → が gu ga	およぐ → oyogu	およがない oyoganai	*ne pas nager*
す → さ su sa	さがす → sagasu	さがさない sagasanai	*ne pas chercher*
む → ま mu ma	読む → yomu	読まない yomanai	*ne pas lire*
ぬ → な nu na	しぬ → shinu	しなない shinanai	*ne pas mourir*
ぶ → ば bu ba	えらぶ → erabu	えらばない erabanai	*ne pas choisir*
う → *わ u wa	会う → au	会わない awanai	*ne pas rencontrer*
つ → た tsu ta	待つ → matsu	待たない matanai	*ne pas attendre*
る → ら ru ra	うる → uru	うらない uranai	*ne pas vendre*
	かえる → kaeru	かえらない kaeranai	*ne pas rentrer*

* La terminaison う, **u**, devient わ, **wa**, et non pas あ, **a**, devant ない, **nai**.

Groupe 2 : la disparition de る, **ru**, est marquée par □.

terminaison る, ru, précédée d'une	exemple					
syllabe en e	ねる neru	+	ない → nai	ね□ない ne □ nai	*ne pas se coucher*
	あける akeru	+	ない → nai	あけ□ない ake □ nai	*ne pas ouvrir*
syllabe en i	いる iru	+	ない → nai	い□ない i □ nai	*ne pas se trouver*
	見る miru	+	ない → nai	見□ない mi □ nai	*ne pas regarder*

Groupe 3 :

	2 verbes irréguliers				
する suru	する suru	+	ない → nai	しない <u>shi</u>nai	*ne pas faire*
来る kuru	来る kuru	+	ない → nai	* 来ない <u>ko</u>nai	*ne pas venir*

* Le kanji 来 doit se prononcer [ko] quand il est attaché à ない, **nai**.

8. Les numéraux

1	[itchi]	6	[rokou]
2	[ni]	7	[shitchi] / [nana]
3	[sann]	8	[hatchi]
4	[shi] / [yonn]	9	[kou] / [kyou:]
5	[go]	10	[djou:]
11	[djou: itchi]	16	[djou: rokou]
12	[djou: ni]	17	[djou: shitchi] / [djou: nana]
13	[djou: sann]	18	[djou: hatchi]
14	[djou: shi] / [djou: yonn]	19	[djou: kou] / [djou: kyou:]
15	[djou: go]	20	[ni djou:]
21	[ni djou: itchi]	26	[ni djou: rokou]
22	[ni djou: ni]	27	[ni djou: shitchi] / [ni djou: nana]
23	[ni djou: sann]	28	[ni djou: hatchi]
24	[ni djou: shi] / [ni djou: yonn]	29	[ni djou: kou] / [ni djou: kyou:]
25	[ni djou: go]		
30	[sann djou:]	70	[nana djou:]
40	[yonn djou:]	80	[hatchi djou:]
50	[go djou:]	90	[kyou: djou:]
60	[rokou djou:]		
100	[hyakou]	600	[rop' pyakou]*
200	[ni hyakou]	700	[nana hyakou]
300	[sann byakou]*	800	[hap' pyakou]*
400	[yonn hyakou]	900	[kyou: hyakou]
500	[go hyakou]		
1000	[senn]	6000	[rokou senn]
2000	[ni senn]	7000	[nana senn]
3000	[sann zenn]*	8000	[has' senn]*
4000	[yonn senn]	9000	[kyou: senn]
5000	[go senn]		
10000	[itchi mann]	60000	[rokou mann]
20000	[ni mann]	70000	[nana mann]
30000	[sann mann] / [sam mann]	80000	[hatchi mann]
40000	[yonn mann] / [yom mann]	90000	[kyou: mann]
50000	[go mann]	100000	[djou: mann]

* Attention à la prononciation des chiffres : 300, 600, 800, 3000 et 8000.

9. Les minutes

1	分	[ip'pounn]	11	分	[djou: ip' pounn]
2	分	[ni founn]	12	分	[djou: ni founn]
3	分	[sann pounn] / [sam pounn]	13	分	[djou: sann pounn] / [djou: sam pounn]
4	分	[yonn pounn] / [yom pounn]	14	分	[djou: yonn pounn] / [djou: yom pounn]
5	分	[go founn]	15	分	[djou: go founn]
6	分	[rop' pounn]	16	分	[djou: rop' pounn]
7	分	[nana founn]	17	分	[djou: nana founn]
8	分	[hap' pounn]	18	分	[djou: hap' pounn]
9	分	[kyou: founn]	19	分	[djou: kyou: fonn]
10	分	[djoup' pounn]	20	分	[ni djoup' pounn]
30	分	[sann djoup' pounn]	50	分	[go djoup' pounn]
40	分	[yonn djoup' pounn]	60	分	[rokou djoup' pounn]

10. Les 31 jours du mois

le	1	[tsouïtatchi]	le	16	[djou: rokou nitchi]
le	2	[foutsouka]	le	17	[djou: shitchi nitchi]
le	3	[mik'ka]	le	18	[djou: hatchi nitchi]
le	4	[yok'ka]	le	19	[djou: kou nitchi]
le	5	[itsouka]	le	**20**	[hatsouka]
le	6	[mouïka]	le	21	[ni djou: itchi nitchi]
le	7	[nanoka]	le	22	[ni djou: ni nitchi]
le	8	[yo:ka]	le	23	[ni djou: sann nitchi]
le	9	[kokonoka]	le	**24**	[ni djou: yok'ka]
le	10	[to:ka]	le	25	[ni djou: go nitchi]
			le	26	[ni djou: rokou nitchi]
le	11	[djou: itchi nitchi]	le	27	[ni djou: shitchi nitchi]
le	12	[djou: ni nitchi]	le	28	[ni djou: hatchi nitchi]
le	13	[djou: sann nitchi]	le	29	[ni djou: kou nitchi]
le	14	[djou: yok'ka]	le	30	[sann djou : nitchi]
le	15	[djou: go nitchi]	le	31	[sann djou : itchi nitchi]

Remarque : pour les jours du 1er au 10 et pour le 20, la prononciation diffère radicalement de celle du 11 au 31 (sauf pour 14 et le 24).

- **Kanji** est l'appellation japonaise des idéogrammes d'origine chinoise.

- L'une des difficultés du japonais réside dans la diversité de la prononciation des kanji. Cette diversité vient du fait que les Japonais utilisent les kanji :
  - soit en conservant approximativement leur prononciation chinoise : c'est la lecture chinoise d'origine, appelée **lecture ON** [onn] ;
  - soit en leur donnant la prononciation du mot japonais correspondant : c'est la lecture japonaise, appelée **lecture KUN** [kounn].

- Le choix entre les deux lectures, lecture **ON** et lecture **KUN**, varie selon les contextes.

Quand le kanji est employé seul, c'est souvent la lecture **KUN** qu'on utilise.

Exemple : Employé seul, 車 se lit et se prononce en **lecture KUN**, [kourouma], pour signifier *voiture*.

Par contre, quand le kanji est associé à d'autres kanji à l'intérieur d'un mot, c'est souvent la lecture **ON** qui apparaît.

Exemple : S'associant à 電 , **den**, 車 est lu et prononcé en **lecture ON**, [sha] : 電車 , **densha**, *train*.

Mais ce n'est pas une règle absolue et seul l'usage dicte de recourir à l'une ou l'autre lecture.

- Pour distinguer la lecture **ON** et la lecture **KUN**, on transcrit la première en katakana et la seconde en hiragana notamment dans le dictionnaire des kanji.

Exemple :

kanji	**lecture ON**	**lecture KUN**
車	シャ , sha	くるま , kuruma

Nous n'avons cependant pas fait pour ce manuel cette distinction qui n'apparaît jamais dans la pratique ; c'est le hiragana qui est employé pour indiquer éventuellement la prononciation des kanji dans une phrase.

• Nous regroupons ci-après tous les kanji qui sont traités dans ce manuel.

En ce qui concerne leur prononciation, nous n'avons pas indiqué toutes les prononciations possibles en lecture **ON** ou en lecture **KUN** : nous nous sommes limités aux utilisations rencontrées dans les 40 leçons.

Tableau récapitulatif des kanji étudiés

Les kanji sont classés suivant un nombre de traits croissant.

kanji	prononciation	signification	leçon
人	[hito]	*personne(s) ; gens*	24B
山	[yama]	*montagne(s)*	21B
土	[do]	*terre ; sol*	23A
川	[kawa]	*rivière(s)*	30A
上	[oué]	*dessus*	34A
下	[shita]	*dessous*	34A
口	[koutchi] / [goutchi]	*bouche(s)*	37B
万	[mann]	*dix mille*	38B
女	[onn'na] / [djo]	*femme(s)*	39A
中	[naka]	*milieu ; intérieur*	21A

kanji	prononciation	signification	leçon
分	[foun] / [poun]	*minute(s)*	22B
日	[nitchi] / [bi] / [ni]	*soleil ; jour(s)*	23A / 32B
月	[guétsou] / [gatsou]	*lune ; mois*	23A / 35A
火	[ka]	*feu*	23B
水	[souï]	*eau*	23B
木	[mokou] / [ki]	*arbre(s)*	23B / 34B
友	[tomo]	*ami(e/s/es)*	25B
今	[ima] / [konn]	*en ce moment ; maintenant*	40B
田	[ta] / [da]	*rizière(s)*	21A / 21B
本	[honn] / [moto]	*livre(s) ; origine*	24A / 31B
毎	[maï]	*chaque*	25A
年	[nénn]	*an(s)*	28A
会	[a]	*rencontrer ; voir*	28B
休	[yassou]	*se reposer*	29B

kanji	prononciation	signification	leçon
肉	[nikou]	*viande(s)*	31A
行	[i]	*aller*	32A
何	[nann] / [nani]	*que ; quoi ; quel*	22B / 26A
車	[kourouma] / [sha]	*voiture ; roue(s) ; véhicule(s)*	24B / 30B
花	[hana]	*fleur(s)*	26A
来	[kou] / [ki] / [raï] / [ko]	*venir ; à venir*	28A
見	[mi]	*regarder ; voir*	30B
男	[otoko]	*homme(s)*	39B
夜	[yorou]	*soir ; nuit*	26B
林	[hayashi]	*bois*	29A
店	[missé]	*magasin(s)*	33A
雨	[amé]	*pluie*	35A
東	[to:]	*est (point cardinal)*	37A

kanji	prononciation	signification	leçon
京	[kyo:]	*capitale(s)*	37A
金	[kinn]	*or ; métal ;* *argent* (monnaie)	39A
海	[oumi]	*mer(s)*	30B
待	[ma]	*attendre ; attente*	31B
屋	[ya]	*boutique* (suffixe)	33B
風	[kazé]	*vent*	35B
食	[ta]	*manger*	36B
時	[dji]	*heure(s)*	22A
家	[ié]	*maison(s)*	27A
書	[ka]	*écrire*	40A
週	[shou:]	*semaine(s)*	25A
魚	[sakana]	*poisson(s)*	31A
鳥	[tori]	*oiseau(x)*	34B

kanji	prononciation	signification	leçon
雪	[youki]	*neige*	35B
朝	[assa]	*matin*	26B
森	[mori]	*forêt*	29A
買	[ka]	*acheter ; achat*	33A
着	[ki]	*mettre (vêtement) ; habillage*	36B
筆	[hitsou]	*pinceau(x)*	38B
晩	[bann]	*soir*	40B
電	[dénn]	*électricité*	27B
話	[wa] / [hana]	*parole ; parler*	27B / 40A
駅	[éki]	*gare(s)*	32A
語	[go]	*langue ; langage*	32B
読	[yo]	*lire ; lecture*	36A
聞	[ki]	*écouter ; entendre*	38A

aemasu (40A) *pouvoir rencontrer*
aeru (40A) *pouvoir rencontrer*
aimasu (28B) *rencontrer ; voir*
akai (7A) *rouge*
akeru (24B) *ouvrir*
amai (18B) *sucré*
amari (18B, 31A) (ne pas) *tellement ;* (ne pas) *très ;* (ne pas) *souvent*
Amerika (28A) *Etats-Unis*
ame (35A) *pluie*
anata (1A, 2B) *toi*
anatatachi (1B, 2B) *vous* (pl.)
ano (6B) *ce* (cette)...*là-bas*
anzen (17A) *sûr*
aoi (7A) *bleu*
apāto (15B) *appartement*
aratteimasu (36A) *être en train de laver* (nettoyer)
arau (36A) *laver ; nettoyer*
are (5B) *cela là-bas*
arimasen (18B) (négation pour l'adjectif)
arimasen (34A) *il n'y a pas ; ne pas se trouver*
arimasendeshita (19B) (négation passée pour l'adjectif)
arimasendeshita (34A) *il n'y avait pas; ne pas s'être trouvé*
arimashita (34A) *il y avait ; s'être trouvé*
arimasu (33B) *il y a ; se trouver*
aru (33B) *il y a ; se trouver*
aruite (32A) *à pied*
aruiteimasu (35B) *être en train de marcher*
aruku (35B) *marcher*
asa (4B, 26B) *matin*
asagohan (40B) *petit déjeuner*
ashita (4B) *demain*
asobimashita (29A) *s'être amusé*
asobimasu (29A) *s'amuser*
asobu (29A) *s'amuser*
asoko (15B) *l'endroit là-bas*
atarashii (18A) *neuf ; nouveau*
atsui (19B) *chaud*
au (28B) *rencontrer ; voir*
baiorin (30B) *violon*
baka(na) (16B) *bête ; idiot*
banana (30A) *banane*
bangohan (40B) *dîner* (nom)
basu (15A) *bus*
batā (19A) *beurre*
beddo (20B) *lit*
bengoshi (37B) *avocat*
benkyō (31A) *études*
benkyōsuru (31B) *étudier*
benkyōshiteimasu (36A) *être en train d'étudier*
benri (na) (9A) *pratique*
bīru (14A) *bière*
bōrupen (20B, 38B) *stylo à bille*
bōshi (7A) *chapeau*
budō (30A) *raisin*
byōin (32A) *hôpital*
chichi (37B) *père*
chiisai (7B) *petit*
chikatetsu (28B) *métro*
chikaku (34B) *proximité*
chizu (11B) *plan ; carte ; atlas*
chīzu (19B) *fromage*
chotto (38A) *un instant ; un peu*
dansu (20B) *danse*
dare (13B) *qui ?*
de (mot de liaison) (8B) *et*
de (particule) (38A/B, 33A) *en / à / dans*
dekakemashita (39A) être parti (sorti)
dekakemasu (26B) *partir ; sortir*
dekimasu (40A) *savoir* (pouvoir) *faire*
dekiru (40A) *savoir* (pouvoir) *faire*
denpō (10B) *télégramme*
densha (9A) *train*
denwa (27B) *téléphone*
denwashimasu (27B) *téléphoner*
denwashitekudasai (38A) *téléphonez, s'il vous plaît !*
denwasuru (27B) *téléphoner*
depāto (32A) *grand magasin*
deshita (17A) *avoir été*
desu (11A) *être*
dewa arimasen (12B) *ne pas être*
dewa arimasen-deshita (17B) *ne pas avoir été*
dezāto (20B) *dessert*
disuko (20C) *discothèque*
Doitsu (28A) *Allemagne*
doko (15B) *quel endroit ?*
doko de (33A) *où* (à quel endroit) ?
doko ni (33B) *où* (à quel endroit) ?
doraibu (39A) *randonnée en voiture*
dore (14B) *lequel ?*

doryoku (17B)	*effort*
doyōbi (23A)	*samedi*
Dyupon (32B)	*Dupont*
e (3A)	*peinture ; dessin*
e (particule) (28A)	*à ; en ; vers*
ehagaki (38A)	*carte postale*
eiga (19A)	*film*
eki (15B)	*gare*
erabu (24B)	*choisir*
eleganto(na) (17B)	*élégant*
Erēnu (17A)	*Hélène*
ferībōto (20C)	*ferry-boat*
fianse (20C)	*fiancé(e)*
fōku (20C)	*fourchette*
fuben (na) (9A)	*incommode*
fuiteimasu (35B)	*être en train de souffler* (vent), *être en train de jouer* (flûte)
fuku (30B, 35B)	*jouer* (d'un instrument à vent) ; *souffler*
fukuzatsu(na) (9B)	*compliqué*
fun (22B)	*minute*
fune (28B)	*bateau*
Furansu (28A)	*France*
furansugo (32B)	*langue française*
furansu ryōri (33A)	*cuisine française*
furimasu (35A)	*tomber* (pluie, neige)
furu (35A)	*tomber* (pluie, neige)
furui (18A)	*ancien ; démodé ; vieux*
furūto (30A)	*flûte*
futteimasu (35B)	*être en train de tomber*
hachi (22A)	*huit*
hachiji (22A)	*huit heures*
hachimitsu (19A)	*miel*
hagaki (38A)	*carte postale* (sans image)
haha (37B)	*mère*
hai (13A)	*oui*
haikingu (39A)	*randonnée ; excursion*
haisha (37B)	*dentiste*
haiteimasu (36B)	*porter* (pantalon, *jupe, chaussettes) ; être en train de mettre* (pantalon, jupe)
haizara (34A)	*cendrier*
haku (36B)	*mettre* (pantalon, jupe, chaussures)
hajimemashite (21B)	*Enchanté !*
hana (26A)	*fleur*
hanasemasu (40A)	*savoir* (pouvoir) *parler*
hanaseru (40A)	*savoir* (pouvoir) *parler*
hanashiaimasu (32B)	*discuter*
hanashiaimashita (32B)	*avoir discuté*
hanashiau (32B)	*discuter*
hanashimashita (32B)	*avoir parlé*
hanashiteimasu (36A)	*être en train de parler*
hanashitekudasai (38A)	*Parlez..., s'il vous plaît !*
hanasu (32B)	*parler*
hana ya (33B)	*magasin de fleurs*
hataraiteimasu (37A)	(être en train de) *travailler*
hatarakimasen (28B)	*ne pas travailler*
hataraku (28B)	*travailler*
hayai (9A)	*rapide ; tôt*
hayaku (40B)	*vite ; tôt*
Hayashi (29A)	*Hayashi* (nom propre)
hayashi (29A)	*bois*
heibon (na) (9B)	*banal*
heiwa (na) (8B)	*paisible ; tranquille*
herikoputā (17B)	*hélicoptère*
hikōki (9A)	*avion*
hiku (30B)	*jouer* (d'un instrument à corde)
hima (na) (16B)	*libre ; inoccupé*
hiroi (9A)	*large*
hiru (39B)	*midi*
hirugohan (39B)	*déjeuner* (nom)
hito (8A,24B)	*personne(s) ; gens*
hitori de (39B)	(tout) *seul*
hon (3A,24A)	*livre ; origine*
Honda (31B)	*Honda* (nom propre)
hontōni (17A)	*vraiment*
hon ya (33B)	*librairie*
hoteru (15A)	*hôtel*
ga (30A, 31A/B, 34A)	(particule)
gakkō (32A)	*école*
gēmu (20B)	*jeu*
genki (na) (16A)	*en forme*
getsuyōbi (23A)	*lundi*
ginkō (15B)	*banque*
gitā (20B)	*guitare*
gofun (22B)	*cinq minutes*
gogatsu (35A)	*mai*
gohan (39B)	*repas*
goji (22A)	*cinq heures*
gurūpu (20B)	*groupe*
ichi (22A)	*un*
ichiba (33A)	*marché*
ichigatsu (35A)	*janvier*
ichigo (7B)	*fraise*
ichiji (22A)	*une heure*
ie (3B,27A)	*maison*
Igirisu (28A)	*Angleterre*

ii (18A)	*bon ; bien*
iie (13A)	*non*
ikimashita (32A)	*être allé*
ikimasu (28A)	*aller*
iku (28A)	*aller*
ima (35B)	*en ce moment ; maintenant*
imasendeshita (34A)	*ne pas avoir existé ; ne pas s'être trouvé*
imashita (33B)	*il y avait ; s'être trouvé* (être vivant)
imasu (33B)	*exister, se trouver* (être vivant)
inu (6B)	*chien*
iru (33B)	*exister ; se trouver*
isha (25B)	*médecin*
isu (34A)	*chaise*
Itaria (32B)	*Italie*
itariago (32B)	*langue italienne*
itsu (37A)	*quand ?*
itsumo (32A)	*toujours*
itteimasu (37A)	*fréquenter* (aller à)
ja arimasen (31A)	*ne pas être*
jamu (19A)	*confiture*
jānarisuto (37B)	*journaliste*
jazu (31A)	*jazz*
jīnzu (36B)	*jean*
jisho (3A)	*dictionnaire*
jitensha (12A)	*bicyclette*
jiyū (na) (8B)	*libre*
jū (22A)	*dix*
jū gatsu (35A)	*octobre*
jūgofun (22B)	*quinze minutes*
jūichi (22A)	*onze*
jūichi gatsu (35A)	*novembre*
jūichiji (22A)	*onze heures*
jūji (22A)	*dix heures*
jūni (22A)	*douze*
jūni gatsu (35A)	*décembre*
jūniji (22A)	*douze heures*
juppun (22B)	*dix minutes*
jūsu (19B)	*jus* (de fruit ou de légume)
jūyō (na) (8A)	*important*
ka (2A)	*ou* (particule de choix)
ka (13A)	*?* (particule interrogative)
kaban (11A)	*cartable*
kaerimasendeshita (29B)	*ne pas être rentré*
kaerimasu (29B)	*rentrer* (chez soi)
kaeru (29B)	*rentrer* (chez soi)
kaimashita (33A)	*avoir acheté*
kaimasu (25B)	*acheter*
kaimono (33A)	*courses* (dans un magasin)
kaisha (32A)	*bureau ; compagnie*
kaiteki (na) (16B)	*confortable ; agréable*
kakanai (38B)	*ne pas écrire* (forme neutre)
kakanaidekudasai (38B)	*N'écrivez pas... s'il vous plaît !*
kakemasu (40A)	*savoir* (pouvoir) *écrire*
kakeru (40A)	*savoir* (pouvoir) *écrire*
kakimasu (25A)	*écrire*
kaku (24A)	*écrire*
kamera (11A)	*appareil photo*
kangofu (37B)	*infirmière*
kanji (40A)	*idéogramme*
kanojo (2B)	*elle*
kanojotachi (2B)	*elles*
kanpai (10B)	*tchin-tchin !*
kantan(na) (8A)	*simple*
kara (37A)	*à partir de ; depuis*
kare (2A)	*lui*
karera (2A/B)	*eux*
karimasu (26B)	*emprunter ; louer*
kariraremashita (40B)	*avoir pu emprunter*
kariraremasu (40B)	*pouvoir emprunter*
karirareru (40B)	*pouvoir emprunter*
karui (18A)	*léger*
kasa (4A)	*parapluie*
kaimashita (33A)	*avoir acheté*
kaimasu (25B)	*acheter*
kau (24B)	*acheter*
kawa (5B, 30A)	*rivière*
kayōbi (23B)	*mardi*
kaze (35B)	*vent*
kechi (na) (17B)	*mesquin ; avare*
keisatsukan (37B)	*agent de police*
keisatsusho (34B)	*commissariat*
keizaiteki (na) (17B)	*économique*
kēki (18B)	*patisserie*
kekkon (29A)	*mariage*
kekkonsuru (29A)	*se marier*
ki (34B)	*arbre*
kiiroi (13A)	*jaune*
kiitekudasai (38A)	*Ecoutez... s'il vous plaît !*
kiken (na) (9B)	*dangereux*
kikimasu (25A)	*écouter*
kiku (24B)	*écouter*
kimashita (32A)	*être venu*
kimasu (27A)	*venir*
kinō (19A)	*hier*
kinyōbi (39A)	*vendredi*
kirai (na) (31B)	*détesté*
kirai desu (31B)	*ne pas aimer ; détester*
kirei (8B)	*beau ; propre*
kiru (36B)	*mettre* (vêtement)
kissaten (33A)	*salon de thé*

kiteimasu (36B)	*porter* (chemise, veste)
kitekudasai (38A)	*Venez... s'il vous plaît !*
kitte (38A)	*timbre*
kochira (21B)	*cette personne-ci ; de ce côte-ci*
kōhī (14A)	*café* (boisson)
konai (38B)	*ne pas venir*
konaidekudasai (38B)	*Ne venez pas, s'il vous plaît !*
koko (15A)	*cet endroit-ci*
konban (40B)	*ce soir*
konbanwa (21B)	*bonsoir*
konnichiwa (21B)	*bonjour*
kono (6A)	*ce... ci*
konpyūtā (29B)	*ordinateur*
konsāto (31A)	*concert*
konshū (39B)	*cette semaine*
koraremasen (40B)	*ne pas pouvoir venir*
koraremasu (40B)	*pouvoir venir*
korareru (40B)	*pouvoir venir*
kore (5A)	*ceci*
kōsui (12B)	*parfum*
kōto (11B)	*manteau ; veste*
kotoshi (39B)	*cette année*
ku (22A)	*neuf* (chiffre)
kudamono (5B)	*fruit*
kudasai (38A)	*Donnez-moi... s'il vous plaît !*
kugatsu (35A)	*septembre*
kuji (22A)	*neuf heures*
kuni (8B)	*pays*
kurashikku (31A)	*musique classique*
kuroi (7A)	*noir*
kuru (27A, 28A)	*venir*
kuruma (4B, 24B)	*voiture*
kusai (19B)	*puant ; fort* (odeur)
kutsu (3B)	*chaussure(s)*
kutsushita (3B)	*chaussette(s)*
kutsu ya (33B)	*magasin de chaussures*
kyō (16B)	*aujourd'hui*
kyonen (37A)	*l'an dernier*
kyōshi (37B)	*enseignant*
kyū (22A)	*neuf* (chiffre)
macchi (34A)	*allumette*
machi (8B)	*ville*
machimasu (25B)	*attendre*
made (37B)	*jusqu'à*
mado (24B)	*fenêtre*
mae (22B)	*moins*
mae (34B)	*devant* (nom)
mafurā (14B)	*cache-col ; cache-nez*
maiban (40B)	*chaque soir*
mainichi (25A)	*chaque jour ; tous les jours*
majime (na) (8B)	*sérieux*
maishū (25A)	*chaque semaine*
mamorimasu (26A)	*tenir* (promesse)
mannaka (34B)	*centre ; milieu*
mannenhitsu (38B)	*stylo à encre*
marui (7A)	*rond*
masen (28B)	(forme négative au présent ou au futur de masu)
masendeshita (29B)	(forme négative au passé de masu)
masu (25A)	(mot de politesse)
matemasu (40A)	*pouvoir attendre*
materu (40A)	*pouvoir attendre*
matome (10A/B/C)	*récapitulation*
matsu (24A)	*attendre*
matteimasu (36A)	*être en train d'attendre*
mattekudasai (38A)	*Attendez... s'il vous plaît !*
mazui (7B)	*mauvais* (goût)
megane (11B)	*lunettes*
meron (30A)	*melon*
michi (9A)	*rue ; chemin*
mimashita (32B)	*avoir regardé* (vu)
mimasu (26B)	*regarder ; voir*
miru (24B)	*regarder ; voir*
miruku (19B)	*lait*
minai (38B)	*ne pas regarder* (voir)
minaidekudasai (38B)	*Ne regardez pas...s'il vous plaît !*
mirukutī (20C)	*thé au lait*
mise (33A)	*magasin*
mishin (18A)	*machine à coudre*
Missheru (30A)	*Michel* (nom propre)
mo (13B)	*aussi* (particule)
mokuyōbi (23B)	*jeudi*
mondai (9B)	*problème*
mono (4B)	*chose ; objet*
mori (29A)	*forêt*
Morita (29A)	*Morita* (nom propre)
moshi moshi (21A)	*allô*
muda (na) (17B)	*inutile*
muzukashii (9B)	*difficile*
na (8A/B)	(mot de liaison pour les quasi-adjectifs)
nai (38B)	*ne pas* (mot de négation)
naidekudasai (38B)	(forme négative de l'impératif)
naifu (13B)	*couteau*
nan (14A)	*quoi? ; que? ; quel?*
nana (22A)	*sept* (chiffre)
nanji (22B)	*quelle heure ?*
nanyōbi (23A)	*quel jour de la semaine ?*
neko (6B)	*chat*
nekutai (12B)	*cravate*

narau (39B)	*apprendre*
nemasu (26B)	*dormir ; se coucher*
nerarernasu (40B)	*pouvoir dormir* (se coucher)
nerareru (40B)	*pouvoir dormir* (se coucher)
ni (26B, 27A/B, 33B)	*à ; dans ; en* (particule)
nichiyōbi (23A)	*dimanche*
nigatsu (35A)	*février*
nigiyaka (na) (16A)	*animé*
Nihon (4B, 32B)	*Japon*
nihongo (32B)	*langue japonaise*
nihon ryōri (33A)	*cuisine japonaise*
niji (22A)	*deux heures*
niku (5A)	*viande*
niku ya (33B)	*boucherie*
no (3B, 4A, 12A, 14B)	*de ; à* (appartenance)
nohara (34B)	*champ*
nomimashita (33A)	*avoir bu*
nomimasu (25A)	*boire*
nomimono (14A)	*boisson*
nomu (24B)	*boire*
no naka ni (34A)	*à l'intérieur de ; dans*
noremasu (40A)	*savoir* (pouvoir) *prendre* (un véhicule)
noreru (40A)	*savoir* (pouvoir) *prendre* (un véhicule)
noriba (15A)	*arrêt ; station* (bus, taxi)
norimasen (28B)	*ne pas prendre* (un véhicule)
norimasu (28B)	*prendre* (un véhicule)
norimono (9A)	*moyen de transport*
noru (28B)	*prendre* (un véhicule)
no shita ni (34A)	*au dessous de ; au pied de*
nōto (11B)	*cahier*
no ue ni (34A)	*au dessus de ; sur*
nugimasu (25B)	*enlever ; ôter*
nugu (24A)	*enlever ; ôter*
nyūsu (29B)	*informations ; nouvelles*
Nyūyōku (16B)	*New York*
o (24A)	(particule de complément d'objet direct)
ocha (6A)	*thé*
ohayō (21B)	*bonjour*
oishii (7B)	*bon* (goût)
okāsan (37B)	*mère*
okashi (6A)	*gâteau*
okimasu (26B)	*se lever*
okiraremasu (40B)	*pouvoir se lever*
okiru (26B, 40B)	*se lever*
okurenai (38B)	*ne pas tarder*
okurenaidekudasai (38B)	*Ne tardez pas, s'il vous plaît !*
okureru (38B)	*tarder*
okurimasu (26A)	*envoyer ; offrir*
omocha (6A)	*jouet*
omoi (18A)	*lourd*
omoshiroi (7A)	*intéressant*
ongaku (25A)	*musique*
onna (39A)	*femme*
onna no hito (39A)	*femme*
opera (31A)	*opéra*
orenji (19B)	*orange*
orenji jūsu (19B)	*jus d'orange*
osoi (9A)	*lent ; tardif*
ōtobai (14B)	*moto*
otoko (39B)	*homme*
otoko no hito (39B)	*homme*
otōsan (37B)	*père*
ototoi (23B)	*avant-hier*
oyoideimasu (36B)	*être en train de nager*
oyogu (30B)	*nager*
pan (18B)	*pain*
pan ya (33B)	*boulangerie*
Pari (16A)	*Paris*
pātī (29A)	*soirée ; fête*
piano (30A)	*piano*
Piēru (17B)	*Pierre*
pikunikku (19A)	*pique-nique*
posuto (20B)	*boîte aux lettres*
purezento (26A)	*cadeau*
pūru (39B)	*piscine*
raigetsu (39B)	*le mois prochain*
rainen (28A)	*l'an prochain*
raishū (28A)	*la semaine prochaine*
raitā (34A)	*briquet*
rajio (18A)	*radio*
reizōko (34A)	*réfrigérateur*
remon (19B)	*citron*
resutoran (15B)	*restaurant*
ringo (7B)	*pomme*
roku (22A)	*six*
Rōma (16A)	*Rome*
Rondon (16A)	*Londres*
ryokō (16B)	*voyage*
ryokōshimashita (29A)	*avoir voyagé*
ryokōshimasu (29A)	*voyager*
ryokōsuru (29A)	*voyager*
ryōri (31B)	*cuisine*
sābisu (19A)	*service*
sagashimasu (25B)	*chercher*
sagasu (24A)	*chercher*
saikuringu (39A)	*randonnée à bicyclette*
sakana (5A)	*poisson*
sakana ya (33B)	*poissonnerie*
san (22A)	*trois*

san (4A, 17A)	*Monsieur ; Madame ; Mademoiselle*
sangatsu (35A)	*mars*
sanji (22A)	*trois heures*
sayōnara (21B)	*au revoir*
seikatsu (16B)	*vie quotidienne*
semai (9A)	*étroit*
sengetsu (39A)	*le mois dernier*
senshū (37A)	*la semaine dernière*
sentaku (31B)	*lessive* (action de laver)
sētā (12A)	*pull-over*
setsumei (27B)	*explication*
setsumeishimasu (27B)	*expliquer*
setsumeisuru (27B)	*expliquer*
shashin (12B)	*photo*
shatsu (33A)	*chemise*
shi (22A)	*quatre*
shichi (22A)	*sept*
shichigatsu (35A)	*juillet*
shichiji (22A)	*sept heures*
shigatsu (35A)	*avril*
shigoto (8A)	*travail*
shikku (na) (17B)	*chic*
shimashita (29A)	*avoir fait*
shimasu (27A)	*faire*
shimeru (24B)	*fermer*
shinai (38B)	*ne pas faire*
shinaidekudasai (38B)	*Ne faites pas... s'il vous plaît !*
shinbun (12A)	*journal*
shinimasu (25B)	*mourir*
shinsetsu (na) (17B)	*gentil ; aimable*
shinu (24A)	*mourir*
shiroi (7A)	*blanc*
shiteimasu (36A)	*être en train de faire ; exercer le métier de*
shitsumon (27B)	*question*
shitsumonshimasu (27B)	*questionner ; interroger*
shitsumonsuru (27B)	*questionner ; interroger*
shizuka (na) (8B)	*calme*
shīzun (20B)	*saison*
shōbōsho (34B)	*caserne des sapeurs-pompiers*
shōkai (27B)	*présentation*
shōkaishimasu (27B)	*présenter*
shōkaisuru (27B)	*présenter*
shokuji (29A)	*repas*
shokujishimashita (29A)	*avoir mangé*
shokujishimasu (29A)	*manger*
shokujisuru (29A)	*manger*
shuppatsu (29B)	*départ*
shuppatsushimasen deshita (29B)	*ne pas être parti*
shuppatsushima-shita (39A)	*être parti*
shuppatsusuru (29B)	*partir*
sō (21A)	*ça ; ainsi ; exact*
sofā (18A)	*canapé ; divan*
sōjishimasen (28B)	*ne pas faire le ménage*
sōjishimasu (28B)	*faire le ménage*
sōjisuru (28B)	*faire le menage*
soko (15A)	*cet endroit-là*
sonnani (31A)	*autant ; tant ; tellement*
sono (6A)	*ce* (*cette*)*...là*
sore (5A)	*cela*
subarashii (19A)	*merveilleux ; excellent*
suiei (27A)	*natation*
suimasu (25B)	*fumer*
suiyōbi (23B)	*mercredi*
sukāfu (13A)	*foulard*
sukāto (12A)	*jupe*
sukēto (27A)	*patinage*
suki (na) (14A)	*préféré*
suki desu (30A)	*aimer*
sukī (27A)	*ski*
sukoshi (40A)	*un peu*
sumu (37A)	*habiter*
sundeimashita (37A)	*avoir habité*
sundeimasu (37A)	*habiter* (en ce moment)
sūpā (32A)	*supermarché*
supōtsu (31A)	*sport*
suppai (19B)	*acide*
sūpu (18B)	*soupe*
supūn (13B)	*cuillère*
suru (27A)	*faire*
suteki(na) (16A)	*épatant ; chouette ; ravissant*
sutereo (18A)	*stéréo*
sūtsukēsu (34A)	*valise*
suu (24A)	*fumer*
suwanai (38B)	*ne pas fumer*
suwanaidekudasai (38B)	*Ne fumez pas ...s'il vous plaît !*
suwarimasu (26A)	*s'asseoir*
Suzuki (14B)	*Suzuki* (nom propre)
tabako (24A)	*cigarette*
tabemashita (33A)	*avoir mangé*
tabemasu (26B)	*manger*
taberaremasen (40B)	*ne pas pouvoir manger*
taberaremasen-deshita (40B)	*ne pas avoir pu manger*

taberaremasu (40B) *pouvoir manger*
taberareru (40B) *pouvoir manger*
taberu (24A) *manger*
tabeteimasu (36B) *être en train de manger*
taifū (35A) *typhon*
taihen (na) (16B) *dur ; pénible ; grave*
taihen (30A) *beaucoup* (adverbe)
taikutsu (na) (9B) *ennuyeux*
taipuraitā (13B) *machine à écrire*
taisō (36A) *gymnastique*
takai (7B) *cher ; haut*
takusan (35A) *beaucoup*
takushī (15A) *taxi*
Tanaka (4A, 21A) *Tanaka (nom propre)*
tanoshii (19A) *amusant ; joyeux*
taoru (13A) *serviette de toilette*
tatemono (8A) *bâtiment*
te (7B) *et* (pour les adjectifs)
tebukuro (12B) *gant(s)*
tēburu (20B) *table*
tegami (6B) *lettre*
teimashita (37A) *avoir été en train de*
teimasu (35B, 36A, 36B, 37A/B) *être en train de*
tekudasai (38A) (forme affirmative de l'impératif)
tenisu (27A) *tennis*
tenpura (10B) *beignet de légume ou de poisson* (plat japonais)
terebi (18A) *télévision*
to (5A) *et* (pour les noms)
to (29A) *avec*
tobu (35B) *voler*
toire (15B) *toilettes*
tokidoki (32A) *de temps en temps*
tokoro (8B) *endroit ; lieu*
Tōkyō (37A) *Tokyo*
tomodachi (25B) *ami(e)*
tomarimasu (26A) *s'arrêter*
tomaru (26A) *s'arrêter*
tonari (34B) *(à) côté (de)*
tondeimasu (35B) *être en train de voler*
toranpetto (30B) *trompette*
torimasu (26A) *prendre*
tori (6B, 34B) *oiseau*
toru (24B) *prendre*
toshokan (39B) *bibliothèque*
totemo (16A) *très*
tsukaimasendeshita (29B) *ne pas avoir utilisé*
tsukaimasu (29B) *utiliser*
tsukau (29B) *utiliser*
tsukue (4A) *bureau* (objet pour écrire)
tsumaranai (9B) *sans intérêt*
tsumetai (19B) *froid*
tsuri (39A) *pêche à la ligne*
tsutometeimasu (37A) *travailler* (depuis...)
tsutomeru (37A) *travailler*
tsuyoi (18B) *fort*
uchi (4A) *maison*
udedokei (11B) *montre*
Ueda (36A) *Ueda* (nom propre)
uisukī (18B) *whisky*
uma (5B) *cheval*
umi (5B, 30A) *mer*
unten (30B) *conduite*
untensuru (30B) *conduire*
urimasu (26A) *vendre*
uru (24B) *vendre*
ushi (6B) *vache*
ushiro (34B) *derrière* (nom)
uso (31B) *mensonge*
uso o tsuku (31B) *mentir*
utau (30B) *chanter*
wa (11B) (particule de thème)
wa (16B, 34A) (particule soulignant ce qui est nié)
wain (14A) *vin*
wasuremasendeshita (29B) *ne pas avoir oublié*
wasuremasu (29B) *oublier*
wasurenaidekudasai (38B) *N'oubliez pas... s'il vous plaît !*
wasureru (29B) *oublier*
watashi (1B, 2B) *moi*
watashitachi (1B, 2B) *nous*
wo (10A, 24A) (lettre hiragana)
ya (5B, 6B) *et* (pour les noms)
yakusoku (26A) *promesse*
yakusokushimasu (27B) *promettre*
yakusokusuru (27B) *promettre*
yama (5B, 21B) *montagne*
Yamada (11B, 21B) *Yamada* (nom propre)
Yamaguchi (37B) *Yamaguchi* (nom propre)
Yamamoto (31B) *Yamamoto* (nom propre)
yasai (5B) *légume*
yasashii (9B) *facile*
yasui (7B) *bon marché*
yasumimasendeshita (29B) *ne pas s'être reposé*
yasumimasu (29B) *se reposer*
yasumu (29B) *se reposer*
yōbi (23A) *jour(s) de la semaine*
yobimasu (25B) *appeler*
yobu (24A) *appeler*

yoji (22A)	*quatre heures*
yoku (32A)	*souvent*
yomemasu (40A)	*savoir* (pouvoir) *lire*
yomeru (40A)	*savoir* (pouvoir) *lire*
yomimasu (25A)	*lire*
yomu (24A)	*lire*
yon (22A)	*quatre*
yondeimasu (36A)	*être en train de lire*
yoru (4B, 26B)	*soir ; nuit*
yūbinkyoku (15B)	*bureau de poste*
yūkan (na) (8B)	*brave*
yuki (35A/B)	*neige*
yukkuri (38A)	*lentement*
yūmei (na) (8A)	*célèbre*
zannen (na) (17A)	*dommage*
zasshi (12A)	*revue*
zenzen (28B)	(ne pas) *du tout*
zero (20B)	*zéro*
zubon (33A)	*pantalon*

Lexique français japonais

à (12A, 26B, 27A/B, 28A, 33A/B, 37A)	**no / ni / e / de**
absenter (s') (29B)	**yasumu**
acheter (24B, 25B, 33A)	**kau**
acide (19B)	**suppai**
agent de police (37B)	**keisatsukan**
agréable (16B)	**kaiteki (na)**
aimable (17A)	**shinsetsu (na)**
aimer (30A)	**suki desu**
ainsi (21A)	**sō**
aller (28A, 32A)	**iku**
allô (21A)	**moshi moshi**
Allemagne (28A)	**Doitsu**
allumette (34A)	**macchi**
ami (25B)	**tomodachi**
amusant (19A)	**tanoshii**
amuser (s') (29A)	**asobu**
an dernier (l') (37A)	**kyonen**
an prochain (l') (28A)	**rainen**
ancien (18A)	**furui**
anglaise (langue) (32B)	**eigo**
Angleterre (28A)	**Igirisu**
animé (16A)	**nigiyaka (na)**
année (cette) (39B)	**kotoshi**
août (35A)	**hachi gatsu**
appareil photo (11A)	**kamera**
appartement (15B)	**apāto**
appeler (24A, 25B)	**yobu**
apprendre (39B)	**narau**
arbre (34B)	**ki**
arrêt (autobus, taxi) *(15A)*	**noriba**
arrêter (s') (26A)	**tomaru**
asseoir (s') (26A)	**suwaru**
atlas (11B)	**chizu**
attendre (24A, 25B, 31B)	**matsu**
attendre (être en train de) (36A)	**matteimasu**
aujourd'hui (16B)	**kyō**
aussi (13B)	**mo**
autant (31A)	**sonnani**
autobus (15A)	**basu**
avant-hier (23B)	**ototoi**
avare (17A)	**kechi (na)**
avec (29A)	**to**
avion (9A)	**hikōki**
avocat (37B)	**bengoshi**
avril (35A)	**shi gatsu**
banal (9B)	**heibon (na)**
banane (30A)	**banana**
banque (15B)	**ginkō**
bas (34A)	**shita**
bateau (28B)	**fune**
bâtiment (8A)	**tatemono**
beau (8B)	**kirei (na)**
beaucoup (30A)	**taihen**
beaucoup (35A)	**takusan**
bête (16B)	**baka (na)**
beurre (19A)	**batā**
bibliothèque (39B)	**toshokan**
bicyclette (12A)	**jitensha**
bien (18A, 38A)	**ii / yoku**
bienveillant (17A)	**shinsetsu (na)**
bière (14A)	**bīru**
blanc (7A)	**shiroi**
bleu (7A)	**aoi**
boeuf (6B)	**ushi**
boisson (14A)	**nomimono**
boire (24B, 25A)	**nomu**
bon (7B, 18A)	**oishii / ii**
bon marché (7B)	**yasui**
bonjour (21B)	**ohayō / konnichiwa**
bonsoir (21B)	**konbanwa**
boucherie (33B)	**niku ya**
boulangerie (33B)	**pan ya**
brave (8B)	**yūkan (na)**
briquet (34A)	**raitā**
bureau (4A)	**tsukue**
bureau (lieu) (32A)	**kaisha**
bureau de poste (15B)	**yūbinkyoku**
ça (21A)	**sō**
cache-col / cache-nez (14B)	**mafurā**
cadeau (26A)	**purezento**
café (boisson) (14A)	**kōhī**
cahier (11B)	**nōto**
calme (8B)	**shizuka (na)**
canapé (18A)	**sofā**
cartable (11A)	**kaban**
carte (11B)	**chizu**
carte postale (38A)	**hagaki / ehagaki**
caserne des *sapeurs-pompiers* (34B)	**shōbōsho**
ce (cet, cette)... *ci* (6A)	**kono**
ce (cet, cette)...là (6A)	**sono**
ce (cet, cette)...là-*bas* (6B)	**ano**
ceci (celui-ci, celle-ci) (5A)	**kore**
cela (celui- là, celle-là) (5A)	**sore**

cela là-bas (5B)	are
célèbre (8A)	yūmei (na)
cendrier (34A)	haizara
centre (34B)	mannaka
cet endroit-ci (15A)	koko
cet endroit-là (15A)	soko
chaise (34A)	isu
champ (34B)	nohara
chanter (30B)	utau
chapeau (7A)	bōshi
chaque jour (25A)	mainichi
chaque semaine (25A)	maishū
chat (6B)	neko
chaud (19B)	atsui
chaussette (s) (3B)	kutsushita
chaussure (s) (3B)	kutsu
chemin (9A)	michi
chemise (33A)	shatsu
cher (7B)	takai
chercher (24A, 25B)	sagasu
cheval (6B)	uma
chic (17B)	shikku (na)
chien (6B)	inu
choisir (24B)	erabu
chose (4A)	mono
chouette (16A)	suteki (na)
cigarette (24A)	tabako
cinq (22A)	go
cinq heures (22A)	goji
cinq minutes (22B)	gofun
citron (19B)	remon
commissariat (34B)	keisatsusho
commode (9A)	benri (na)
compagnie (32A)	kaisha
compliqué (9B)	fukuzatsu (na)
concert (31A)	konsāto
conduire (30B)	untensuru
conduite (30B)	unten
confiture (19A)	jamu
confortable (16B)	kaiteki (na)
(à) *côté* (de) (34B)	tonari
coucher (se) (26B)	neru
courses (33A)	kaimono
couteau (13B)	naifu
cravate (12B)	nekutai
cuillère (13B)	supūn
cuisine (31B)	*ryōri*
cuisine française (33A)	furansu ryōri
cuisine japonaise (33A)	nihon ryōri
dangereux (9B)	kiken (na)
dans (33A/B, 34A/B)	de /ni
danse (27A)	*dansu*
décembre (35A)	jūni gatsu
déjeuner (39B)	*hirugohan*
délicieux (18A)	oishii
demain (4B)	ashita
démodé (18A)	furui
dentiste (37B)	haisha
départ (29B)	shuppatsu
depuis (37A)	kara
derrière (34B)	ushiro
dessin (3A)	e
dessiner (24A, 25A)	kaku
dessous (au-) (34A)	shita (ni)
dessus (au-) (34A)	ue (ni)
détester (31B)	kirai desu
deux (22A)	ni
deux heures (22A)	niji
devant (34B)	mae
dictionnaire (3A)	jisho
difficile (9B)	muzukashii
dimanche (23A)	nichiyōbi
dîner (40B)	bangohan
discuter (32B)	hanashiau
divan (18A)	sofā
dix (22A)	jū
dix heures (22A)	jūji
dix minutes (22B)	juppun
dommage (17A)	zannen (na)
dormir (26B)	neru
douze (22A)	jūni
douze heures (22A)	jūniji
Dupont (32B)	Dyupon
dur (16B)	taihen (na)
école (32A)	gakkō
économique (17B)	keizaiteki (na)
écouter (24B, 25A, 38A)	kiku
écrire (24A, 25A, 40A)	kaku
effort (17B)	doryoku
élégant (17B)	ereganto (na)
elle (2B)	kanojo
elles (2B)	kanojotachi
emprunter (26B)	kariru
en (28A, 32A/B, 35A)	e / de / ni
enchanté (21B)	hajimemashite
endroit (8B)	tokoro
endroit là-bas (l') (15B)	asoko
ennuyeux (9B)	taikutsu (na)
enseignant (37B)	kyōshi
envoyer (26A)	okuru
épatant (16A)	suteki (na)
épicé (18B)	karai
et (énumération complète) (5A)	to
et (énumération incomplète) (5B)	ya
et (pour les adjectifs) (7B)	te

et (pour les quasi-adjectifs) (8B) — **de**
Etats-Unis (28A) — **Amerika**
être (11A) — **desu**
être (33B) — **aru / iru**
être en train de (35B) — **teimasu**
étroit (9A) — **semai**
études (31A) — **benkyō**
étudier (31B) — **benkyōsuru**
étudier (être en train de) (36A) — **benkyōshiteimasu**
eux (2A) — **karera**
exact (21A) — **sō**
excellent (19A) — **subarashii**
excursion (39A) — **haikingu**
exister (33B) — **aru / iru**
explication (27B) — **setsumei**
expliquer (27B) — **setsumeisuru**
facile (9B) — **yasashii**
faire (27A/B) — **suru**
faire (être en train de) (36A) — **shiteimasu**
femme (39A) — **onna no hito**
fenêtre (24B) — **mado**
fermer (24B) — **shimeru**
fête (29A) — **pātī**
février (35A) — **ni gatsu**
film (19A) — **eiga**
firme (32A) — **kaisha**
fleur (26A) — **hana**
flûte (30A) — **furūto**
forme (se sentir en) (16A) — **genki (na)**
fort (18B) — **tsuyoi**
fort (odeur) (19B) — **kusai**
foulard (13A) — **sukāfu**
fouiller (26A) — **sagasu**
fraise (7B) — **ichigo**
française (langue) (32B) — **furansugo**
France (28A) — **Furansu**
froid (19B) — **tsumetai**
fromage (19B) — **chīzu**
fruit (5B) — **kudamono**
fumer (24A, 25B) — **suu**
gant (s) (12B) — **tebukuro**
gare (15B, 32A) — **eki**
gâteau (6A) — **okashi**
gens (24B) — **hito**
gentil (17A) — **shinsetsu (na)**
grave (16B) — **taihen (na)**
gymnastique (36A) — **taisō**
habiter (37A) — **sumu / sundeimasu**
haut (7B) — **takai**
Hélène (17A) — **Erēnu**
hélicoptère (17A) — **herikoputā**
hier (19A) — **kinō**
histoire (9B) — **hanashi**
homme (39B) — **otoko no hito**
hôpital (32A) — **byōin**
hôtel (15A) — **hoteru**
huit (22A) — **hachi**
huit heures (22A) — **hachiji**
ici (15A) — **koko**
idiot (16B) — **baka (na)**
imbécile (16B) — **baka (na)**
important (8A) — **jūyō (na)**
incommode (9A) — **fuben (na)**
infirmière (37B) — **kangofu**
informations (29B) — **nyūsu**
inoccupé (16B) — **hima (na)**
installer (s') (37A) — **sumu**
instant (un) (38A) — **chotto**
intéressant (7A) — **omoshiroi**
intérieur (à l'...de) (34A) — **(no) naka (ni)**
inutile (17B) — **muda (na)**
Italie (32B) — **Itaria**
italienne (langue) (32B) — **itariago**
janvier (35A) — **ichi gatsu**
Japon (4B) — **Nihon**
japonaise (langue) (32B) — **nihongo**
jaune (13A) — **kiiroi**
jazz (31A) — **jazu**
jeudi (23B) — **mokuyōbi**
jouer (instrument à corde) (30B) — **hiku**
jouer (instrument à vent) (30B, 35B) — **fuku**
jouet (6A) — **omocha**
jour de la semaine (23A) — **yōbi**
journal (12A) — **shinbun**
journaliste (37B) — **jānarisuto**
joyeux (19A) — **tanoshii**
juillet (35A) — **shichi gatsu**
juin (35A) — **roku gatsu**
jus (19B) — **jūsu**
jus d'orange (19B) — **orenjijūsu**
jupe (12A) — **sukāto**
jusqu'à (37A) — **made**
lait (19B) — **miruku**
large (9A) — **hiroi**
laver (36A) — **arau**
léger (18A) — **karui**
légume (5B) — **yasai**
lent (9A) — **osoi**
lentement (38A) — **yukkuri**
lequel (14B) — **dore**
lessive (31B) — **sentaku**
lettre (6A) — **tegami**
leur (3B) — **karera no / kanojotachi no**

lever (se) (26B)	**okiru**
librairie (33B)	**hon ya**
libre (8B, 16B)	**jiyū (na) / hima (na)**
lieu (8B)	**tokoro**
lire (24A, 25A, 36A)	**yomu**
lire (être en train de) (36A)	**yondeimasu**
livre (3A, 24A)	**hon**
Londres (16A)	**Rondon**
louer (26B)	**kariru**
lourd (18A)	**omoi**
lui (2A)	**kare**
lundi (23A)	**getsuyōbi**
lunettes (11A)	**megane**
ma (3B)	**watashi no**
machine à coudre (18A)	**mishin**
machine à écrire (13B)	**taipuraitā**
Madame (4A)	**...- san**
Mademoiselle (4A)	**...- san**
magasin (33A)	**mise**
magasin (grand) (32A)	**depāto**
magasin de chaussures (33B)	**kutsu ya**
magasin de fleurs (33B)	**hana ya**
mai (35A)	**go gatsu**
maintenant (35B, *40B)*	**ima**
maison (3B, 4A, 27A)	**ie / uchi**
manger (24A, 26B, *29A)*	**taberu / shokujisuru**
manteau (11B)	**kōto**
marché (33A)	**ichiba**
marcher (35B)	**aruku**
mardi (23B)	**kayōbi**
mariage (29A)	**kekkon**
marier (se) (29A)	**kekkonsuru**
mars (35A)	**san gatsu**
matin (4B, 26B)	**asa**
mauvais (goût) (7B)	**mazui**
médecin (25B)	**isha**
melon (30A)	**meron**
ménage (faire le) *(28B)*	**sōjisuru**
mensonge (31B)	**uso**
mentir (31B)	**uso o tsuku**
mer (5B, 30A)	**umi**
mercredi (23B)	**suiyōbi**
mère (37B)	**haha / okāsan**
merveilleux (19A)	**subarashii**
mesquin (17A)	**kechi (na)**
métro (28B)	**chikatetsu**
mettre (vêtements) *(36B)*	**kiru / haku**
mettre (chaussettes) (36B)	**haku**
mettre (être en train de) (36B)	**haiteimasu**
Michel (30B)	**Missheru**
midi (39B)	**hiru**
miel (19A)	**hachimitsu**
milieu (34B)	**mannaka**
minute (22B)	**fun / pun**
moi (1B)	**watashi**
moins (22B)	**mae**
mois dernier (39A)	**sengetsu**
mois prochain (39B)	**raigetsu**
moment (en ce) (35B, 40B)	**ima**
mon (3B)	**watashi no**
Monsieur (4A)	**...- san**
montagne (5B, 21B)	**yama**
montre (11A)	**udedokei**
moto (14B)	**ōtobai**
mourir (24A, 25A)	**shinu**
moyen de transport (9A)	**norimono**
musique (25A)	**ongaku**
musique classique (31A)	**kurashikku**
nager (30B)	**oyogu**
nager (être en train de) (36B)	**oyoideimasu**
natation (27A)	**suiei**
ne pas être (+ nom / quasi-adj.) (12B)	**dewa arimasen**
ne pas être (+ adj.) *(18B)*	**arimasen**
neige (35A/B)	**yuki**
nettoyer (36A)	**arau**
nettoyer (être en train de) (36A)	**aratteimasu**
neuf (adj.) (18A)	**atarashii**
neuf (chiffre) (22A)	**ku / kyū**
neuf heures (22A)	**kuji**
New York (16B)	**Nyūyōku**
noir (7A)	**kuroi**
non (13A)	**iie**
notre (3B)	**watashitachi no**
nous (1B)	**watashitachi**
nouveau (18A)	**atarashii**
nouvelles (29B)	**nyūsu**
novembre (35A)	**jūichi gatsu**
nuit (4B, 26A)	**yoru**
objet (4A)	**mono**
octobre (35A)	**jū gatsu**
offrir (26A)	**okuru**
oiseau (6B, 34B)	**tori**
onze (22A)	**jūichi**
onze heures (22A)	**jūichiji**
opéra (31A)	**opera**

orange (19B)	orenji
ordinateur (29B)	konpyūtā
ôter (24A)	nugu
ou (2A)	ka
où (cf. quel endroit) (15B)	doko
oublier (29B)	wasureru
oui (13A)	hai
ouvrir (24B)	akeru
pain (18B)	pan
paisible (8B)	heiwa (na)
pantalon (33A)	zubon
par (32B)	de
parapluie (4A)	kasa
parfum (12B)	kōsui
Paris (16A)	Pari
parler (32B)	hanasu
parler (être en train de) (36A)	hanashiteimasu
partir (26B, 29B)	dekakeru / shuppatsusuru
partir de (à) (37A)	kara
patinage (27A)	sukēto
pâtisserie (18B)	kēki
pays (8B)	kuni
pêche (à la ligne) (39A)	tsuri
peinture (3A)	e
pénible (16B)	taihen (na)
père (37B)	chichi / otōsan
personne (8A, 24B)	hito
petit (7B)	chiisai
petit déjeuner (40B)	asagohan
peu (un) (38A, 40A)	chotto / sukoshi
photo (12B)	shashin
piano (30A)	piano
pied (à) (32A)	aruite
pied (au...de) (34B)	shita
pinceau (38B)	fude
piquant (18B)	karai
pique-nique (19A)	pikunikku
piscine (39B)	pūru
plaît (s'il vous) (38A)	-tekudasai
plan (11B)	chizu
pluie (35A)	ame
poisson (5A, 30B)	sakana
poissonnerie (33B)	sakana ya
pomme (7B)	ringo
porter (36B)	kiteimasu / haiteimasu
pouvoir attendre (40A)	materu
pouvoir conduire (40A)	noreru
pouvoir coucher (se) (40B)	nerareru
pouvoir écrire (40A)	kakeru
pouvoir emprunter (40B)	karirareru
pouvoir lever (se) (40B)	okirareru
pouvoir lire (40A)	yomeru
pouvoir manger (40B)	taberareru
pouvoir parler (40A)	hanaseru
pouvoir prendre (un véhicule) (40A)	noreru
pouvoir rencontrer (40A)	aeru
pouvoir venir (40B)	korareru
pratique (9A)	benri (na)
préféré (14A)	suki (na)
prendre (24B, 26A)	toru
prendre (un véhicule) (28B)	noru
présentation (27B)	shōkai
présenter (27B)	shōkaisuru
problème (9B)	mondai
promesse (26A)	yakusoku
promettre (27B)	yakusokusuru
propre (8B)	kirei (na)
proximité (34B)	chikaku
puant (19B)	kusai
pull-over (12A)	sētā
quand (37A)	itsu
quart (d'heure) (22B)	jūgofun
quatre (22A)	shi / yon
quatre heures (22A)	yoji
que (14A, 22B, 26A)	nani / nan
quel (14A, 22B, 26A)	nani / nan
quel endroit (15B)	doko
quelle heure (22B)	nanji
question (9B, 27B)	mondai / shitsumon
questionner (27B)	shitsumonsuru
qui (13B)	dare
quinze (22B)	jūgo
quinze minutes (22B)	jūgofun
quoi (14A, 22B, 26A)	nani / nan
radio (18A)	rajio
randonnée (39A)	haikingu
randonnée à bicyclette (39A)	saikuringu
randonnée en voiture (39A)	doraibu
raisin (30A)	budō
rapide (9A)	hayai
ravissant (16A)	suteki (na)
récapitulation (10A)	matome
récit (9B)	hanashi
réfrigérateur (34A)	reizōko
regarder (24B, 26B, 30B)	miru
rencontrer (28A)	au
rendez-vous (26A)	yakusoku
rentrer (chez soi) (29B)	kaeru

repas (29A, 39B)	**shokuji / gohan**
reposer (se) (29B)	**yasumu**
restaurant (15B)	**resutoran**
revoir (au) (21B)	**sayōnara**
revue (12A)	**zasshi**
rivière (5B, 30A)	**kawa**
Rome (16A)	**Rōma**
rond (7A)	**marui**
rouge (7A)	**akai**
rue (9A)	**michi**
sa (3B)	**kare no / kanojo no**
salé (18B)	**karai**
salon de thé (33A)	**kissaten**
samedi (23A)	**doyōbi**
sans intérêt (9B)	**tsumaranai**
savoir écrire (40A)	**kakeru**
savoir faire (40A)	**dekiru**
savoir lire (40A)	**yomeru**
savoir parler (40A)	**hanaseru**
savoir prendre (un *véhicule) (40A)*	**noreru**
semaine (25A)	**shū**
semaine (cette) (39B)	**konshū**
semaine dernière (37A)	**senshū**
semaine prochaine *(28A)*	**raishū**
sept (22A)	**shichi / nana**
sept heures (22A)	**shichiji**
septembre (35A)	**ku gatsu**
sérieux (8B)	**majime (na)**
service (19A)	**sābisu**
serviette (de toilette) *(13A)*	**taoru**
seul (39B)	**hitori de**
simple (8A)	**kantan (na)**
six (22A)	**roku**
six heures (22A)	**rokuji**
ski (27A)	**sukī**
soir (4B, 26A)	**yoru**
soir (40B)	**ban**
soir (chaque) (40B)	**maiban**
soirée (29A)	**pātī**
son (3B)	**kare no / kanojo no**
sortir (26B)	**dekakeru**
souffler (35B)	**fuku**
soupe (18B)	**sūpu**
souvent (phrase négative) (28B)	**amari**
souvent (32A)	**yoku**
sport (31A)	**supōtsu**
station (bus) (15A)	**noriba**
stéréo (18A)	**sutereo**
stylo à bille (38B)	**bōrupen**
stylo à encre (38B)	**mannenhitsu**
sucré (18B)	**amai**
superbe (19A)	**subarashii**
supermarché (32A)	**sūpā**
sur (34A)	**(no) ue ni**
sûr (17A)	**anzen (na)**
Suzuki (14B)	**Suzuki**
ta (à toi) (3B)	**anata no**
Tanaka (4A, 21A)	**Tanaka**
tant (31A)	**sonnani**
tarder (38B)	**okureru**
tardif (9A)	**osoi**
taxi (15A)	**takushī**
tchin-tchin (10B)	**kanpai**
télégramme (10B)	**denpō**
téléphone (27B)	**denwa**
télévision (18A)	**terebi**
tellement (phrase négative) (18B)	**sonnani, amari**
temps en temps (de) (32A)	**tokidoki**
tenir (promesse) (26A)	**mamoru**
tennis (27A)	**tenisu**
tenpura (beignet de légume ou de poisson) (10B)	**tenpura**
thé (6A)	**ocha**
timbre (38A)	**kitte**
toi (1A)	**anata**
toilette (15B)	**toire**
Tokyo (37A)	**Tōkyō**
tomber (pluie / neige) (35A)	**furu**
tomber (être en train de) (35B)	**futteimasu**
ton (3B)	**anata no**
tôt (adj.) (9A)	**hayai**
tôt (adv.) (40B)	**hayaku**
toujours (32A)	**itsumo**
tout (ne pas du) (28B)	**zenzen**
train (9A, 30B)	**densha**
tranquille (8B)	**shizuka (na)**
travail (8A)	**shigoto**
travailler (28B, 37A)	**hataraku / *tsutomeru***
très (16A, 30A)	**totemo / taihen**
très (phrase négative) (18B)	**amari**
trois (22A)	**san**
trois heures (22A)	**sanji**
trompette (30B)	**toranpetto**
typhon (35A)	**taifū**
un (e) (22A)	**ichi**
une heure (22A)	**ichiji**
utiliser (29B)	**tsukau**
vache (6B)	**ushi**
valise (34A)	**sūtsukēsu**
vendre (24B, 26A)	**uru**

vendredi (39B) **kinyōbi**
venir (27A, 28A) **kuru**
vent (35B) **kaze**
vers (28A) **e**
veste (11B) **kōto**
vêtement (7A) **fuku**
viande (5A, 30B) **niku**
vie (quotidienne) (16B) **seikatsu**
vieux (18A) **furui**
ville (8B) **machi**
vin (14A) **wain**
violon (30B) **baiorin**
vite (40B) **hayaku**
voir (24B, 28B, 30B) **miru / au**
voiture (4B, 24B) **kuruma**
voler (35B) **tobu**
votre (à vous) (12B) **anatatachi no**
vous (pl.) (1B) **anatatachi**
voyage (16B) **ryokō**
voyager (29A) **ryokōsuru**
vraiment (17A) **hontōni**
whisky (18B) **uisukī**

Index grammatical (les chiffres renvoient aux pages)

à, 78, 79, 164, 168, 204, 206
adjectifs, 49, 51, 55, 61, 63, 93, 115, 121, 123
adjectifs démonstratifs, 43, 45
adjectifs interrogatif, 90, 91
adjectifs possessifs, 27
adverbes, 103, 115, 193, 199
adverbes de temps, 105, 109, 199
adverbe d'intensité, 109, 123
adverbe interrogatif, 205
affirmation au présent, 123
affirmation au passé, 123
attribut du sujet, 115
chiffres, 139
complément d'objet direct, 151
complément de nom, 27
de (complément de nom), 26, 27
déterminant, 33
déterminé, 33
épithète, 49, 51, 55
forme affirmative passée de **desu**, 108, 109
forme affirmative passée de **masu**, 180, 181
forme interrogative, 85
forme négative de **desu**, 80, 81, 105, 117, 193
forme négative de l'impératif, 236
forme négative de **masu**, 176, 177
forme négative passée de **desu**, 110, 111
forme négative passée de **masu**, 182, 183
forme neutre, 153, 157
forme passée des adjectifs, 121
forme polie, 157
forme progressive, 219, 223, 225
futur, 145, 147, 175
hiragana, 12, 13, 66, 67
genre, 25, 49, 55
idéogramme, 133
impératif, 234, 235, 236
infinitif, 151, 157, 163, 165, 189, 195, 219, 229
kanji, 133
katakana, 13, 73, 126-131
là, 97
là-bas, 99
métier, 231
mois de l'année, 216
mot de liaison **de**, 57, 63
mot de liaison **na**, 55, 57, 61, 63, 103
mot de politesse **masu**, 156, 157
ne pas être, 80, 81, 116, 117
négation au présent, 123
négation de l'adjectif, 117
négation passée de **desu**, 110, 111
négation phrase passée, 123
nom, 25
nom propre, 30, †33
nombre, 25, 49, 55
ordre des mots, 91
ordre des traits, 12
particules, 19
particule but d'une action **ni**, 241, 243
particule **de**, 198, 199, 200, 201, 204, 205
particule de complément d'objet direct **o**, 150, 151, 235
particule de destination **ni**, 168, 169
particule interrogative **ka**, 84, 85, 91
particule de liaison **ka**, 19, 85
particule de liaison **to**, 37
particule de liaison **ya**, 39
particule de lieu **ni**, 206, 207, 211
particule de temps **ni**, 164, 165, 217, 241
particule de thème **wa**, 74, 75, 79, 81, 103, 115
particule **ga**, 186, 187, 189, 195, 213, 217, 247
particule **mo**, 87
particule **ni**, 171
particule **no**, 27, 31, 33, 79, 93, 189
particule partenaire **to**, 181
particule **te**, 51, 61, 63
particule **wa** soulignant ce qui est nié, 81, 211
phrase négative au présent, 177
phrase négative au futur, 177

phrase négative au passé, 123
place des mots, 201, 205
place des verbes, 153
pluriel, 25
prénom(s), 133
pronom **kochira**, 135
pronom démonstratif lieu, 97, 99
pronom démonstratif objet, 37, 39
pronom interrogatif, 86, 87, 90, 93, 99, 205
pronom personnel, 21, 25, 27
quasi-adjectifs, 55, 57, 61, 63, 91, 105, 187
rômaji, 14, 15, 31
romane (écriture), 14, 15
singulier, 25
suffixe **tachi**, 15, 21
suffixe **ra**, 19
suffixe de politesse **san**, 31, 109
syllabaire, 13, 66, 67
syllabaire katakana, 126
syllabes à deux points, 69, 128, 129
syllabes à un rond, 69, 129
syllabes dérivées, 68, 126
syllabes juxtaposées, 70, 130
terminaison des adjectifs, 51, 63, 117, 121, 123
terminaison des quasi-adjectifs, 57, 63
terminaison des verbes, 151
verbes, 153
verbes de capacité, possibilité, 247, 249
verbes irréguliers, 169
verbes transitifs, 177
verbe **suru**, 171

Achevé d'imprimer en février 1996
par Maury-Eurolivres S.A.
45300 Manchecourt

Imprimé en France
Dépôt légal : février 1992